희망 대신

욕 망

희
망
대
신

욕
망

욕망은
왜 평등해야
하는가

김원영 지음

푸른숲

일러두기

1. 이 책은 《나는 차가운 희망보다 뜨거운 욕망이고 싶다》(푸른숲, 2010)의 개정판으로,
   서문과 후기를 추가하고 부록 '장애 문제 깊이 읽기' 내용을 보완했다. 사회현상이나
   쟁점에 관하여 서술한 부분에 현재 변화된 내용이 있는 경우 주석을 통해 소개했다.

2. 이 책에 등장하는 인물의 이름은 대부분 실명이지만 당사자의 허락을 받지 못했거나
   실명을 사용하는 것이 바람직하지 않다고 판단한 경우 가명이나 이니셜로 대체했다.

3. 이 책 내용의 일부는 《인문의학》(휴머니스트, 2008)에 실린 글쓴이의 글 〈새로운 몸의
   기억 만들기〉와 인터넷신문 〈에이블뉴스〉에 기고한 글들을 수정, 보완한 것이다.

욕망하기를 두려워 않는다면

2010년 이 책은 '나는 차가운 희망보다 뜨거운 욕망이고
싶다'라는 제목으로 처음 출간되었다. 그즈음 나는 온 사방에서
장애인을 거론할 때면 등장하는 희망의 서사들이 지겨웠고
비현실적이라고 느꼈다. 다른 한편에서 장애를 가진 나의
친구들이 10대와 20대의 많은 시간을 자신의 욕망을 탐구하고
이를 실현하기 위해 몰입할 기회조차 얻지 못함에 분노했다.

　　당시 나는 27살이었고 일부 장의 글은 23살 무렵 초고를
썼다.● 그 시기 많은 욕망을 품었다. 어려운 부모님의 형편을
단칼에 해결할 경제적 능력을 지니고 싶었고, 주위 장애인
친구들에게 공연을 즐기고 여행을 할 기회를 주고 싶었다. 나의

● 서울대학교 사회학과 재학 당시 학내 언론 스누나우(snunow.com, 지금은 존
재하지 않는다)에 "한 장애학생의 대학생활 수기"라는 제목으로 세 편의 글을 연
재했다. 이 책 3장의 대부분은 이 수기에서 비롯되었다.

신체적 '열등함'을 넉넉히 보완해줄 연인을 만들어 보란 듯이
세계를 누비고 싶었다. 장애인들을 배제하고 소외시키는 사회에
통쾌한 한 방을 내리찍고 싶었다. 더 많은 자유를 획득하고
충분히 누리면서, 그 자유를 가난과 장애 속에 살고 있는
가족과 오랜 친구들에게 분배하고 싶었다.

9년의 시간이 흘렀고 많은 것이 변했다. 개인적으로
기초생활수급자 지위를 벗어났고, 변호사라는 직업을 가졌으며,
한 권의 책을 포함해 많은 글을 썼고, 연극팀을 창단했다
실패했고, 새로운 우정과 사랑을 경험했다. 하지만 이 책을
낼 당시의 가장 근원적인 욕망, 즉 장애를 부끄러워하기보다
내 일부로 받아들이고, 장애를 가진 내 몸으로 움츠리지 않고
당당하게, 아름다운 존재로 살아가고자 하는 열망은 미완으로
남아 있다.

여전히 나는 장애인으로서 나의 정체성을 수용하기 위해
애쓰고, 다리를 세상에 보여줘야 할지 말아야 할지 어정쩡한
시도를 계속하며, 내가 하는 말과 쓰는 글, 각종 도전과
역할이 "괜히 나서서 더 추한" 결과로 이어지지는 않을지
전전긍긍한다.

내 머뭇거림은 여전하지만 사회는 변하고 있다. 장애인을
포함한 사회적 소수자의 삶은 과거에 비해 훨씬 비중 있는
사회·정치·문화적 의제가 되었다. 특히 지난 몇 년간

폭발적으로 전개된 페미니즘, 성소수자 인권 등을 위한 정치
운동은 이른바 '소수자'로 불리던 사람들이 본격적으로 자신의
욕망을 날것으로 발화하는 과정을 수반했다. 이로 인해 많은
논쟁과 갈등도 야기되었지만, 그 과정에서 개개인의 신체와
정체성, 사회구조 사이에 놓인 권력 관계를 섬세하게 파악하는
2030세대가 다수 등장했다.

그러나 안타깝게도 노골적인 차별과 혐오, 대립은
2010년보다 더욱 심해진 것 같다. 개개인이 가진 고유한
정체성에 대한 고민은 깊어졌고, 소수자들이 다수자가 시혜처럼
베푸는 희망 서사에 지배되지 않고 각자의 분명한 욕망을
말하기 시작했지만, 진전이 없는 경제 상황, 소득 격차, 재력
있는 부모의 기획에 따른 '포트폴리오'로 일찌감치 인생이 결정
나는 구조 속에서 우리 사회구성원 대다수는 이제 욕망을
품기보다 소소하고 확실한 행복을 희구한다.

소소한 행복만이 가능한 시대에 욕망을 말한다면

이런 가운데 우리 모두 타인들의 욕망이 지긋지긋하다. 설령
이 욕망 중 일부는 오랜 기간 부당한 차별과 억압에 짓눌려
있었음을 얼마간 이해하더라도, 왜 하필 지금이라는 말인가.

"사지 멀쩡한 사람들도, 서울에 좋은 대학 나온 사람들도
다 일하고 사랑하고 행복하기 어려운 시대다"라는 말은 곧
'사지 멀쩡'하지 않거나 좋은 대학을 안 나온 사람들의 욕망을
불쾌하고 혐오스러운 것으로 만든다.

실제로 모두가 힘든 이러한 시대에, 장애를 가진 개인도
자신의 욕망을 더 솔직하게 직시하고 이를 위해 투쟁해야
한다는 취지의 글은 시의적절하지 않고, 위험한 이야기 아닐까?
그런 의미에서 이 책이 다시 나와야 할 이유는 없지 않을까?
소소하고 확실한 행복이 우리가 기대할 수 있는 최선이며, 이
삶에서 우리는 따듯한 방, 적당한 음식, 흥미진진한 넷플릭스나
유튜브 콘텐츠로 만족하는 법을 배우는 편이 유리해 보인다.
꾸준한 명상과 마음수련을 통해 각자의 욕망을 통제하고,
서로의 욕망을 조정하여 타인의 정체성과 차이를 받아들이고,
갈등과 대립은 최소화해야 하지 않을지 생각한다.

각자가 장애인, 노동자, 대학생, 여성, 남성, 청소년, 난민,
성소수자, 노인임을 강조하며 그 차이를 지나치게 부각하고
자기 욕망을 거칠게 주장할 때 사회가 더 많은 혼란과
갈등으로 돌진할 수 있음은 틀림없다. 우리 대다수가 욕망이든
희망이든 꿈꾸기 어려운 사정에 처해 있는 것도 사실이다.
경험과 속성, '정체성identity'을 기준으로 하나의 정치공동체가
찢기는 일을 바람직하다고 보기도 어렵다. 그러나 그 결과가

반드시 분열된 사회는 아니다. 우리는 여러 종류의 조건과 정체성을 동시에 가지고 있기에 두드러지는 몇 가지 차이로 나뉜 집단을 수평적으로 가로지르는 공통점도 무수하다.

이를테면, 나는 '스카이캐슬' 같은 곳에서 태어나고 교육받은 30대와는 결코 가까워지지 못할 것이다. 하지만 그에게 얼마간이라도 장애가 있고, 그가 장애로 인한 차별을 숨기기보다 용기 있게 고백하고 함께 맞서고자 한다면, 우리 사이에 놓인 아득한 계급적 차이는 희미한 것이 된다. 한국인과 예멘에서 온 난민은 때로 이해관계가 상충할 수 있지만, 여성으로서 성폭력과 성차별에 맞설 때 한국인과 예멘 출신 여성은 하나가 된다. 극우단체의 노인과 진보적인 정치 성향의 대학생은 대체로 서로를 배척하겠지만, 그들이 사실은 성소수자였음을 서로 알게 되었을 때, 성소수자에 대한 뿌리 깊은 혐오에 맞서는 움직임으로 우리는 하나가 될 수 있다.

우리 모두는 장애인이고 대학생이고 남성이며, 여성이고 성소수자이고 기독교인이고 난민이다. 노동자이고 동시에 노인이다. 우리의 가치관, 각자의 차이에 따른 주장은 자주 충돌하지만, 우리가 차이를 직시하고 그에 가해지는 차별과 억압에 솔직하게 맞서는 과정은 새로운 연대로 이어진다. 수없이 교차하는 조건과 정체성 속에서 우리는 사실 하나의 욕망을 공유한다는 점을 깨닫게 될 수도 있다.

그 욕망이란 이런 것이다. 내가 가장 숨기고 피하고 싶었던, 그러나 동시에 그 자체로 공동체 내에서 진심으로 수용되고 포용되기를 원했던 특정한 상황과 조건을 그대로 인정받고, 한 사람의 개인으로 꿈꾸고 사랑하고 일하고 여행하다 죽는 삶에 대한 열망이다. 타인에게 가장 오래도록 배척되었고 혐오 받았던 나의 한 부분이 내가 속한 공동체에 있는 그대로 수용될 때야말로, 우리는 진심으로 나 자신으로 존재한다는 확신에 이를 것이다.

"네 주제에 남들 하는 대로 다 하고 살려고 욕심내면 안 된다"

사실 욕망은 덧없는 것이다. 우리는 큰 욕망을 가질수록 더 많은 고통과 좌절이 따라온다는 점을 역사 속 현자들의 조언을 통해 알며, 법륜이나 혜민 스님의 직설로 듣고, 부모님들의 경험담에서 배운다. 전쟁과 가난으로 짓밟힌 나라에서 우주 개발을 꿈꾸거나 아름다운 정원이 있는 마을에서 아이 둘과 큰 개를 기르며 무병장수할 희망을 품는다면 이는 더 큰 좌절로 이어질 가능성이 크다. '흙수저'인 당신이 청담동 주택에서 아름다운 파트너와 함께 삼성역으로 출근하는 꿈(출근하지

않아도 되는 꿈)을 꾸어도, 그 가능성이 실현될 여지는 매우
적다. 무엇보다 어떤 욕망이 타인의 것이 아니라 온전히 나의
것인지를 알기도 어렵다. 반면 희망은 우리를 충만한 삶으로
나아가게 하는 더 고상한 꿈을 말하는 것 같다. 사회도 희망의
이름으로 거론되는 꿈을 쉽게 승인한다.

욕망과 희망의 구별이 늘 분명하지는 않다. 아이들이
미래에 인공지능 개발자가 되기를 꿈꾼다면 이는
'장래희망'이지만, 3백 억을 모아 강남에 아파트 12채를
사겠다고 하면 '(장래) 욕망'으로 분류될 것이다. 평생 돈을 모아
아파트를 사고 4인 가족을 이뤄 손주까지 본 뒤 조용히 삶을
마감하겠다는 꿈은, (현대사회에서 무척이나 이루기 어려움에도)
보통은 희망으로 불릴 자격이 있다. 그 꿈은 누구도 위협하지
않으며 평생 인구를 재생산하고 아파트를 사기 위해 성실하게
일하는 사람의 존재는 사회를 위해서도 중요하기 때문이다.

반면, 똑같은 꿈을 어떤 중증장애인이 꾼다면 어떨까?
산골짜기 작은 장애인 거주시설에서, 침대형 휠체어에 누운
채 생활하는 장애인이 저 꿈을 꾼다고 하자. 그의 꿈도
희망이라는 말로 불릴 영광을 누리게 될까? 그가 일하고
사랑하고 가족을 만들려면, 일터는 그를 수용하기 위해
바뀌어야 하고(비용이 든다) 사람들은 출퇴근 시간에 그와
함께 버스를 타야 한다. 그가 교육받고 사랑을 하려면 국가의

사회보장지출이 커진다. 꿈을 추구하는 과정에서 그는 아마 극도의 좌절, 모욕, 배제를 경험할 것이다. 사람들은 그의 꿈을 욕심(욕망)이라 부를 것이다.

그를 아끼는 사람들조차 그가 다른 꿈을 꾸기를 바랄 것이다. 이를테면, 그가 생의 마지막 날 "침대 위를 평생 벗어나지 못했지만, 제 인생은 아름다웠습니다. 봄날 창밖으로 보이는 꽃들, 겨울날 하늘에서 쏟아지던 눈송이, 한 달에 한 번 나를 찾아와 목욕과 식사를 도와주던 자원봉사자 선생님들의 눈빛으로 충만하고 아름다운 삶이었습니다"라고 말하면 좋겠다고 생각할지 모른다. 파괴적이고 덧없는 욕망을 추구하기보다, 숭고하고 은혜 넘치는 인간적 삶이 실존할 수 있음을, 욕망의 악다구니로 경쟁하는 이 시대에 한 줄기 빛이 있었음을 증명하는 삶. 사람들은 산골짜기에서 아무런 자원도 기회도 없이 평생을 보낸 중증장애인의 삶에서 그와 같은 희망을 발견하기를 기대한다.

실제 욕망으로 통상 분류되는 꿈은 대개 위험하고, 막상 이뤄져도 덧없다. 침대에 누워 4인 가족을 일구고 아파트를 사겠다는 꿈을 가진 장애인은 좌절의 쓴맛을 볼 가능성이 높을 뿐 아니라, 설령 가족을 일군다고 한들 인생은 여전히 허무했다며 눈을 감을지도 모른다. 어쩌면 침대 위에 누워서 자연의 변화, 사람들의 작은 친절을 발견하며 평온하게 일생을 보내는 삶이 정말로 더 행복하고, 아름다울 수도 있다.

그럼에도 불구하고 이 책에서 내가 말하고자 한 바는, "네 주제에 남들 하는 대로 다 하고 살려고 욕심내면 안 된다"라는 말을 직간접적으로 들어온 사람이라면, 이 세속적이고 덧없는 욕망을 품어보는 일이야말로 전복적이고 저항적인 행위라는 것이다. 바로 그 "모든 것을 다 해본 후에 삶이 덧없음을 깨닫는" 일이야말로 우리 사회 모든 구성원에게 고르게 배분되어야 할 귀중한 삶의 기회가 아닌가?

우리는 우리의 꽃을 피우기 위해
욕망을 가져볼 필요가 있지 않은가

30대를 훌쩍 넘어 40대로 향해가는 나는 이제 욕망보다는 (차갑게 느껴질 때조차) 희망을 더 믿고 싶다는 유혹에 빠진다. 이룰 수 없는 일, 세상이 인정하지도 않는 일을 갈망하기보다는, 모두가 긍정하는 '희망'을 추구하는 쪽이 편하지 않을까? (그 편이, 이 책의 판매고를 올리는 데에도 훨씬 도움이 될 것이다.) 하지만 이 책을 다시 내면서, 나는 조금 더 욕망에 충실한 삶이 결코 정치적으로 올바르지 않다거나, 훌륭하지 않은 삶은 아니라고 이야기하기를 그만두지 않기로 했다. 내가

50대가 되었을 때 이 책을 다시 낼 기회가 생긴다면, 그때는 아마 명상과 마음 훈련법에 관한 이야기를 서문에 실을지도 모른다. 아직은 아니다.

2019년의 감성에는 다소 민망하고 긴 이 책의 제목을 변경하기로 했으나, 희망과 욕망이라는 표현만은 그래서 유지하기로 했다. 이 책이 대단한 베스트셀러가 된 적은 없지만, "차가운 희망보다 뜨거운 욕망이고 싶다"는 선언을 좋아하고 지지해준 독자들이 있기에 다소 거창하게 서문을 실어 '개정판'이라는 이름을 붙이는 용기를 냈다. 감사의 말을 전한다. 개정판에는 서문과 함께 후기를 새로 추가했으며, 부록으로 실린 '장애 문제 깊이 읽기' 일부 내용도 다시 썼다. 그 밖에 본문에서 아주 어색한 문장들을 수정했고, 사회현상이나 쟁점에 관하여 서술한 부분에 2019년 현재 변화된 내용이 있는 경우 주석을 통해 소개했다.

지금 보면 참을 수 없이 민망한 표현, 묘사, 과잉된 자의식, 자기서사를 극적으로 드러내고 싶은 충동이 곳곳에 보인다. 전부 삭제하거나 주석을 통해 이제는 나도 바뀌었다고 독자들에게 호소하고 싶은 마음이 굴뚝같았으나 참았다. 30대의 내가 10대와 20대 초반까지의 나를 돌아본 글이 아니라 20대의 내가 2000년대를 지나며 쓴 글이기 때문이다. 투박하지만 아마도 거침은 없었을 이 글을 세상에 낼 수 있게 도와준 푸른숲 김혜경 대표님, 이진 편집자께 감사드린다.
다시 한번 이 글을 읽고 개정판을 낼 수 있게 힘써준 조한나
편집자께도 깊은 감사의 인사를 전한다.

마지막으로 내가 특수학교에 입학했을 때 영어를 가르쳐준
고故 박현국 전 새롬학교 교장선생님의 명복을 빈다. 그는
장애가 있는 학생들에게 영어의 문장 형식과 영어 표현을
가르쳤으며, 우리가 영문법의 5형식 문형을 알기 위해
애쓰기를 시작하기만 해도, 더 큰 꿈을 꿀 자격이 있음을
알려주었다. 아침 7시 《성문종합영어》를 한편에 끼고, 당시
별다른 희망도 욕망도 없이 막연히 공부에 뜻을 품은 아이들을
위해 보충수업을 나오던, 지금 내 나이 즈음의 선생님 모습이
눈에 선하다. 선생님은 "영문법 책을 한 권 떼고 밤에 나가
별을 볼 때의 마음"이 얼마나 위대한지 알려주었다. 그렇게
나는 영문법 책에서 시작하여 법률서적으로, 나아가 나의
이야기를 담은 책의 마지막 문장을 완성하고 밤에 나가 별을
보는 마음으로까지 나아갔다. 누구든 삶에서 자격 없는
인간은 없으며 누구든 당당히 욕망해도 된다는 사실을, 박현국
선생님을 통해 배웠다.

금욕하는 성자나 초연한 철인哲人은 완성된 인간이 되는데 실패한 사람들이다. 그들 가운데 소수는 사회를 풍요롭게 만들기도 하지만 세상이 그들로만 이루어져 있다면 아마도 지겨워서 죽을 것이다.

– 버트런드 러셀,《나는 이렇게 믿는다》

시작하며

작고 약한 존재들의 야하고 뜨거운 고백을 열망한다

내 고교 동창은 '미물론'을 제창했다. 무더운 여름의 어느 날 선풍기가 돌아가던 교실에서 자율학습을 하며 앉아 있던 그때, 이른바 '명문대'에 진학할 가능성이 높았던 서너 명이 인터넷에 작은 게시판을 만들었다. 그 가운데 제법 부유한 집에서 자랐고 성적도 좋은 편이었던 한 친구가 고등학교 2학년의 나이에 〈미물론〉이라는 글을 그곳에 올렸다. 미세하고 보잘것없는 존재라는 뜻의 미물微物이란 단어를 설명하며 그녀는 우리 반 아이들 가운데 '미물'들을 골라냈다.

사실상 다수가 미물에 속했는데 체력이 약하거나 외모가 형편없는 경우, 성격이 내성적이라 친구들에게 따돌림을 당하는 경우, 성적이 낮아 좋은 대학에 진학할 가능성이 거의 없는 경우 등이 포함되었다. 나는 장애인이었으므로 응당 '미물'로 분류되어야 했겠지만 성적이 좋다는 이유로 '미물

등급'을 받진 않았다. 아마 내가 그 게시판에 접근할 수 없는 사람이었다면, 그녀는 나 역시 '미물'로 분류했을 것이다.

그녀의 글은 당시에도 불편하게 느껴졌지만 우리 중에서 누구도 그 작은 교실에 '미물'로 분류되는 세계가 실제로 존재한다는 사실을 부정하지 못했다. 부유하고 매력적이고 운동을 잘하거나 공부를 잘하는 아이들은 그들만의 세계를 형성하고는 했다. 그 세계는 고등학교 교실에 국한되지 않았다. 졸업한 이후에도 성적이 좋지 않거나 못생긴 외모를 가졌거나 성격이 소심한 아이들은 대개 세상의 구석으로 숨어 들어갔다. 그들이 실제로 어떤 재능을 가졌고, 얼마나 큰 가능성을 내재하고 있는지는 아무도 알지 못한다. 중요한 것은 어느 순간 '미물'로 낙인찍히면 영원히 그 세계에서 벗어날 수 없는 강력한 힘에 노출된다는 점이다.

장애인은 바로 그 '미물'의 대표적인 존재이다. 사회적 계급이 없어진 시대에는 아름답고 건강한 몸이 모든 것을 지배한다. 그렇지 못한 몸의 극단에 장애인이 있고, 그 가운데 무수히 많은 몸들이 있다. 유약한 몸, 병에 걸린 몸, 추하다고 손가락질 받는 몸, 가난에 찌든 몸. 그러한 몸을 가진 (우리 대부분의) 사람들이 그러는 것처럼, 나 또한 그 모든 낙인이 빨간 도장으로 새겨진 몸에서 벗어나기 위해 아주 오랜 기간 노력했다. 그 결과 대학에 왔고, 대학원에 들어왔으며, 지금 이 순간도 '미물론'의 객체가 되지 않기 위해 불안에 떨고 있다.

동시에 나는 계속하여 질문할 수밖에 없다. 나의 몸, 우리의 몸, 가난과 질병과 추함에 빠져들까 불안해하는 몸을 우리는 극복할 수 있는가? 나는 장애를 극복하기 위해 오랜 기간 노력했음에도 여전히 이 질문에 확실한 답을 갖고 있지 않다. 내가 분명히 알게 된 한 가지는 장애인은 장애를 결코 극복할 수 없으며, 그것을 극복하는 순간 이미 장애인이 아니라는 점이다.

누군가 나에게 '장애를 극복한 장애인'이라고 말한다면 그 순간 나는 모순된 존재가 될 것이다. 장애를 극복했다면서 왜 나는 여전히 장애인인가. 장애를 극복하지 않고 장애인인 상태로 존재하면서도 내가 세상의 한 지점에 위치하고 있다는 사실을 사람들에게 인정받아서는 왜 안 되는가.

나는 헬렌 켈러나 스티븐 호킹 같은 사람이 전혀 아니다. 나뿐만 아니라 우리 대부분이 그렇다. 우리는 대개 자기 삶에 주어진 여러 조건들을 완전히 '극복'할 수 없다. 외모, 성장 환경, 부모의 가난, 질병, 장애, 성별 등을 종국적으로 극복하는 일은 가능하지 않다. 물론 그런 조건들을 극복했다고 여겨지는 사람들이 있으며, 세상은 그들을 가리키며 왜 너희는 그들처럼 하지 못하느냐고 손가락질한다.

하지만 극복만이 우리가 그런 조건들로부터 자유로워지는

방법인가? 나는 그렇지 않다고 생각한다. 오히려 우리의
조건들을 세상의 중심에 오게 하는 도전과 연대, 상상력에
우리의 미래를 걸어야 한다고 믿는다. 우리 대다수는 아무런
도움 없이 장애와 가난을 극복하고 철저한 자기 관리와
다이어트로 미인의 대열에 끼어들 수 있는 사람이 아니며, 사실
그럴 이유도 없다.

야한 미물의 시대를 열망한다

이 세상에서 '미물'로 분류된 많은 사람들은 언제나 '쿨하게'
세상과 대면해왔다. 장애인들은 장애 따위는 아무것도
아니라는 태도로, "나는 장애인이지만 얼마든지 행복하고 내
장애를 사랑하며 내게 도움을 주는 사람들에게 감사한다"라고
말하며 살아왔다. 자기 마음을 단련하고, 타인에게 감사하며
사는 삶은 분명 아름답다. 그런 태도는 우리의 마음을
편안하게 한다. 하지만 그것은 지금 이 순간에도 어딘가에서
작성되고 있는 '미물'의 목록에 변화를 일으키지 못한다.
　나는 이제 우리가 각자의 내부에서 끓고 있는 어떤 뜨거운
것들과 정면으로 마주했으면 좋겠다. 장애를 가진 사람들,
나아가 이 사회에서 열등하고 가진 것 없는 자로 묘사되는

모든 사람에게 요구되는 '순수함'. 어떤 모욕과 시선에도 항상 당당하고 '쿨해야' 한다는 우리 내부와 외부의 요구. 그것들이 정말 우리를 있는 그대로 말해주는가?

장애인 그리고 이 사회에서 격리된 수많은 '미물'들은 모두 뜨거운 피가 흐르는 존재다. 연애를 하고, 섹스를 하고, 성공을 욕망하고, 상대의 멸시와 모욕에 끓어오르는 인간의 욕망, 열정, 분노를 가슴에 품고 있다. 그러나 우리는 상대가 한쪽 뺨을 때리면, 그 힘에 굴복해 나머지 뺨을 내밀면서도 "그래, 나는 참 쿨하고 착한 사람이다"라고 위안해야 했다. 그렇게 하지 않으면 이 세계는 병약하고 느린 그리고 아무것도 가진 것 없는 사람들에게 주제넘게 굴지 말라고 충고했다.

나는 이제 '야한' 장애인, 뜨거운 인간이 되고자 한다. 내 피는 지금 이 순간도 세상과 죽을힘을 다해 싸우고, 사랑하고, 그 속에서 함께 살라고 부추긴다. 절대로 '싸가지 없이' 굴지 못했던 미약한 존재들, 세상에서 영원히 찾아주지 않을까 봐 자신을 숨겨야 했던 존재들, 식당에서 밥을 먹고 영화를 보고 초등학교를 졸업하는 것조차 쉽게 할 수 없었던 존재가 이제 감히 '매력'에 대해 이야기하려 한다.

우리는 쿨하기보다는 오히려 뜨거운 존재가 되어 자신의 욕망을 긍정하며 세계를 향해 나아갈 수 있어야 한다. 우리에게는 그럴 권리가 있다. 그 권리를 획득한 자만이 '야한

장애인'이 될 수 있고, 야한 장애인이 되려는 자만이 그 권리를
세상에 드러낼 수 있다.

우리는 분명 과거에 비해 진보한 시각으로 다양한
사람들이 함께 살아가는 방법을 익히고 있다. 그러나 보이지
않는 존재들, 즉 장애인을 비롯해 가난하고 질병에 시달리며
추한 외모와 유약한 체력 때문에 사회의 무대 중앙으로 영원히
오르지 못하는 존재들이 우리 사회의 지하와 구석구석에
여전히 존재한다. 이들의, 아니 우리의 본격적인 '무대 등장'을
위해서 나는 이제 야한 미물들의 시대를 열망한다. 그렇게
되기까지는 아주 오랜 시간 동안의 내면적 투쟁, 뜨거운 열정과
관용, 연대의 감정으로 타인을 지지해온 많은 사람들의 노력이
함께했다.

나는 지금부터 그 이야기를 시작하려 한다. 가난과 질병과
장애를 지닌 채 살아가는 모든 사람들에 대한, 야한 이야기를.

차례

1 유리 같은 몸, 가시 같은 마음

1

유리 같은 몸,
가시 같은 마음

좋건 싫건 어린 시절 각인되어버린
그 무엇을 짊어진 채, 사람들은 수많은
괴로움과 얼마 되지 않는 잗다란 기쁨으로
수놓인, 인생이라는 긴긴 시간을 인내하며
살아나간다.
그리고 사람들에게 그 인생을 인내할 수
있게 하는 힘의 원천은 어린 시절 몸과
마음에 깊숙이 아로새겨진 그 무엇이다.

– 서경식,《소년의 눈물》(돌베개, 2004)

지하철을 탄 장애인

"불쌍해."

스치듯 들리는 소리에 신경이 곤두섰다. 나는 조용히 한쪽
구석 자리로 가서 내가 불쌍한 인간이 아니라는 사실을
강조하기 위해 밀란 쿤데라의 소설《참을 수 없는 존재의
가벼움》을 꺼내 들었다. 이 정도의 책이라면 나름대로 대중성도
있고, 수준도 있어 보이니 나를 포장하기에 더없이 좋다.

'봤냐. 나는 이 정도의 소설을 지하철에서 읽는 사람이야.
너 따위에게 불쌍하다는 말을 들을 이유가 없어.'

한동안 나는 여느 대학생들처럼 영어 학원을 찾아 지하철을
타고 서울 강남역을 오갔다. 하루는 지하철에서 뇌성마비
장애를 가진 한 장애인이 주방용품 같은 것을 팔고 있었다.
그는 말하는 것이 어려웠던지, 아무 소리 없이 물건을 사람들의
무릎에 올려놓은 후 다시 한 번 지나가면서 물건을 살

사람에게는 돈을 받았고, 살 마음이 없는 사람들에게는 물건을 돌려받았다. 나는 출입구 근처의 좌석 옆에 휠체어를 세우고 앉았다. 그가 물건을 하나씩 나누어주며 내게 다가왔다. 나는 여느 때처럼 들고 있던 책을 의식적으로 얼굴 가까이 가져다 댔다. 그는 내 무릎에는 물건을 내려놓지 않고 지나쳤다. 그와 나는 서로에게 무관심한 척했지만 사실 그 짧은 시간 동안 우리 사이에는 많은 생각들이 오갔다.

'서로 건드리지 말자. 서로 의식할 필요 없다. 너나 나나 어차피 똑같이 '불쌍한' 존재들이 아닌가. 네게 물건을 사라고 강요하지 않을 테니, 나를 의식하지 마라.'

그는 이렇게 말하고 있는 것 같았다. 그의 마지막 자존심이었을지도 모른다.

강남역에서 내려 학원까지 이동할 때는 항상 같은 자리에서 바닥에 엎드려 찬송가를 틀어놓고 구걸하는 장애인을 만났다. 두 다리가 절단된 듯 보였던 그는 비가 오는 날에도 늘 자리를 지켰다. 하이힐을 신고 한껏 멋을 부린 여성들, 그들과 팔짱을 끼고 의기양양하게 횡단보도를 건너는 잘생긴 남성들이 그의 위로 지나쳐 갔다. 거리에서는 최신형 휴대폰이나 새로 오픈한 가게를 홍보하는 사람들이 온갖 광고지를 뿌려댔다. 나는 길가에 엎드려 있는 그 남자와 내 앞에서 선글라스를 쓰고 엉덩이를 흔들며 당당하게 걸어가는 키 큰 남자의 중간쯤에서 그 풍경을 바라보았다. 물론 그 구걸하는 남자에게는 단 한 푼의 동전도 주지 않았다.

그 남자와 같은 사람을 어린 시절에도 본 적이 있다. 1년에 한 번씩 '강릉 단오제'라는 행사에 가면, 바닥에 엎드려 돈을 구걸하는 사람이 있었다. 그는 바퀴가 달린 넓은 판자를 배 아래 깔고, 머리 앞쪽에 돈통을 놓은 뒤 다리를 바닥에 끌며 축제에 몰려든 사람들의 발밑을 지나다녔다. 모자를 쓴 그의 얼굴은 언제나 바닥을 향해 있었고, 주변에는 찬송가가 울려 퍼졌다. 부모님의 등에 업혀 단오제의 이곳저곳을 구경하면서 그 사람을 물끄러미 내려다보았는데, 그보다 훨씬 높은 곳에 있었던 어린 시절의 나는 '나 역시 걸을 수는 없지만 저 사람과는 달라'하고 마음속으로 생각하곤 했다.

나는 그 사람에게 동전 몇 푼을 던져줄 수 있었고, 그를 내려다볼 수 있었으며, 행사장의 한가운데서 목숨을 부지하기 위해 바닥을 쓸고 다니는 그와 달리 단오제를 '구경'할 수 있었다. 그것은 큰 위안이었다. 그렇게 바닥을 휘젓고 다니는 사람, 그는 바로 '장애인'이었다.

그로부터 10년 가까이 지난 후 중학생이 된 나는 휠체어를 타고 난생처음 혼자 서울 시내로 나와 지하철을 타게 되었다. 바삐 오가는 사람들로 붐비는 2호선을 타고 누군가를 만나러 이동하는 중이었다. 어린 시절 엄마와 함께 타본 경험을 빼면

내 힘으로는 처음 타보는 것이었기 때문에 어디에서 표를
끊어야 하는지, 어느 방향으로 가야 원하는 곳에 갈 수 있는지
좀처럼 알 수가 없었다. 그러나 나는 그런 것 따위는 내 외출에
아무런 문제도 아니라는 사실을 금방 깨닫게 되었다.

지구 중심까지 연결되어 있는 것처럼 보이던 계단을 힘겹게
지나 지하철에 올라탄 순간, 엄청난 인파가 나를 내려다보았다.
그들은 좁은 시장 골목으로 자동차를 끌고 오는 사람을 쳐다볼
때의 얼굴에 안쓰러움을 더한 표정으로 나를 바라보았다.
누군가는 내 머리끝에서 휠체어 바퀴 끝까지를 훑어보았고,
누군가는 왜 이렇게 사람 많은 곳에 굳이 나왔느냐는 말을
금방이라도 할 것 같은 눈빛을 보냈다. 복잡한 사람들의 무리
속에서 1미터쯤 아래에 있던 나는 그런 시선을 피해 조용히
눈을 내리깔았다.

그렇게 몇 분쯤 지났을까. 갑자기 인파를 헤치고 한
할아버지가 다가왔다. 내 앞에 선 그는 천천히 주머니를
뒤지더니(나는 불안해지기 시작했다), 꼬깃꼬깃 구겨진 천 원짜리
지폐를 한 장 꺼냈다. 내 불길한 예감이 서서히 들어맞는
듯싶더니 할아버지는 이내 내 손에 그 지폐를 꼭 쥐어주었다.
내 얼굴은 순식간에 붉게 물들었다. 구겨진 지폐에 그려진 퇴계
선생의 기다란 눈동자가 세상 사람들의 모든 시선을 흉내 내는
것만 같았다.

아마 지금의 나라면 퇴계의 얼굴을 확인한 순간 "이왕이면 만 원짜리로 좀……"이라며 능청을 떨었을지도 모르겠지만, 처음 지하철에 올랐던 어린 날의 나는 지폐를 받은 순간 어떻게 반응해야 할지 전혀 알 수가 없었다. 할아버지는 좌절하지 말고 열심히 살라며 어깨를 두 번 두드렸다. 나는 좌절했다.

그때 내 앞에는 교복을 입은 또래 여학생이 서 있었다. 그 아이는 이어폰을 낀 채 돈을 쥐어든 내 모습을 물끄러미 내려다보았다. 그 순간 단오제에 모인 인파의 발밑을 헤치며 돈을 구걸하던 남자의 모습과 아버지의 어깨 위에서 그를 내려다보던 내 모습이 교차했다. 모두가 나를 내려다보며 돈을 쥐어줄 것만 같았다. 그 여학생은 "아, 오늘 선생님한테 혼나서 정말 짜증났는데 그래도 나는 저 아이처럼 태어나지 않았으니 얼마나 다행이야"라고 중얼거릴 것만 같았다. 그렇다. 나는 빼도 박도 못하는, 바닥을 지나가던 바로 그 장애인이었다.

보이지 않는 존재

내가 장애인이라는 걸 깨닫는 데 오랜 시간이 필요하지는 않았다. 누군가 나를 대놓고 차별하거나 비아냥거리는 일은 거의 없었다. 하지만 나는 내가 세상에서 보이지 않는 존재라는 사실을 차츰 깨달아갔다. 나는 늘 하나의 풍경인 것 같았다.

학교 매점이나 구내 서점에서 물건 값을 계산하기 위해 줄을 설 때가 있다. 그럴 때면 종종 누군가 너무나 자연스럽게 내 앞으로 새치기를 한다. 그 앞사람까지 추월하지는 않는 걸로 보아 아주 바쁜 일이 있거나 악의가 있는 것 같지는 않다. 가끔은 점원이 내가 먼저 줄을 서 있었다는 것을 알고는 먼저 오라고 말을 걸기도 하는데, 그럴 때면 새치기한 사람이 나를 보고는 흠칫 놀란다. 그것은 마치 "아니, 당신이 언제 그곳에 있었지요?"라는 반응 같다.

그렇다. 사람들은 대개는 악의가 없다. 그저 나를 못 보았을 뿐이다. 사람들은 대체로 아래쪽을 잘 보지 않고 살기 때문에, 자기 시선보다 1미터 정도 아래에 있는 나를 발견하지 못하는 것이다. 설사 어떤 존재가 있다는 게 느껴진다고 해도, 그게 물건을 사기 위해 줄을 서 있는 경제주체일 거라고는 상상하지 못한다. 사람들은 보통 앞만 보고 걸어간다. 그 앞에서도 자신과 일상적으로 관계를 맺는 익숙한 존재들만을 지각한다. 아래쪽에서 꿈틀거리는 존재들은 바쁘고 치열한 경쟁 속에서 그다지 고려할 대상이 아니다.

하지만 내가 중학 시절을 보낸 재활원에서 나는 명징하게 보이는 존재였다. 선생님들은 모두 내가 어떤 목표를 향해 움직이는, 욕망을 가진 뜨거운 존재임을 알았다. 내 친구들 역시 마찬가지였다. 우리는 장애를 갖고 있지만 자기만의 꿈이 있고, 저마다의 이유로 기뻐하고 분노하고 슬퍼도 하며, 돈도 많이 벌고 싶고 연애도 하고 싶은 존재들이었다. 우리가 매점 앞에 휠체어를 대놓고 기다리는 것은 물건을 사기 위해서다. 현금 지급기 앞에 있는 것은 돈이 필요해서고, 체육관에서 공을 들고 있는 것은 우리만의 방식으로 스포츠를 즐기기 위해서다. 우리는 서로가 그런 존재라는 걸 잘 알고 있었다. 그것은 우리가 서로의 일상에 익숙하기 때문이었고, 무엇보다 각자의 주체성과 존재의 의미를 긍정하기 때문이었다.

그러나 바깥세상의 식당과 노래방, 매점과 영화관은 우리를 잘 보지 못했다. 그것은 지금도 별다르지 않다. 좀 우스운 이야기지만, 몇 해 전에 한 시각장애인 대학 선배와 중학교 때부터 재활원에서 알고 지낸 다른 친구 둘을 우연히 만나 함께 저녁식사를 할 기회가 생겼다. 시간도 늦어 출출하고 술 생각도 나던 참이라 우리는 근처의 한 고깃집으로 향했다.

휠체어를 탄 장애인 두 명과 시각장애인 한 명 그리고 뇌성마비 장애인 한 명, 이렇게 우리 넷은 모두 장애가 있었다. 즐겁게 이런 저런 이야기를 나누며 고깃집 문을 열었는데, 갑자기 달려 나온 주인이 대뜸 "여기는 왜 오신 거예요?"라고 물었다. 왜 왔느냐니? 고깃집에 간 건 당연히 고기를 먹기 위해서가 아니겠는가? 그러나 주인의 눈에는 장애인 네 사람이 그 늦은 시간에 돈을 내고 무엇인가를 먹기 위해 자기 가게에 온 것으로 '보이지' 않았던 것이다. 그에게 우리는 불청객이었다.

돈을 구걸하거나 어떤 도움을 바라는 존재일 수는 있어도, 후줄근한 차림의 장애인 넷이서 그 시간에 무려 고기를 먹으러 올 일은 없다고 생각했던 것이다. 당혹스럽고 화가 난 우리가 주인에게 따지듯 설명하자 그는 뒤늦게 사과하며 들어오라고 말했다. 하지만 우리는 도저히 그곳에서 식사할 기분이 아니었다. 결국 다른 집으로 옮겨갔는데, 공교롭게도 그날따라 다른 집 주인도 우리에게 "무슨 일이세요?"라며 첫인사를 했다.●

이러한 경험은 나에게 끊임없이 질문을 던지게 했다.

'도대체 왜 나는 보이지 않는가. 왜 나는 그토록 발버둥 쳐도 사람들의 시선에 포착될 수 없는가.'

나는 내 삶을 선택한 적이 없다. 나를 세상의 중심에서 밀어내는 강력한 원인은 '하늘에서 떨어진' 것들일 뿐이다. 그래서 나는 먼 길을 돌았다. 장애가 도대체 무엇인지 아직도 제대로 알지 못하며, 질병이란 무엇인지 그리고 우리가 왜

● 이날의 경험 때문이었을까? 2019년 현재 시각장애인 선배는 최초의 시각장애인 법관이 되었고, 뇌성마비 장애인 친구 두 명은 장애인 인권 활동가가 되었으며, 나는 변호사로 일하게 되었다. 우리는 거절당하지 않기 위해 지난 십여 년간 각자의 방식으로 부단히 전투해왔다.

타고난 혹은 우연한 사건에 의한 몸의 상태에 따라 그토록
현저히 다른 삶을 살 수밖에 없는지 잘 알지 못한다.

나는 그 답을 찾기 위해 먼 길을 여행하기 시작했다.
그것은 때로는 고통스럽고 때로는 흥미로웠으며, 나 자신과
이 세상의 구석구석을 관찰하는 기회가 되기도 했다. 나는
이 책에서 지금껏 내가 했던 여행들을 기록할 생각이다. 내가
본격적인 여행을 시작한 것은 아마 지적으로 무엇인가를
판단할 수 있게 되었을 때부터였겠지만, 그 모든 것을 정리하기
위해 최초의 순간으로 가지 않을 수 없다.

나는 골형성부전증이다

어느 날 아침 뼈가 부러졌다. 아무런 이유도 없었다. 어쩌면
미세한 충격이 있었을지도 모른다. 그러나 잠에서 깨지 않은
것으로 보아 그 충격이란 것은 무시해도 좋을 정도였을 것이다.
인간의 몸은 뼈로 이루어져 있고, 뼈가 몸을 지탱하며 몸의
형태를 만든다. 뼈는 대칭적으로, 그리고 직선으로 튼튼하게
뻗어 있어야 한다. 그런 몸은 건강하고 매력적이다.

어떤 사람들은 그런 뼈를 갖지 못한다. 〈식스 센스〉로
유명한 영화감독 M. 나이트 샤말란의 〈언브레이커블〉에는 그런

인물이 등장한다. 새뮤얼 잭슨이 연기한 주인공 일라이저는
태어나면서 뼈가 완전히 부서져 줄곧 골절과 치료를 반복하며
생의 대부분을 병원에서 보낸다. 영화에서 일라이저가
계단에서 넘어지며 다치는 장면을, 감독은 일라이저의 철제
지팡이가 바닥에 떨어져 유리처럼 깨지는 것으로 묘사했다.
그렇다. 그의 몸은 유리다.●

　　이 병의 이름은 골형성부전증osteogenesis imperfecta이다.
이름에서 풍기는 우울함은 이 병을 가진 사람들의 숫자가
한국에서 2백 명 안팎이라는 사실에서 더 커진다. 5천만
명 가운데 2백 명 안에 든다는 것은 가공할 우연이다. 이런
'선택받은 자들'은 일라이저가 계단에서 넘어지는 장면을
보면 닭살이 돋는다. 확률을 따지는 것은 재밌지도 않고
무의미하기까지 하지만, 때로 선명하기는 하다. 5천만 명
가운데 2백 명으로 선택받을 가능성은 김태희로 태어날

● 샤말란 감독은 2019년 1월 〈언브레이커블〉의 후속작 〈글래스〉를 19년만에
선보였다. 영화에서는 온몸이 유리처럼 부서지는 일라이저, 그와는 정반대로
절대 다치지 않는 몸을 가진 데이비드 던, 24개의 인격을 가진 캐빈 웬델 크럼
의 이야기가 전개된다. 세 사람은 정신병원에 갇히고, 자신을 특별한 존재로 믿
는 망상증을 치료하는 의사 앞에서 만나게 된다. 일라이저는 94번의 골절을
겪고도 뛰어난 지능으로 모든 이들을 속이고, 이 세상에는 사람들이 상상할
수 없는 능력을 가진 영웅적 존재들이 있음을 밝혀낸다(그는 도덕적으로는 용서될
수 없는 악역이다). 영화 제목 〈언브레이커블〉은 데이비드 던의 '절대로 다치지 않
는 몸'을 의미할 뿐 아니라, 일라이저의 '선지자적인' 정신을 의미하기도 했다.

가능성보다 조금 더 높다.

나는 골형성부전증이다. 일라이저처럼 태어난 지 몇 달 되지 않아 엄마로부터 나를 받아 안던 할머니의 바짓단에 발끝이 걸렸고, 그것으로 골절상을 입었다. 병원에 나를 데려간 부모님에게 의사는 아이를 혹시 집어던지거나 높은 곳에서 떨어뜨린 게 아니냐며 의혹에 찬 눈길을 보냈다(영화에서도 일라이저가 태어난 날, 의사는 정확히 같은 이야기를 한다! "아이를 어디 떨어뜨렸나요?"). 뼈가 완전히 부스러져 있어서 도저히 우연한 외부 충격에 의한 골절로 보이지 않았기 때문이다. 1982년 강원도 소도시의 의사는 내 병명을 알 리가 없었고, 나는 외가가 있는 서울로 이동해 골형성부전증이라는 어려운 이름의 질병을 진단받았다.

내가 태어난 곳은 한반도의 아주 구석진 곳에 위치한 작은 시골 마을이었다. 오십여 가구가 모여 사는 그 마을은 32번 버스의 종점이었고, 강릉 출생의 유학자 율곡 이이를 추모하기 위한 송담서원이 있었다. 가장 가까운 초등학교는 버스로 약 20분을 가야 했는데, 그 버스는 두 시간에 한 번씩 마을의 정류장에 도착했다. 편의점 따위는 당연히 있을 리가 없고, 아주 작은 구멍가게를 내 친구의 부모님이 운영했다. 사람들은 대부분 농사를 지었고, 아이들은 논밭에서 축구를 하거나 여름이 오면 마을 부근의 계곡으로 수영을 하러 다녔다.

1970, 80년대 즈음에 태어난 사람이 질병이나 장애를 갖게 되었다면, 그것은 그가 우리 사회의 민주화나 산업화 정도와 상관없이 극도로 제한된 삶을 살 수밖에 없다는 뜻이었다. 초·중·고등학교 중에 갈 수 있는 학교는 거의 없었고, 대학은 입학시험에 합격해도 장애가 있다는 이유만으로 들어갈 수 없었으며, 서울 시내의 지하철이나 버스는 거의 탈 수 없었다. 그저 장애인이 밖으로 나와도 대놓고 비난하거나 조롱하지 않게 되었다는 정도가 변화라면 변화일 것이었다. 그런 가운데 나는 마치 1970년대 이전을 사는 것 같은 시골 마을에서 선천적인 질병을 갖고 태어났으니 그 마을의 아름다운 계곡이나 마을 주민들의 인심과는 상관없이, 내가 할 수 있는 일은 아무것도 없었다.

내가 서울의 병원에서 골형성부전증을 진단받은 이후 시골의 트럭 운전수와 평범한 가정주부였던 나의 부모는 수시로 서울과 강원도를 오가야 했다. 나는 그렇게 열다섯 살이 될 때까지, 스무 번 이상 골절상을 입고 십여 차례 수술을 받았다. 어린 시절의 나는 골절상 정도는 아무렇지도 않게 생각했다. 도대체 호들갑을 떨 일이 아닌 것이다. 아침에 일어나 뼈가 부러져 있다고 해서 당황할 필요는 전혀 없었다. "음, 뼈가 부러진 모양이군. 제길" 보다 약간 더 놀라는 정도였다. 전통적으로, 유약한 신체를 가진 인간에게 필요한 것은 상처에 관대한 마음가짐이 아니었던가.

어린 시절 내 삶은 스무 평 남짓한 시골집을 두 팔로 기어 다니는 것이 전부였다. 외출이라고는 병원에 갈 때뿐이었다. 내 상태가 호전되자 부모님은 나를 초등학교에 입학시키려 했지만, 학교에서는 나를 받아들이지 않았다. 입학 후 혹시라도 골절상을 입게 되었을 때 학교 측이 지게 될 부담을 우려했던 것이다. 입학이 거부되었다고 해서 누구에게 하소연을 할 수도 없었다. 장애아 입학은 전적으로 학교의 배려에 달린 문제지, 누구의 권리라거나 대한민국에서 태어난 학령기 아동에 대한 사회적인 책임이라는 주장 따위는 전혀 할 수 없었다. 그때 우리 사회는 1987년 이후의 민주화 붐을 타고 엄청난 변화를 겪고 있었다. 그러나 나와 아무런 상관도 없는 이야기였다.

골형성부전증의 치료는 골절 횟수를 줄이고 뼈가 바른 방향으로 자랄 수 있도록 도와주는 정도다. 상태가 좋으면 어느 정도 일반적인 보행도 가능하고 스무 살이 넘어가면서 골절의 빈도가 줄고 상태가 호전되기도 하는데, 이 정도까지 가기 위해서는 많은 비용과 시간이 필요하다. 나는 1년에 적어도 한두 차례는 정기적으로 입원을 하고 수술을 받았지만, 그 모두를 기억하지는 못한다. 수술은 일고여덟 번 정도가 기억에 남아 있을 뿐이다. 병원 생활이란 단조로워서 오랜 시간을 있어도 기억에 남는 것은 그다지 많지 않다.

하지만 어머니의 기억은 훨씬 상세하고 더 치열하다. 어머니는 특히 내가 병실에만 있으면 답답하다는 듯이 울어대던 일을 자주 이야기한다. 나는 병실 안에서 죽을 듯이 울다가도, 침대를 끌고 밖으로 나가면 울음을 그쳤다. 그래서 어머니는 밤새 내 침대를 끌고 돌아다녔다. 70센티미터나 될까 하는 몸 전체에 깁스를 한 나는 어머니의 팔에 마비가 올 정도로 울고 보채고 소리쳤다. 밤새 병원 밖에서 손잡이를 붙든 채로 버티던 어머니는 잠이 들었고, 차가운 손잡이에 닿은 얼굴 일부가 마비되기도 했다.

그렇게 가족들과 나는 병원과 집을 오가며 치열한 시간을 보냈다. 나는 뱀처럼 휜 다리뼈를 조각내고 다시 바르게 연결하는 수술을 받았고, 수술 후에는 가슴까지 깁스를 하고 한여름을 보냈다. 가족들은 그런 나를 안아서(그렇게 깁스를 하고 난 후에는 업는 것조차 불가능했다) 화장실에 데려가고 서울과 강원도를 오갔으며, 나는 뻣뻣하게 굳어버린 몸뚱이를 두 팔꿈치로 끌고 다니며 여름을 보냈다. 어머니는 그때 생긴 내 팔꿈치의 검푸른 굳은살을 목욕할 때마다 문질러댔지만, 그것은 여전히 나의 몸에 각인되어 있다.

사람들의 생각과 달리 질병을 가진 어린아이가 꼭 불행한 것은 아니다. 우선 그 아이는 외롭지 않다. 늘 자신을 걱정해주는 부모가 있다면 그는 행복하다. 반면 그의 형제는

외롭다. 누나는 나 덕분에 늘 외로웠다. 부모님이 오로지
내 몸에 신경을 집중해야 했기 때문에, 누나는 혼자 일어나
할머니가 차려주는 밥을 먹고 학교에 갈 준비를 하는 일에
익숙해져야 했다. 질병의 무게란 그런 것이다. 가족 전체가 그
질병의 무게를 감당해야 한다. 누구도 우리를 돕지 않는다.
우리 사회란 아직 그런 수준이었다.

지난한 시간의 길목에서 어머니는 자주 나에게 "그래도
너는 생명에 지장이 없으니 다행이야"라고 말했다. 나는 그것이
어머니 스스로를 위로하는 말이라는 걸 점차 알 수 있었다.
내가 그 말을 이해하고 어머니를 이해할 나이가 되어가는 동안,
나는 다른 한편으로는 가는 다리와 비대칭의 몸을 가지고
걷지도 못한 채 자라고 있었다.

열한 살 무렵 모처럼 가족들과 함께 계곡으로 놀러 갔다가
골절상을 입었을 때 특히 그랬다. 그때는 단순히 골절상만이
아닌, 골절을 방지하기 위해 다리 속에 고정해 두었던 핀이
튀어나와 상처를 입었다. 우리 가족의 휴가는 그 순간
중단되었다. 나를 태우고 비포장도로를 달려야 했던 아버지는
조심스럽게 운전했지만 미세한 진동에도 나는 너무나 심한
통증을 느꼈다. 차가 좌우로 흔들릴 때마다 뼈끝으로 삐져나온
핀이 살을 찔렀다. 지금 이 글을 쓰는 순간에도 당시의
느낌이 되살아나 소름이 돋는다. 나는 어머니에게 소리를

질렀다. 운전을 하는 아버지에게도 화를 냈다. 그때가 아마
내가 기억하는 가장 큰 수술이었는데, 어머니는 그때 울었다.
어머니도 항상 강하지는 않았다. 하지만 그때도 내게 같은 말을
했다.

"그래도 너는 생명에 지장은 없으니 얼마나 다행이야.
그렇지?"

그 말은 다섯 살, 일곱 살 꼬마에게는 희망의 언어였을지
몰라도 열한 살 된 꼬마에게는 달랐다. 나는 이미 생명과
관계없는 내 질병이, 분명 희망과도 상관이 없을 거라는 걸
점차 알아가고 있었다. 불과 열한 살, 그때까지 수십 번을
입원하고 수십 번을 치료받았지만 나는 여전히 작은 충격에도
뼈가 부러졌고, 여전히 걸을 수 없었다. 가족들은 행복한
하루의 시간을 순식간에 먼 풍경처럼 남겨두고 서울까지
차를 몰고 올라올 수밖에 없었다. 생명에 지장이 없다는 말은
어머니에게 위로는 될 수 있을지 몰라도 희망이 될 수는 없다고
나는 생각했다.

그날 입원한 나는 다음 날 아침 8시에 수술실에 들어가
밤 10시에 나왔다. 열네 시간의 수술이었다. 어머니는 수술
중인 환자의 명단에서 내 이름이 순간적으로 사라지는 바람에
내가 죽은 줄 알았다고 했다. 나는 밤새 토했다. 마취약이 너무
독했다. 지난 수술을 모두 합한 것보다 많은 양의 기침을 했고,

빈속에서 무엇인가를 계속 토해냈다. 어머니 역시 밤새 한숨도 잘 수 없었다. 아버지는 이미 일을 하러 내려가고 없었다.

누가 더 슬펐을지는 모르겠다. '생명에 지장이 없는 것'이 나와 우리 가족에게 희망인지 절망인지 수술이 끝난 후에도 알 수 없었다. 질병은 아이를 성숙하게 하는 법이다. 성숙한 아이에게는 그만한 크기의 고통이 있다.

달빛만 들어오던 사춘기

열두 살 무렵 사춘기가 찾아왔다. 목소리는 굵어지고, 아랫도리는 거뭇거뭇해졌다. 오랜 병원 생활 덕분에 골절 횟수는 줄었지만 나의 현실은 거의 달라지지 않았다. 나는 여전히 방문을 열고 학교 가는 아이들의 모습이나 마당의 개들이 봄볕에 조는 모습을 바라보거나, 할머니가 사다 주는 아이스크림을 먹으며 사춘기의 소중한 열정을 소비하고 있었다.

지금 내가 있는 대학원에는 뛰어난 동료들이 많다. 그들 가운데는 뒤늦게 굉장한 재능을 발휘한 사람도 있지만, 상당수는 바로 이 나이에 외국어를 익히고 악기와 운동을 배우고 수준 높은 수학과 국어 실력을 쌓았다. 그러나 당시 나는 할 수 있는 것이 아무것도 없었다. 집은 작은 시골 마을에 있었고, 부모는 내 병원비로 인한 경제적 곤란을 해결하기 위해 일터에 나가야 했다. 나의 말 상대는 오로지 할머니뿐이었고, 내가 접할 수 있는 지식이라고는 누나가 보는 몇 권의 교과서와 문학작품이 전부였다.

그러는 동안 다른 아이들은 성장했다. 볼 때마다 커지는 키, 균형 잡혀가는 어른의 몸, 학교에 다니면서 하나둘씩 늘어가는 지식. 더 이상 나는 책 몇 권을 읽고 잘난 척할 수 없는 처지가 되었다. 아이들은 간단한 영어를 할 줄 알게 되었고, 복잡한 수학을 다루게 되었다. 성숙한 몸과 확장된 지식. 모두 매미가 되어 가는데 나 혼자 여전히 어두운 지하에서 날개가 자라지 않는 번데기로 남아 있는 느낌이었다. 빛이 들어오지 않는 삼면이 단단한 벽으로 막힌 공간에서 밖으로 나가기 위한 어떤 지식도 익히지 못한 채 허우적댔다.

무엇보다 힘든 것은 바로 이성에 대한 호기심이었다. 우리는 보통 10대를 지나며 2차 성징을 맞이하고, (이성애자라면) 상대편 성에 대해 억누르기 어려운 호기심을 경험한다. 나는 학교에 다니는 마을 여자 아이들과 이야기를 나누어보고 싶었고, 함께 학교에서 공부하고 싶었으며, 그들과 문화를 공유하며 사귀어보고 싶다는 욕망으로 가득 찼다. 그러나 나의 세계는 작은 방 안이 전부였다.

여전히 많은 장애인들이 같은 경험을 한다. 다소 나아졌으나 장애인의 과반수 가까이는 아직도 초등학교 졸업 이하의 학력에 머문다. 학교에 가지 않은 대다수는 그저 집을 지키거나 거주시설에 할당된 자기 공간에서 시간을 보낸다. 장애인 가족이 부끄러워 바깥으로 내보내지 못하는 가족들도 있었겠지만 이제 우리 사회는 그 정도의 수준을 벗어났다(그렇게 믿고 싶다). 하지만 장애를 가진 자녀를 학교로, 놀이공원으로, 수영장으로, 학원으로 보내는 일은 어려운 과제다. 학교에 가려면 버스를 타야 하고, 교실까지 진입이 가능해야 하며, 지역 주민들과 또래의 학부모들이 아이를 거부하지 않아야 한다. 특수학교를 졸업한 내 친구는 학교를 떠나 집으로 돌아간 뒤에는, 장애를 입기 전 다녔던 초등학교 동창들이 방문하는 날 1년에 한 번뿐인 외출을 한다.

이성에 대한 호기심과 세상에 대한 관심으로 눈을 반짝이는, 또 무엇이든 빠르게 익히고 습득하는 청소년기에 겪는 이런 생활은 장애인들에게 평생 이동할 수 없는 부자유 이상의 가혹한 억압의 기억으로 남는다. 삶에서 가장 반짝거리는 시기가 이렇게 소모되는 것이다. 지금 이 순간에도 아주 많은 곳에서 상당수의 장애인들이 집 안에만 있거나 수용시설에 갇혀 생활하고 있다. 그러는 동안 우리는 자립형 사립고를 몇 개 만들어야 하는지를 놓고 '100분 토론'을 한다.

어릴 적 내 방은 밤이 되면 창문으로 달빛이 들어왔다. 그 달빛을 바라보면서 왜 내가 이런 특별한 처지에 놓이게 되었는가를 밤마다 생각했다. 당시 찾을 수 있는 답은 내가 '정말이지 재수 없게' 태어났기 때문이라는 것뿐이었다. '장애는 개인의 비극이다.' 이제 막 10대에 접어들어 사춘기를 맞은 청소년이 할 수 있는 생각이란 이 정도일 수밖에 없었다.

누군가는 이런 나에게 "너도 어딘가에 쓰일 일이 있어 그렇게 태어난 것이다"라거나 "신은 시련을 이길 수 있는 사람에게만 시련을 준단다"라는 말을 해주었다. 하지만 이런 말은 당장 여자 아이들과 손잡고 등교하고, 친구들과 축구를 하고 싶은 사춘기 남자 아이에게는 대개 아무런 쓸모도 없는 이야기이다. 나는 나와 같은 방식으로 태어난 인간을 세상은 전혀 써줄 생각이 없다는 것을 알고 있었고, 시련을 맞닥뜨리게 되는 사람은 그것을 이겨내지 않으면 달리 방법이 없기 때문에 그것과 마주할 뿐이라는 걸 이미 알고 있었다.

나는 정신질환을 앓았다. 우울증과 강박증이 그 증세였던 것 같다. 어머니는 밤마다 나와 대화를 나누었다. 나는 가족을 잃게 될 미래가 두려웠고, 앞으로 내가 어떤 삶을 살지 전혀 알 수 없었기 때문에 불안했다. 아무것도 배우지 못하고, 아무것도 할 줄 아는 게 없는 나는 어떻게 생존할 수 있을까. 결혼을 하고 직장을 갖는 문제는 꿈처럼 느껴졌다. 그런 나와 대화하면서 내 부모도 다른 장애아이들의 부모처럼 '내 자식보다 오래 살아야 한다'는 부담을 떨칠 수 없었을 것이다.

나는 점점 가족들에게 반항하기 시작했다. 그때나 지금이나 나는 자존심이 아주 강하고 욕심이 많다. 그런 내가 친구들보다 자꾸 뒤처졌다. 친구들은 중학교에 진학했다. 그들은 영어를 배우는데 나는 여전히 아무것도 할 줄 모른다. 이제 울기보다는 저항할 수 있는 방법이 필요하다. 달빛은 여느 때처럼 내 방 구석을 비추었다.

열다섯 살이 되어서야 나는 초등학교 졸업 검정고시를 준비했다. 몸 상태가 어느 정도 안정되었고, 공부를 해야겠다는 결심이 강해졌을 때였다. 나눗셈을 그때 처음 익혔다(이런 내가 고3 때 미적분을 하게 되리라고 상상이나 할 수 있었을까!). 다장조 음계 보는 법을 공부했다. 사회나 국어는 혼자 읽은 책들 덕분에 어려움이 없었다.

그때까지 아무것도 할 줄 모르는 나에게 그것은 첫 번째 도전이었다. 누나가 공부하던 교과서를 보며 나름대로 시험을 준비했다. 시험장은 서울의 한 중학교였다. 긴장한 마음으로 서울에 올라온 나는 난생처음으로 학교 교실에 들어가 보았다.

내가 앉은 책상에는 아이들의 낙서가 가득했다. 누구랑 누구랑 사귄다더라, 연예인 아무개가 제일 멋지다 따위의 글이 혼란스럽게 적혀 있었다. 나는 그 내용을 찬찬히 읽었다. 정돈되지 않고 정신없는 세계, 그렇지만 무엇인가 다양한 자극으로 가득한 세계, 아이들의 상상력과 욕망, 질투, 자유와 억압이 뒤얽힌 세계. 그것이 바로 병원과 고향 마을을 제외한 '진짜' 거대한 세계와 나의 첫 번째 만남이었다.

초등학교 검정고시를 보는 사람들은 대개 장애인이나 어린 시절에 교육 기회를 놓친 고령자다. 내가 간 시험장에는 50대쯤 되어 보이는 아저씨, 침대에 누워 시험을 치는 중증 장애인 등이 있었다. 대부분 열악한 상황에서 혼자 준비해야 하기 때문에 시험의 수준은 그다지 높지 않았다. 덕분에 나는 어렵지 않게 합격할 수 있었다. 세계로 나갈 아주 작은 준비를 마친 셈이었다. 나는 이렇게 시작해서 중학교, 고등학교, 대학교를 졸업하고 대학원까지 진학하게 되는데, 이 첫 번째 시험과 책상 위의 낙서들은 가장 강렬한 경험이었다.

다음으로 내가 한 일은 바로 장애인 등록이었다. 장애인으로 등록하면 여러 가지 혜택이 있다. 예컨대 남자라면 영장이 날아오지 않는다(진정 대한민국의 모든 남자가 원하는 혜택이다!). 또 LPG 면세 차량을 끌고 다닐 수 있다. 휴대폰 요금은 30퍼센트 정도 할인되고, 국립공원 입장료는 무료다. 이렇게 보면 꽤나 매력적인 지위다. 그래서인지 어떤 사람들은 아무런 생물학적 손상이 없는데도 장애인 등록을 하고 싶어 안달이다. 장애인 스티커를 붙인 차량에서 신체 건장한 남녀가 내리는 모습을 우리는 종종 목격하지 않았던가.

그러나 그런 몇몇을 제외하고는 당연히 누구도 자신을 장애인으로 등록하고 싶어 하지 않는다. 공식적으로 장애인이 된다는 것은 사회적인 추락, 투병 과정에서의 실패 그리고 세계의 바깥으로 밀려남을 인정한다는 뜻이다. 또한 영원히 회복할 수 없는 비정상의 굴레를 뒤집어쓰는 것이다. 휴대폰 요금을 30퍼센트 할인받기 위해 자신의 존재를 추락시킬 사람은 많지 않다. 같은 이유로 나의 부모님도 당연히 내가 장애인으로 등록하는 것을 원치 않았다. 장애인이 된다는 것은 부모가 결국 이 아이를 포기했다는 의미로 여겨지기 때문이다.

무표정한 얼굴을 한 의사는 옷을 혼자 갈아입을 수 있는지, 걸을 수 있는지 등등 몇 가지를 체크한 후 내게 지체장애 1급이라는 표식을 달아주었다. 곧이어 나는 휠체어를 구입했다. 이 우울한 작업들은 내가 장애인을 위한 특수학교에 입학하기 위해 필요한 어쩔 수 없는 조치였다. 태연한 척 행동하려 했지만, 나 스스로는 내가 '장애인'이라는 사실을 인정하지 않았다.

이러한 준비를 마치고 1997년 경기도 광주에 있는 한 재활학교에 입학했다. 이 학교는 우리나라의 특수교육기관 가운데서는 가장 좋은 시설을 갖춘 곳으로, 재활원이라는 이름

아래 재활학교, 재활관, 직업훈련원, 재활병원 등이 한데 모여
있다. 나는 재활학교에 다니기 위해 재활관에 속한 기숙사에
입사해야 했다. 15년 만에 처음으로 고향 마을을 떠나게 된
것이다. 당연히 이것은 아주 어려운 결정이었다. 나는 며칠간
제대로 잠을 잘 수 없었다. 두렵고 떨리는 일이었다.

　무엇보다 입학시험을 치르기 위해 방문했던 재활원의
모습은 내게 큰 충격이었다. 태어나서 나 이외에 '장애인'이라는
존재를 본 일이 없었기 때문이다. 재활원에는 다양한 장애를
가진 학생들이 있었다. 처음 그곳을 방문했을 때 내 눈에는
우리 집에 놀러 오던 동네 친구들의 활력 있고 건강한 모습과
재활원생들의 느리고 뒤틀린 모습이 대비되어 보였다.

　나는 그들과 절대로 함께하고 싶지 않았다. 그 세계는 당시
나에게 아주 침울하고 추한, 그래서 피하고 싶은 세계였다.
그러나 내겐 다른 대안이 없었으므로 나는 결국 이곳에
입학해야 했다.

　마침내 입학 전날이 되어 집에서 마지막 밤을 보냈다.

　"오늘 내 방에서 자, 엄마."

　어머니와 단둘이 누웠다. 달빛이 들어왔고, 봄을 앞둔
겨울의 끝자락이었다.

배움이 열어준 신세계, 그러나 비좁은 세계

우리가 '장애'라고 분류하는 상태는 여러 가지 유형으로
나뉜다. 감각 손상에 따라 시각장애, 청각장애 등으로
나누고, 정신적인 특징이 삶에서 제약을 만드는 경우 정신적
장애(발달장애와 정신장애)로 분류한다. 뼈나 근육의 이상으로
팔다리 등에 장애가 있는 경우에는 일반적으로 '지체장애'라고
부르는데, 내가 입학한 재활원은 지체장애학생들을 위한
특수교육기관이었다. 그러나 경우에 따라서는 지체장애와
발달장애를 함께 가지기도 하기 때문에 이곳에 모인 학생들이
전적으로 지체장애에만 해당된다고 할 수는 없다.

1997년 3월 입학식 날이었다. 휠체어를 탄 한 입학생이
학생 대표로 선서를 하기 위해 나왔다. 혼자서는 꼼짝도
할 수 없어 계속 어머니의 도움을 받아야 하는 학생부터
비교적 건강한 신체를 가졌지만 발달장애가 있어 행동이 잘
통제되지 않는 학생까지, 재활학교의 입학식은 다양한 장애를
가진 학생들로 가득 찼다. 나는 이때까지도 스스로가 이들과
다르다고 중얼거렸다.

'내가 어떻게 이런 아이들과 한 부류란 말이야? 이건 말도
안 돼. 금방 이곳을 떠날 거야.'

실제로 나는 3년 후 이곳을 떠나게 되지만, 내가 세상으로

한발 더 내디딜 수 있었던 건 그렇게도 속하기를 거부했던 이 세계와 이곳의 사람들, 즉 그날의 입학식을 가득 메웠던 뒤틀리고 불균형하고 혼자 힘으로는 옴짝달싹할 수 없었던 친구들과의 만남 덕분이었다. 입학 당시 나는 이들과 내가 철저히 다른 존재임을 호소하기 위해 발버둥쳤다.

부모님이 떠나고 기숙사에 짐을 풀었다. 처음 이야기를 나눈 사람은 같은 방을 쓰게 된 '행준'이라는 이름의 친구였다. 행준이는 잘생기고 키가 큰, 에너지 넘치는 학생이었으나, 초등학교 5학년 때 갑작스러운 사고로 뇌를 다쳤고 몸의 오른편이 마비되었다. 그는 아주 천천히 말을 했다.

"너…… 뭐… 하… 다… 왔… 어?"

'이 느려터진 녀석하고 같이 살아야 한단 말이야?'라는 생각이 먼저 들었다. 하지만 나는 결국 행준이에게 재활원 생활의 대부분을 배워야 했다. 세탁기는 어떻게 사용하는지, 식당은 몇 시에 시작하는지, 몇 시부터 몇 시까지가 자율학습 시간인지, 누가 기숙사의 동대표인지, 밤 9시에 점호를 할 때는 뭐라고 보고해야 하는지 등등. 사회생활 경험이라고는 동네 친구들 몇몇과의 관계가 전부였던 나는 배워야 할 것들 투성이었다. '느려터진' 행준이에 비해 사실 나는 할 줄 아는 게 아무것도 없었다.

행준이는 친구가 별로 없었다. 재활원에는, 인간이 모여 있는 곳이라면 어디나 그렇듯이 나름대로의 서열이 있었다. 발달장애가 없고, 상체의 기능이 원활하면 '상류층'에 속하기 쉬웠다. 소아마비나 척수장애인 선배들은 끼리끼리 모여 다녔다. 그들은 '바깥세상'에서 연애를 하는 데도 능했다. 교복을 입은 여학생들이 주말마다 찾아오는 사람도 있었다. 그다음 그룹은 더 중증장애인들, 예컨대 뇌병변장애(뇌성마비) 가운데서도 보행이 가능하거나 언어장애가 없는 사람들로 구성되었다. 끝으로 '하류층'은 주로 발달장애를 가지고 있거나 신체장애가 중한 사람들로 이루어졌다.

행준이는 신체 능력이 떨어지는 편이었고, 뇌손상이 발달장애를 가져왔기에 '하류층'에 속했다. 그 좁은 세계에서도 우리는 서로가 서로를 무시하고 서열을 정하면서 한 가닥 남은 자존감을 지키기 위해 애썼다.

이처럼 그곳은 바깥세상과 전혀 다를 바가 없었다. 장애인이 천사라느니 뭐라느니 하는 말들이 다 헛소리라는 것을 나는 깨달았다. 나는 오직 나만 그런 줄 알았으나 그곳의 우리는 사실 별 다를 바 없는, 구별 짓기를 좋아하는 10대 청소년들의 모습을 그대로 닮아 있었다.

하지만 특별한 점도 있었다. 구별 짓기만큼이나 창의적인 협력 관계도 적지 않았다. 당시 재활원에서는 기본적인 생활을 모두 스스로 해결해야 했다. 생활지도 교사들이 있었지만 그들은 자원봉사자가 아니었다. 불가피한 경우를 제외하고는 옷 입기, 식사하기, 빨래하기 등을 혼자 할 수 있어야 입소가 가능했다. 그렇지만 도저히 그런 류의 일들을 혼자 해내기 힘든 장애인도 여럿 있었는데, 그들은 대개 창의적인 방법으로 자신만의 해결책을 찾거나 다른 장애인 친구들과 분업이나 협력을 통해 생활을 꾸려갔다.

사람들은 보통 A라는 역할에 맞는 B라는 인간이 있다고 생각하지만, 사실 충분한 시간과 기회가 주어진다면 누구든지 자신만의 창조적인 방법으로 A를 해낼 수 있다. 그런 것들은 대개 '인간 승리'라고 포장되어 알려지고는 하지만, 따지고 보면 '상상력의 승리', '협력의 승리', '시간의 승리'라고 말해야 한다. 어떤 인간이라도 협동의 가능성, 창의성을 발휘할 기회, 적응할 수 있는 시간이 주어지면 나름의 세계를 구축하는 법이다.

물론 그렇다 해도 처음에는 누구나 어려움을 겪는다. 나는 혼자 옷도 갈아입을 수 있고 빨래나 샤워도 충분히 가능한 몸 상태였지만 난생처음 해보는 독립된 생활에 적응하기가 무척이나 어려웠다. 세탁기 사용법은 물론 커피 믹스는 뜨거운 물에 넣은 후 충분히 저어주어야 한다는 것도 몰랐고, 현금 지급기에서 돈을 인출할 수 있다는 사실도 몰랐으며, 신발 끈을 어떻게 묶어야 하는지는 더더욱 몰랐다.

게다가 15년 동안 집 안에서 나만의 스케줄에 따라 살아온 나에게 '7시 기상, 9시 등교, 12시 점심' 같은 일과표는 견디기 힘든 구속이었다. 집이 그리웠다. 외롭고 쓸쓸한, 온갖 욕망이 분리수거 되지 않고 버려진 쓰레기처럼 꾸역꾸역 섞여 있는 공간. 따뜻한 할머니의 품과 헌신적인 가족, 마당을 뛰노는 강아지가 곁에 있지만 가슴속의 어떤 강렬한 존재가 늘 그곳을 뛰쳐나오고 싶어 안달하는 곳. 나는 그곳으로 다시 돌아가고 싶을 지경이었다. 결국 일주일도 못 견디고 집으로 전화를 걸었다.

"아빠, 나 여기 못 있을 것 같아. 너무 불편하고 재미도 없고 힘들어. 그리고 이상한 장애인들이 너무 많아."

나는 애꿎은 장애 타령을 했다. 나 스스로가 그 기숙사에서 가장 무력하고 겁 많은 인간이었으면서도 다른 장애인 아이들의 존재를 부정해서 나를 찾으려 했던 것이다. 엄마는 울었고, 아버지가 기지를 발휘했다.

"그래, 힘들면 집에 와야지 뭐. 그런데 아빠가 지금 바쁘니까 다음 주에 갈게. 그때까지만 참고 있어."

아버지는 '다음 주'가 되었을 때 또 '다음 주'를 말했다. 그리고 그 다음 주에는 다시 며칠 뒤를 이야기했다. 나는 '다음 주'를 기다리는 동안 세탁기를 돌리고, 현금을 인출하고, 커피를 종이컵에 쏟아 부은 다음 그 포장지를 반으로 접어 컵 안을 휘젓고 있었다. '도저히 있을 수 없을 것 같던'

공간에서, '도저히 상종하기 싫다던' 장애인 친구를 마음속으로 좋아하면서.

희망과 한계 사이

나는 재활원에서 분수를 처음 배웠다. 초등학교를 다니지 못한 탓에 내가 할 줄 아는 것은 한글 읽고 쓰기, 사칙연산, 다장조 음계와 알파벳 읽기가 전부였다. 그 이외에는 어떤 체계적인 지식도 쌓은 적이 없었다. 그저 책을 좋아했던 어머니 덕분에 적지 않은 독서 경험이 있을 뿐이었다.

재활원에는 특수학교 초·중·고등부 과정이 있는데, 각 과정에서 학생들은 일반 교과과정과 함께 재활운동 등의 특수과목을 수강한다. 재활원에 다니는 학생들은 장애 정도가 모두 다르고, 중복 장애를 가진 경우에는 학습 능력이 천차만별이기 때문에 일반적인 교육기관에서와 같은 경쟁식 교육은 꿈도 꿀 수 없다.

선생님들은 이런 상황에서도 학생들에게 수업 내용을 최대한 잘 전달하기 위해 노력하지만, 다양한 조건의 학생 모두를 만족시킬 수는 없다. 그러나 나는 처음으로 밟는 정규 교육과정에서 아주 많은 것을 배웠고, 생각보다 빠르게 교과 내용을 습득했다(내 머리는 생각보다 좋았던 것이다!). 특히 영어와 역사 과목에 관심이 많았다.

나는 태어나서 처음 받는 공식적인 교육이 즐거웠다. 중국 은나라의 갑골 문자나 마이너스 부호가 붙은 두 개의 숫자를 더하는 기묘한 기술 그리고 "How are you doing?" 같은 인사를 배우는 게 더없이 신기했다. 무엇보다 내가 하루하루 성장한다는 느낌이 좋았다. 오늘의 내가 어제와 다르다는 사실, 내가 할 수 있는 일이 하나씩 늘어난다는 사실, 새로운 사람과 만나면서 내가 이 세상에 미치는 영향력이 조금씩이라도 증가한다는 사실. 그것만큼 인간을 행복하게 하는 일이 있을까 싶었다.

그 전까지 나의 삶, 아니 대다수 장애인의 삶은 마치 통 속에 든 뇌● 와 같았다. 무수히 많은 것을 상상하고 의욕하고 열망하지만 사실상 진짜 세계에 털끝만치도 영향을 주지

● 우리의 뇌를 육체에서 분리하여 생명을 유지할 수 있는 영양액이 담긴 통 속에 넣고 전기 자극을 통해 우리의 감각 경험과 똑같은 정보를 준다면, 우리는 자신이 통 속의 뇌라는 것을 알지 못한 채 외부 세계와 실제로 상호작용하고 있다고 믿게 된다는 철학적 가정. '내가 실제로 존재한다고 확신할 수 있는가', '내가 속한 이 세계가 실재한다고 확신할 수 있는가', '내가 알고 있는 진리는 참이라 확신할 수 있는가' 등의 질문을 던지며 영화 〈매트릭스〉, 베르나르 베르베르의 소설 등에 영향을 주었다. 여기서는 진짜 세계에 영향을 미치지 못하고, 오로지 의욕과 의식만을 가진 무력한 존재를 표현하기 위해 이 개념을 사용했다.

못하는 삶. 누가 내 앞에서 나를 비웃어도, 아름다운 사람이
내 앞에 서 있어도, 부당한 일들이 내 삶을 휘둘러도 그것들에
반응할 수 있는 어떠한 감각적 수단도 없는, 그저 시험관 속에
들어 있는 뇌처럼 의식만 있는 존재.

하지만 이 존재에게 교육의 기회가 주어진다면, 우리만의
독특한 방식으로 세상과 소통하고 연대하고 살아갈 적극적인
기회가 부여된다면 그때 비로소 우리는 깨어난다. 우리는
우주에 충격을 가할 수 있다. 우리의 손끝, 언어, 눈빛은 우리의
의지를 세계 속에 실현시킨다. 나는 그렇게 마이너스 부호와
중국 고대 국가의 역사, "How are you doing?"과 김기림의
〈바다와 나비〉를 배우면서 차츰 깨어나고 있었다.

재활원 학생들은 모두 어려운 상황에서 이곳에 들어와
새로운 삶의 기회를 얻었다. 전 세계적으로 집에서만 지내느라
아무런 교육도 받지 못하는 장애인들이 코스타리카 인구보다
많고 우리나라만 해도 서울 신림동 인구 정도는 될 만한
상황에서, 다른 아이들과 함께 교복을 입고 학교에 다니는 것은
아니라 해도 분명 우리에게는 소중한 기회가 주어진 셈이었다.
그렇지만 아무래도 교육과정이 일반 학교만큼 충실하지는
못했기 때문에 대학 진학을 꿈꾸는 학생들에게는 부족함이
많았다.

내가 살던 기숙사의 같은 동에는 뇌성마비 장애를 가진

고등학교 2학년 형이 살고 있었다. 영근이 형은 학생들 사이에서 성실하기로 이름이 나 있었다. 항상 학교에 가장 일찍 나와 공부를 했고 마지막에 기숙사로 돌아왔다. 장애가 아주 심해서 의사소통에 어려움이 있고 필기를 하는 데도 시간이 많이 걸렸지만, 그는 항상 진지하면서도 유쾌했고, 누구보다도 분명한 삶의 목표가 있었다. 세무공무원이 되기를 원했고, 관련 대학에 진학하기로 결심했다. 재활원에는 학업에 관심을 갖는 학생의 숫자가 그리 많지 않기 때문에, 나는 형을 따라 함께 공부했다. 저녁 늦게까지 자습실에 앉아 대화를 나누고, 어떻게 공부해야 하는지 의논했다. 그는 그렇게 성실하게 살았고 내게도 큰 도움이 되어주었다.

그러나 그는 점차 자신을 둘러싼 여러 한계에 직면했다. 어느 날 그가 꿈꾸던 대학이 제도가 바뀌어 갑자기 폐지되었고, 점점 어려워지는 교과 내용을 따라가기에 그의 장애는 너무나 심했다. 아무리 노력해도 목표를 이루기엔 모자란 상황에서 그는 계속 발버둥을 쳤다. 하지만 학교 이외에 그를 도와줄 사설학원 따위는 어디에도 없었다.

여러 선생님이 노력해주었지만 재활원에서 이뤄지는 교육과정이 일반 학교를 따라가기란 버거운 일이었다. 그는 경쟁하고 협력할 동료조차 없었다. 내가 중학교 2학년에 다니고 있던 어느 날, 그는 외박을 나간 후 학교에 돌아오지 않았다.

다음 날 신문에는 한 장애인이 아파트 8층에서 뛰어내렸다는 기사가 실렸다. 그는 열여덟 살이었다.[•]

나는 한동안 아무것도 할 수 없었다. 그와 친했고 많은 이야기를 나눈 건 사실이지만, 단지 친한 동료가 곁에서 사라졌기 때문만은 아니었다. 나는 그를 통해서 내 미래를 보았다. 아주 우연한 이유로 다른 몸과 속도를 가지게 된 한 고등학생이 처절한 노력에도 불구하고 어디서도 탈출구를 찾지 못한 일은 바로 나의 삶을 예고하는 것처럼 보였다.

그와 달리 나는 말을 하는 데 어려움이 없었고, 손을 편하게 사용했다. 이 점에서 나는 그와 달랐지만, 그밖에는 전혀 나을 게 없었다. 그처럼 성실하지 않았고, 열정적이지 않았으며, 목표 의식도 분명하지 않았다. 영근이 형조차 돌파하지 못한 세상의 한 가운데에서, 내가 살아갈 날들이 어떨지 상상하기는 쉽지 않았다.

영근이 형과 절친한 사이였던 또 다른 선배 하나는 서울의 한 명문고에서 매우 우수한 성적을 거두던 유망주였다. 그의

• 신문 기사는 영근이 형이 남겼다는 글을 전했다. "그의 책상서랍 속에는 지난봄에 써둔 글이 있었다. '대학에 가기로 했습니다. 제게는 '이제부터'라는 신념이 있습니다. 그리고 내 앞길은 아무도 모릅니다.' 서랍 한켠에는 그가 재활학교에서 받은 우등상과 표창장이 가득했다."('대학 갈 수 없다면… 한 장애인의 자살', 〈조선일보〉 1998.6.1.)

이름은 '수완'이었다. 수완이 형은 갑자기 희귀질환이 발병해 고등학교를 그만두고 몇 년을 쉬다가 뒤늦게 재활원 고등부로 재입학했다. 그는 내가 "형, 아편전쟁에 대해 설명해줘요"라고 하면 한 시간 이상 사건의 전개와 결말, 의의, 역사적 평가를 줄줄이 말해주었다. 세계 지리에도 빠삭해 인도 남부 지방에서는 어떤 작물이 유명한지, 아르헨티나의 팜파스가 왜 비옥한 토지인지를 곧바로 설명할 수 있었다. AFKN 뉴스를 알아들었고, 소피스트에 관한 책도 읽었다. 그는 똑똑했고, 열심히 공부하던 고등학생이었다.

수완이 형은 재활원에서 영근이 형의 몇 안 되는 공부 친구였다. 매우 위태롭게 걸었고, 의사 전달에 어려움이 있었으며, 글씨를 쓰는 데도 오랜 시간이 걸렸지만 대단히 명민했던 그는 결국 재활원 선생님들의 노력과 비교적 유복한 가정환경 덕분에 대학 진학에 성공했다. 그러나 그는 나보다 훨씬 더 영근이 형의 빈자리를 아쉬워했다. 그들의 공통점은 갑작스레 장애를 갖게 되었다는 것, 그 때문에 자신의 뚜렷한 꿈과 엄청난 성실함에도 불구하고 세상의 외부로 밀려났다는 것, 그 외부에서 탈출하기 위해 마지막까지 발버둥 쳤다는 것이다. 그 자신과 가족이 존재했던 세계 이외에는 어느 곳에서도 그들에게 먼저 손을 뻗지 않았다.

풍경이 된 사람들

재활원에서는 매년 자원봉사자를 모집해 재활원생들과 함께 소풍을 보냈다. 중학교 1학년이던 그해에도 용인에 있는 놀이동산으로 소풍을 가는 프로그램이 있었다. 이를 위해 연세대학교와 성균관대학교 1, 2학년생들 위주로 구성된 자원봉사자들이 모였다.

재활원 생활에 차츰 적응했고 친구들과도 스스럼없이 지내게 되었지만, 나는 언제나 이런 프로그램이 불편하고 내키지 않았다. 재활원은 외로운 공간이다. 사회복지사들과 특수교육을 전공한 교사들이 학생들을 위해 여러 가지 노력을 하고는 있지만, 외진 곳에서 항상 같은 사람들과 얼굴을 맞대고 반복된 일상을 보내야 하는 곳이다. 장애를 가진 학생들에게 변변한 대중교통 수단조차 없는 시골 마을에서의 일상은 세상과 동떨어진 세계일 수밖에 없다. 그래서 바깥 세계의 공기를 한 아름 안고 들어와 새로운 소식을 전해주는 사람들이 늘 간절하다.

나 역시 마찬가지였다. 매일 보는 얼굴이 아니라 커다란 도시에서 신선한 문화적 향취와 세련된 패션을 실어오는 형과 누나들을 만나는 것은 흥미로운 경험이었다. 그러나 나는 몇 차례의 경험 뒤에는 이런 것들을 혐오하기 시작했다.

외부에서 누군가를 위해 찾아오는 사람들은 한없이
친절하고 헌신적이지만 자신이 다른 세계에 살고 있다는
사실을 한순간도 잊지 않는 법이다. 그저 잠시 자기 세계의
문제들을 미루어두고 새로운 공간의 정취를 즐긴다.
도시인들이 여름 한때 시골 마을에 찾아와 풍경을 즐기며
순박하고 한적한 삶에 향수를 느끼지만 그 마을에 정착할
생각은 하지 않는 것처럼, 그들에게 그곳은 '풍경'으로 남아
있을 때만 의미가 있다.

그 풍경을 현실로 살고 있는 사람에게는 바람처럼 휘몰아쳐
왔다가 순식간에 빠져나가는 외지인들의 방문은 삶의
빈자리들을 뒤로하고 다시 현실을 힘겹게 살아내는 데 아무런
도움도 되지 못한다. 오히려 외지인들의 친절함이 자신을 다른
세계의 인간으로 전제했을 때만 나올 수 있다는 걸 깨닫는
순간, 더욱더 멀어지는 두 세계의 간극만을 체험할 뿐이다.

재활원은 자원봉사자들에게 하나의 풍경일 뿐이었다.
내게는 그곳이 삶의 전부였지만 각자의 공간에서 일을 하고,
연애를 하고, 영화를 보고, 섹스를 하는 수많은 사람들에게는
팍팍한 일상의 때를 잠시 벗겨내기 위한 '풍경'이나
마찬가지였다. 나는 이곳을 찾아오는 많은 외지인에게서
그것을 느꼈다. 그네들은 친절하게 말을 걸고 내 생활을
도와주곤 하지만, 그때 우리가 나눈 많은 이야기들은 그네들의

삶에 스며들지 않고 한순간 숭고한 영혼 정화의 방편이
되었다가 사라질 뿐이었다. 나는 자원봉사자들의 친절한
태도에도 불구하고 그들 중 누구와도 진실한 친구가 될 수
없다는 사실을 점차 깨달았다.

대도시의 젊은이가 배낭여행을 하며 잠시 찾은 시골
마을의 아이와 한때를 즐겁게 보낼 수는 있어도, 그 아이가
젊은이의 일상 속에 파고들 수는 없는 법이다. 그러나 아이는
자신의 삶에 잠시 찾아든 그 도시인의 말투, 몸짓, 냄새,
친절함에 빠져든다. 그것은 결국 상처가 된다. 나는 상처를
두려워한다.

놀이동산에 가기 위해 커다란 버스가 대기하고 있었고,
수백 명의 재활원생이 삼삼오오 모여들었다. 그리고 역시나
예쁘고 잘생기고 똑똑하기까지 한 멋진 대학생 형, 누나들이
모였다. 재활원생들은 일고여덟 명씩 한 조가 되었고, 각
조에는 두 명의 자원봉사자가 배정되었다. 나는 놀이기구를
타는 게 전혀 즐겁지도 않았을 뿐더러(사실은 무서웠다),
자원봉사자들과 친해지는 일이 별다른 의미가 없다는 것을
깨달은 이후였기 때문에 지루한 시간을 보냈다. 처음 보는
사람 앞에서는 거의 말을 하지 않았고, 언제나 외부의 시선을
의식했으며, 누군가의 공격에 언제든 맞설 준비를 하고 있었다.

나는 검은 점퍼 차림으로 놀이동산의 화려한 장식과 놀이기구에는 전혀 관심 없다는 태도를 유지하려 애쓰고 있었다. 그것은 마치 자존심 강한 시골 아이가 서울에서 온 친구의 멋들어진 장난감에 애써 무심한 척하는 것과 같은 태도였다.

실제로 하루 종일 별다른 재미를 느끼지 못했지만, 가끔씩 찾아오는 흥미로운 경험에도 애써 태연한 척하느라 나는 훨씬 더 지루해 보였다. 내가 속한 조는 남녀 두 명의 대학생이 자원봉사를 맡았다. 나를 제외한 다른 재활원생들은 대학생들과 금세 친해져 즐거운 시간을 보내고 있었다. 지루한 일상에서 새로운 사람들과 새로운 공간을 누린다는 것은 말로 표현할 수 없이 행복한 경험이었을 것이다. 그러나 나는 애써 즐겁지 않은 척하며 스스로가 다른 아이들과 다르다는 듯이 행동했다. '나는 당신들이 생각하는 그런 장애인이 아니야. 나는 달라'라고 온몸으로 저항했다.

하루를 마감하고 재활원으로 돌아왔다. 자원봉사자들과 재활원생들이 작별할 시간이 되었다. 당시의 주요한 소통 수단이었던 삐삐(호출기) 번호를 교환하는 소리가 여기저기서 들렸다.

"형, 삐삐 번호 알려주세요."

"그래, ○○-○○○-○○○○번이야. 너 꼭 연락해라!"

하지만 나는 하루 종일 나를 도와준 대학생 두 명에게
간단히 인사만 하고 돌아왔다. 물론 그들과 친해지고 싶었고,
연락처를 알고 싶었다. 그러나 상처받고 싶지 않았다. 그들이
내 연락을 진심으로 반기지 않을 거라는 걸 알고 있었다.

"꼭 연락해"라고 말하지만, 만약 하루에 몇 번씩 연락을
한다면 그들은 아르바이트를 하고, 수업을 듣고, 시험을 보고,
커피를 마시며 수다를 떠는 내내 이 외로운 장애인 친구에게
답을 해줘야 한다는 부담에 시달릴 것이다. 그들에게는 눈앞에
놓인 과제물, 졸업 후의 진로, 여자 친구나 남자 친구와의
갈등, 동아리 회장은 누굴 뽑을 것이며 내일은 어떤 옷을 입을
것인지가 더 중요했다. 그렇게 바쁜 일상을 살다 보면 연락처를
알려줬다는 사실조차 잊거나 계속 울려대는 삐삐 소리에
죄책감과 후회의 감정을 느낄 것이다.

그런데 그날 하루 종일 열 마디나 했을까 싶던 자원봉사자
누나가 기숙사로 돌아가는 나를 따라왔다. 그러고는
머뭇거리면서 어렵게 말을 꺼냈다.

"저, 너도 혹시 삐삐 같은 거 있어?"

나는 다소 놀랐고, 또 반가웠다. 하지만 이럴 때 곧바로 "네,
있어요!"라고 대답해서는 안 된다. 그저 "당신이 내 연락처는
알아서 뭐하게?"라는 듯한 표정을 지으며 심드렁하게 "네?"라고
던지듯 말해야 한다. 물론 이때 유의할 점은 상대가 그 말을

'삐삐가 없다'라고 이해해서는 안 된다는 거다. 삐삐가 있다는 긍정의 "네"도 아니고, 삐삐가 무엇인지 전혀 모른다는 무지의 "네?"도 아닌, 그 중간쯤의 "네?"를 표현하는 게 중요하다. 나는 그런 것에는 도가 터 있었다.

내 연기가 성공적이었는지, 그 누나는 시혜를 베풀 듯 연락을 해주겠다는 태도가 아니라 나와 연락을 하고 지냈으면 좋겠다는, 인간적인 애정이 담긴 표정으로 물었다.

"아니······. 있으면 번호 좀 알려줄래?"

내가 당연히 연락처를 줄 거라는 태도가 아니라 조심스럽게 내게 연락처를 '구하는' 태도가 내 자존감을 지켜주었다. 게다가 그쪽에서 먼저 물어봤으니 번호를 알려주는 게 내게 상처를 남길 일도 아니다. 나는 여전히 무심한 척(그러나 속으로는 매우 기뻐하면서) 연락처를 알려주었다. 그러고는 '그래, 나는 먼저 굽히지 않았다. 그녀가 물어봤을 뿐이다. 그래도 내가 먼저 연락하지는 않을 거다'라고, 열여섯 살의 나는 마음속으로 생각했다.

그녀는 집에 돌아간 후 내 삐삐에 음성 메시지를 남겼다. 나는 먼저 연락하지 않았다. 그러나 그다음 날에도 그녀는 먼저 메시지를 남겼다. 그다음 날도, 또 그다음 날도. 거의 하루도 빼놓지 않고 몇 달이 지나도록 그녀는 나에게 목소리를 전했다. 내용은 대개 자신의 일상에 관한 것이었다. 시험을

봤다, 수업이 끝났다, 과제를 했다, 잠을 너무 많이 잤다,
날씨가 최악이다 등등.

나는 점점 이 사람을 믿게 되었다. 그녀 역시 잠시 자신의
세계를 정화하기 위해 내 세계를 찾은 것일지 모르고, 그녀가
하루에 한 번씩 남기는 메시지는 자신의 일상성에 하나의
구멍을 내는 의례에 불과할지도 모를 일이었다. 그러나 우리의
인연은 지속되었다. 그녀는 계절이 바뀔 때마다 한 번씩 나를
찾아왔다.

재활원에 입학하고 오래지 않아 한 기업체에서 봉사
활동을 나온 적이 있다. 그들은 재활원생들의 학습을
도와주거나 일상생활을 보조해주고자 했다. 그러나 어느 날
갑자기 찾아온 사람들에게 우리는 무엇을 부탁해야 할지 알지
못했다.

재활원 기숙사에 들어오기 위해서는 본래 기본적인
일상생활이 가능해야 한다. 장애가 매우 심한 친구들이
있긴 하지만 그들 역시 자신만의 방법으로, 친구들과 서로
부족한 부분을 채워주면서 적절한 생활방식을 터득한다. 그런
우리에게 어느 날 갑자기 찾아와 무엇인가를 도와주겠다는
사람들 앞에서 우리는 그다지 할 말이 없었다. 경우에 따라
긴요한 도움을 주기도 하지만, 도움이란 게 대개는 다소
당황스러운 것이다. 그날도 룸메이트 행준이와 이런 대화를

했다.

"오늘 삼성에서 온다던데, 뭘 부탁하지? 아무것도 안 하면 그 사람들 민망할 거 아니야."

"빨…… 래…… 같은…… 거 부탁…… 해."

"빨래 다 했는데?"

"그…… 럼 공…… 부할 것 물…… 어…… 봐."

"물어볼 것 없는데……."

기업이나 학교 등에서 연수 프로그램의 하나로 단체 방문을 하는 일은 나름대로 의미가 있을 것이다. 기업 이미지 제고에 도움이 되고, 직원들은 그동안 알지 못했던 경험을 할 수 있으며, 때로 꼭 필요한 곳에 도움의 손길이 되어준다. 그러나 이런 식으로 특별한 날 일회적으로 행해지는 봉사 활동은 누군가에게 시의적절한 도움으로 이어지기가 쉽지 않다. 봉사자들이 찾아오는 바로 그날에 맞춰 필요한 도움이 언제나 대기하고 있지는 않기 때문이다. 종종 봉사자들의 마음에 훈훈함을 담아주기 위해 우리 같은 '봉사를 받는 사람들'이 의무를 지기도 한다. 나는 이날도 내게 주어진 의무(사회를 정화하고 훈훈함을 불어넣어 우리 기업의 경쟁력을 향상시킬 의무)를 충실히 따라 별로 궁금하지도 않은 내용을 찾아내 학습 도움을 받았다.

이런 류의 만남은 대체로 한 번 혹은 많아야 몇 번쯤

지속되다가 끝난다. 재활원에서는 외부 봉사 인력의 도움이 필요한 경우가 있으며, 사회와 격리되어 재활원 안에서 생활하는 이용자들에게는 다양한 사람들과의 만남이 그 자체로 큰 도움이 될 수도 있다. 그러나 이러한 이벤트가 근본적으로 우리의 삶에 영향을 주는 일은 거의 없었다. 그저 몇 차례 지속되고 난 후에, 우리가 살고 있는 세계와 바깥 세계 사이에 넘나들 수 없는 분명한 선이 그어져 있음을 확인할 뿐이었다.

혜원 누나는 그 선을 넘어 다가왔다. 재활원을 찾아오는 날이면 자신의 어린 시절과 성장 과정 그리고 대학생이 된 이후의 삶에 대해 많은 이야기를 해주었다. 그 이야기 속에는 어떤 고통과 결핍이 있었다. 나를 위로하지 않았으며 내가 위로할 수 있는 기회를 주었다. 물론 나는 아무것도 알지 못했고 가진 것도 없었으며 제한된 공간에 갇혀 있었기 때문에 해줄 수 있는 게 거의 없었다. 그러나 점차 서울에서 대학을 다니면서 화려한 옷을 입고 연애를 하며 카페에서 철학 책을 읽거나 독립 영화를 찾아 헤매는 자유로운 사람들의 일상에도 내가 일정한 자리를 차지할 수 있고, 그들의 삶을 쓰다듬는 자격을 가질 수 있다고 생각하게 되었다. 그녀가 나를 특별한 존재로 취급하지 않았기 때문에, 나는 진정 특별한 사람이 될 수 있었다.

혜원 누나와 나는 다섯 살이나 차이가 나지만 서로 많은 공통점을 지니고 있었다. 그녀의 집은 그때나 지금이나 서울대 근처에 있다. 나는 이때로부터 6년이 지난 후 이 대학에 가게 되는데, 그곳에 있는 도서관과 커피숍에서 그녀와 함께 브레히트의 희곡을 읽고 커피를 마시고 영화를 보게 된다. 이는 검은 외투를 입고 불만이 가득한 눈으로 자존심 강한 척 앉아 있던 재활원의 중학생에게 그녀가 먼저 말을 걸어온 이후로 조금씩 일어난 변화였다. 우리는 그 이후로 지금까지 서로의 가장 중요한 친구로 남아 있다.

몇 년 뒤 들은 이야기지만, 혜원 누나는 학교로 돌아가 매주 재활원으로 학습 봉사를 오던 친구에게 내 이야기를 했다고 한다. 누나는 나를 아주 특별하게 묘사해주었다. 그래서였는지 그 친구는 혜원 누나의 말만 듣고 나를 한눈에 알아보았다. 바로 이 사람은 이후 내 삶에 가장 큰 변화를 일으킬 한 사람을 소개하게 된다. 이렇게 혜원 누나는 내 삶을 구성하는 중요한 인연의 첫 번째 고리를 쥐고 내게 다가왔다.

무대 위, 내가 세상에 보이는 순간

재활원 생활에 익숙해지면서 좋은 친구를 많이 사귀었지만,

여전히 내가 세상에서 충분히 보이지 않는다는 사실이 괴로웠다. 나는 세계에 존재하고 싶었다.

나는 신실한 기독교인은 못 되었지만, 재활원에 있는 동안 교회에 자주 나갔다. 교회에 가는 가장 큰 이유는 그곳으로 봉사활동을 오는 일반 학교의 친구들을 볼 수 있기 때문이었다. 경기도 이천시와 구리시에 있는 두 학교에서 매주 토요일 열 명이 넘는 학생들이 찾아왔다.

그들 중 일부는 봉사 시간을 채우기 위해 형식적으로 방문할 뿐이었지만, 몇몇은 진심으로 좋은 친구가 되어주었다. 처음에 우리는 주로 교회 일을 하며 함께 시간을 보냈지만 가까워진 후로는 개인적으로 만나 대화를 나누고 이곳저곳에 놀러 다녔다. 그 아이들은 나에게 바깥 세계의 공기를 한껏 실어다 주었다. 특별한 간극 없이 서로를 이해할 수 있는 몇 안 되는 친구들이었다.

우리는 교회 행사로 매년 두 차례씩 연극을 준비했다. 내용은 주로 종교적인 것이었다. 그러나 그마저도 내 눈엔 아주 멋져 보였다. 초등학교조차 다니지 않은 나는 사람들 앞에 나서서 무엇을 해본 경험이 전혀 없었다. 사람들의 시선을 받으며 연기를 해야 한다는 것은 얼마나 어색한 일인가. 그런데도 나는 그것에 본능적으로 끌리고 있었다. 나는 재활원에 입학한 첫해 여름의 끝자락에 덥석 연극의 주연을 맡아버렸다.

한 시간도 안 되는 짧은 연극이었다. 연극은 한 남자가 신을 찾아 도시 한가운데를 배회하는 장면으로 시작했다. 내가 맡은 역할이 바로 그 남자였다. 첫 번째 대사는 사람들이 지나다니는 길 한복판에서 신은 도대체 어디에 있느냐고 큰 소리로 외치는 것이었다. 나는 15년간 병원과 시골 마을의 작은 방에서 생활해왔다. 그동안 이야기를 나눠본 사람이라고는 백 명이 채 되지 않을 것이다. 한번은 누나가 쓰던 다이어리를 빼앗아 꾸며보려 하다가 전화번호부에 적을 이름이 열 명을 넘지 않는다는 걸 알고는 공책 뒷면에 적혀 있는 제조사의 전화번호나 119, 112 따위로 빈칸을 채우기도 했다. 그만큼 나는 사람들과 관계를 맺어본 경험이 적었고, 대화를 나누고 눈빛을 교환해본 경험조차 드물었다.

그런 내가 어떻게 전혀 모르는 사람이 수십 명이나 들어찬 공간에서 신이 어디 있느냐고 외칠 수 있었겠는가! 처음 한 달 정도는 내가 맡은 첫 대사를 건너뛰고 연습이 진행되었다. 나는 도저히 할 수가 없었다. 사람들과 대화하는 것조차 익숙하지 않은 내가 도대체 어떻게 연극 대사를 할 수 있을지 자신이 없었다.

그렇게 한 달이 넘도록 시간을 끌고 있을 무렵, 난생처음 혼자 서울 시내로 나갔다. 친구 부모님의 차를 얻어 타고 두근거리는 마음으로 서울의 한 지하철역 앞에 내렸고 바로 그 할아버지에게 돈을 받았다. 천 원짜리 지폐를 손에 쥔 채 한 여학생의 눈빛을 정면에서 받은 나는 그동안 겪은 모든 모욕을 떠올려보았다. 그렇다. 사실 나는 이미 다양한 종류의 모욕을 경험해왔다. 그러나 그때는 왜 그렇게 참을 수 없었는지 모르겠다. 아마도 내가 휠체어를 내 정체성으로 온전히 받아들여갈 무렵 그 지폐가 손에 쥐어졌기 때문일 것이다.

재활원으로 돌아온 나는 그다음 연습 때 드디어 첫 번째 대사를 했다. 천 원짜리 지폐, 15년간 배울 기회를 갖지 못했던 "How are you doing?", 분수의 덧셈과 사춘기의 소중한 시간들이 떠올랐다. 그 시간들을 통과하며 병원비 영수증처럼 남은 가족들의 가난과 어머니의 잃어버린 30대. 온갖 생각이 내 주위를 맴돌았고, 나는 눈을 질끈 감았다. 그리고 소리쳤다.

도대체, 도대체 당신은 어디 있는 겁니까!
(행인 1, 2: 두리번거리며 미친 사람을 보았다는 듯한 표정으로 지나친다.)

누구든 생을 살면서 스스로를 감싼 껍질을 깨야 하는 상황을 맞는다. 그 순간은 예기치 못하게 찾아온다. 30년도 되지 않는 시간 동안 내 삶에도 그러한 순간이 몇 차례 있었음을 나는 기억한다. 그중에서도 무대를 위해 첫 번째 대사를 말하던 저 순간이 가장 분명하고 상세하다. 큰 목소리가 터져 나올 때의 예상치 못한 후련함, 사람들이 놀라는 표정, 그 목소리를 시작으로 비로소 '연극'이라는 특정한 예술의 현장으로 순간 이동한 듯한 긴장감, 이 모두가 생생하다.

내가 왜 이렇게 그때의 경험에 매료되었을까. 나는 성량이 크지 않고 휠체어에 앉아 있기에 액션은 제한적이다. 그럼에도 그 경험이 나를 변화시켰다. 그 이후 사람들 앞에서 말하는 걸 전혀 두려워하지 않고, 오히려 즐기게 되었다(나는 대학교 때 '발표의 신'이라고 자부했다. 물론 그래서 친구들의 눈총을 사기도 했지만).

관객 속에 앉아 있는 나는 잘 보이지 않고, 의욕과 열망과 재능을 드러낼 수 없다. 가만히 앉아 있을 때는 결코 빛나는 존재일 수 없다. 침묵하는 즉시 열등한 존재로 추락한다. 무대는 내게 완전히 다른 기회를 준다. 무대 위의 나는 거의 유일하게, 이질감이 아닌 다른 이유로 타인의 시선을 한 몸에 받을 수 있다.

그 뒤로 나는 연극을 사랑하게 되었다. 대학 수업에서 작은 공연을 했던 때를 제외하면 재활원 졸업 후 연극을 해본 적은 없지만, 내가 연극이라 부르며 사랑하는 것은 특정 예술 장르에 국한되지 않는다. 수동적으로 시선을 받아야 하는 사람들이

자신을 주체적으로, 자신의 의도로, 시선을 보내는 사람과
대등하게 존재하는 모든 현장을 가리킨다. 이 경험을 시작으로
나는 세계 속에서 나의 존재가 갖는 무게를 점차 늘려간다.

열여덟 살의 봄

사춘기가 찾아온 이후 이성에 대한 호기심이 강해졌지만
재활원에서 만난 이성 친구들과 쉽게 어울리지 못했다. 아주
어린아이였던 때를 제외하고 다른 성별의 사람과 대화해본
경험이 거의 없었다. 덕분에 원치 않는 실수를 하기도 하고,
조금만 친절히 대해주어도 금세 사랑에 빠질 것처럼 느끼곤
했다. 사람들은 자라면서 자연스럽게 이성과 어울릴 기회를
가지지만, 내게는 너무나 어색하고 새로운, 그래서 가슴 뛰는
경험이었다.

중학교 3학년 때까지 진실한 마음을 주고받으며 서로 손을
잡아준 친구가 있었다. 우리는 둘 다 장애가 있었는데 그것을
당당하게 받아들일 용기도 없고 방법도 알지 못했기에 그 이상
충분히 서로에게 다가갈 수 없었다. 실수와 크고 작은 상처를
경험하며, 나는 이성 친구들과 점차 편안하고 자연스러운
관계를 맺게 되었다.

그 무렵 나와 가까운 형이 재활원에 봉사활동을 오던 한 여학생과 이른바 '교환 일기'라는 걸 썼다. 손에 장애가 있던 형이 어느 날 글씨체가 예쁘지 않다면서, 악필인 나에게 일기를 대신 써달라고 부탁했다. 나는 예쁘게 쓰지는 못해도, 최소한 힘들지 않게는 글씨를 썼기에 부탁에 응했다.

그렇게 해서 나는 형에게 일기장이 머무는 주마다 형이 불러주는 일상을 옮겨 적기 시작했다. 또 자연스럽게 그 일기장에 적힌 그녀의 일상을 보게 되었다. 사실 나는 한 장애인에게 친절함을 베풀고자 하는 여고생의 진지함에 별 관심이 없었다. 그저 일기를 적어주고 때로는 내용을 좀 고쳐주기도 하면서 두 사람 사이를 이어줄 뿐이었다.

어느 토요일 그녀가 복도를 지나면서 갑자기 내게 인사를 했다.

"안녕하세요."

나는 직접 대화를 나누어본 적은 없지만 일기를 통해서 그녀의 일상을 알고 있었다. 이미 친숙한 사람이었지만, 나는 이해할 수 없다는 표정으로 대답했다.

"나 알아요?"

"네? 아, 아니 그냥요."

어색한 첫인사였다(어찌나 어설픈 허세였는지!).

그녀는 나보다 한 살 위였다. 나는 중학교 3학년이었지만 입학을 늦게 한 탓에 나이는 또래보다 두 살이 많았고, 그녀는 고등학교 3학년으로 열아홉 살이었다. 그녀는 따뜻한 봄날의 어느 주말 재활원에 놀러와 내게 고백을 했다. 태어나서 처음으로 누군가가 나를 '이성'으로 좋아해준다는 것이 어떤 것인지 경험하는 순간이었다. 햇볕은 따뜻했고 내 가슴은 뛰었다. 열여덟 살의 봄이었다.

내가 아직 방 안에만 머물던 열네 살 무렵, 여느 때처럼 절대로 빨리 흐르지 않는 지루한 낮 시간과 씨름하던 때 누군가에게서 편지가 왔다. 예쁜 글씨체로 자신은 중학교 1학년으로 나와 동갑이며, 누구의 딸이고, 내 이야기를 전해 들었다고 쓰여 있었다. 친구가 되고 싶다며 자기와 펜팔을 하자는 편지였다.

그녀는 당시 어머니와 같은 직장에서 일하던 동료 분의 딸이었다(그렇다. 그 이름도 유명한 '엄마 친구 딸'이었다). 교회를 열심히 다니던 그녀는 내 이야기를 전해 듣고는 친구가 되기로 마음먹었던 모양이다. 나는 그 편지를 처음 받은 날 너무나 가슴이 뛰어서 잠을 이룰 수 없었다. 그때의 나는 변성기가 찾아와 굵어진 목소리로 중학교 교복을 입은 동네 친구들의 모습을 바라보며 우울증에 시달리고 있었고, 외출은 한 달에 한 번도 하지 못한 채 집 안에 갇혀 있었다. 그녀의 편지는 구원이었다.

나는 언제나 거의 하루 만에 바로 답장을 보냈지만, 그녀의 편지는 2주에 한 번 정도씩 내게로 왔다. 그 2주는 마치 기말고사를 10년 동안 보는 것처럼 길었다. 누나의 글씨를 빼고는 난생 처음 보는 이성의 글씨가 새겨진 편지를 읽으며 그녀의 일상을 상상하는 시간이 나는 행복했다.

어느 날부터 그녀는 우리 집으로 전화를 하기 시작했다. 처음 그녀와 통화하던 날, 나는 아무런 말도 할 수 없었다.

"야, 너 목소리 좋다."

"아……. 응, 너도 좋다."

"그래, 앞으로 종종 이렇게 전화하자. 언제 한번 너 있는 곳으로 놀러 갈게."

"……응."

목소리가 떨렸다. 물어보고 싶은 게 많았지만 먼저 말을 걸 수가 없었다. 그러나 시간이 지나면서 나는 점차 그녀와 편하게 대화할 수 있게 되었다. 그렇게 우리는 반년 가까이 연락을 하고 지냈다. 그녀는 내게 친구 이야기, 소풍 다녀온 이야기, 교회와 하나님에 대한 이야기 등을 했다. 나는 별로 할 말이 없었다. 내 일상은 언제나 똑같았기 때문이다. 할머니, 강아지, 만화 〈슬램덩크〉, 미국 프로 농구(중학교 1학년 여자아이에게 마이클 조던이나 샤킬 오닐 따위가 어떻게 흥미로울 수 있었겠는가), 몇 권의 소설. 그런 것들에 대해 이야기하는 것과 그녀의 이야기에 호기심 가득한 맞장구를 쳐주는 것이 내가 할 수 있는 일의 전부였다.

그러는 동안 그녀가 직접 나를 찾아온 적은 없다. 편지는 여전히 2주에 한 번씩 도착했다. 달라진 건 내가 먼저 전화하는 경우가 많아졌다는 것이다. 눈치가 빨랐던 나는 차츰 그녀가 나를 부담스러워할 수도 있다고 생각하게 되었다. 그리고 얼마 후 전화가 왔다.

"원영, 내가 일이 생겨서 앞으로 너한테 편지 보내기가 좀 힘들 것 같아. 전화하기도 그렇고."

"응? 왜…… 무슨 일인데?"

"교회에서 일을 맡았는데, 너무 바빠졌어. 대신 내가 친구 하나 소개해줄게. 내 친구가 너랑 연락하고 싶대."

내가 뭔가 잘못한 것일까? 나는 아마도 그럴 거라고 생각했다. 2주에 한 번 편지를 쓰는 일이 결코 쉽지는 않았겠지만, 당시 여중생에게 편지는 일상의 일부였다. 누나와 누나 친구들을 통해 나는 이 사실을 잘 알았다. 2주에 한 번씩 편지도 쓰지 못할 만큼 바쁜 일은 도대체 뭘까. 궁금했다.

"아, 그냥 너 안 바쁠 때 가끔씩 지금처럼 연락하면 안 돼?"

"……."

아, 내가 실수한 것이다. 나는 깨달았다.

그녀가 물었다.

"너, 혹시 나한테 무슨 감정 생긴 거야?"

이런 젠장, 바로 그거다. 가장 우려했던 사태가 발생한 것이다. 나는 그녀를 단 한번도 직접 본 적이 없다. 내가 아무리 이성에 대한 호기심이 왕성한 나이였다고 해도, 한번도 만난 적이 없는 사람에게 깊은 사랑을 느꼈을 리는 없다(나는 '유물론적' 사랑주의자다). 그러나 나는 외로웠고, 무엇보다 '그 사람'이 필요했다. 그녀가 언제든 다른 친구로 대체 가능한 존재는 아니지 않은가? 만약 이를 사랑이라고 한다면, 그랬을 수도 있을 것이다.

나는 자존심이 강한 아이다. 외로워서 울다 혼자 지쳐 죽더라도 절대 매달리지 않는다. 내가 했던 말을 죽도록 후회했다. 우리는 다시 연락하지 않았다. 물론 나는 그녀를 이해할 수 있다. 외로운 사람을 상대하기는 힘겹다. 자신의 복잡하고 바쁜 일상을 살아가야 할 사람에게 자기만을 바라보는 외로운 존재가 있다는 것처럼 어깨가 무거운 일이 있을까. 한 사람의 세계를 온전히 책임지기에 현대인은 너무나 바쁘고 약하다. 어쩌면 나는 그녀가 나를 떠날 수 있는 구실을 만들어준 것일지 모른다. 그렇다면 내가 특별히 그녀에게 잘못한 일은 없는 것이다. 그녀 역시 내게 잘못한 일은 없다.

재활원에 온 뒤로 비장애인 이성 친구들을 대할 때면

언제나 그때의 경험을 기억했다. 어떤 경우에도 절대로 집착하지 않는다. "네가 나에게 아무리 친절해도 너를 사랑하지는 않을 테니 걱정하지 마. 나는 외로움에 지쳐 쉽게 누군가에게 빠지는 사람이 아니야"라는 신호를 보내는 데 열중한다. 혹시 내가 사랑에 빠졌을 때, 열네 살에 들었던 그 말을 또 듣게 된다면 어쩌란 말인가. 나는 자존심이 강한 아이다. 누구도 나에게 그 말을 하도록 내버려둘 수 없다.

내 몸과 내가 하나가 되기까지

그런데 열여덟 살의 어느 날, 넓은 바깥 세계에서 복잡하고 바쁜 일상을 살아가던 한 고등학생이 나에게 고백을 한 것이다. 내가 좋다고, 자신의 일상에서 잠시 동안만 나에게 친절을 베푸는 게 아니라 모든 것을 뒤로하고 오직 나를 좋아할 거라고 말했던 것이다.

나는 최선을 다해야 했다. 장애가 없는 그녀가 혹시라도 나를 다른 사람과 비교하게 될까 봐 나도 다른 '남자 친구'들이 하는 모든 것을 해줄 수 있다는 걸 보여줘야 했다. 재활원이 있는 지역에 영화관 따위는 없었다. 게다가 우리는 버스도 탈 수 없었다. 나는 오랫동안 돈을 모아 몇 만 원을 주고 택시를 불러 서울 근교로 가서 그녀와 영화를 봤다. 이렇게 가장 평범하고 일상적인 데이트를 위해 한 달 이상을 계획하고 자금을 모아야 했다. 하지만 그런 식의 데이트를 자주 할 수는 없었다. 그래서 우리가 만나는 시간과 장소는 일주일에 한 번 재활원이 전부였다.

우리는 1년 가까운 시간을 계속 그렇게 보냈다. 그동안 나는 재활원의 다른 많은 장애인들처럼, 빨리 학교를 졸업하고 적절한 직업교육을 받아 그녀와 둘이 행복하게 사는 것으로 충분하지 않을까 생각하기도 했다. 대학에 가는 것은 너무나 먼 일처럼 느껴졌고, 공부에 대한 확신도 서지 않았다. 무엇보다 앞으로 나를 사랑해줄 사람을 다시 만날 수 있을까, 그것이 걱정스러웠다.

시간이 흐를수록 내가 그녀에게 해줄 수 있는 게 너무나도 없다는 사실을 받아들여야 했다. 나는 무엇을 할 수 있을까. 마음 놓고 누군가를 좋아할 수 없는 나는, 좋아하는 사람과 같이할 수 있는 일이 거의 없는 나는 어찌해야 할까. 어떻게 해야 이 부자유로부터 탈출할 수 있을까. 우리는 그 후로도 얼마간 더 연인 사이를 유지했지만, 결국 자주 만날 수도 없고 만나도 함께할 수 있는 일이 아무것도 없었기에 더 이상 설렘으로 가득 찬 관계를 유지하기 어려웠다.

아무것도 갖지 못한 사람을 사랑하는 일은 20대 이후로는 거의 불가능한 일이 된 듯하다. 그러나 10대의 우리는 좁은 공간과 억압된 자유 안에서도 상대를 사랑할 수 있었다. 나는 10대들의 사랑을 긍정한다. 아마도 이때가 인간이 거의 유일하게 오로지 상대의 존재 하나에만 빠져들 수 있는 시기가 아닐까. 사춘기의 섬세하고 떨리는 감수성은 비현실적인 로맨스를 가능하게 한다. 합리적으로 판단하고, 각자의 자원을 교환하는 20대 이후의 연애 시장에서 아무것도 가진 것 없는 장애인이 기회를 얻기란 쉬운 일이 아니다.

그러나 우리가 더 이상 관계를 지속할 수 없게 된 가장 직접적인 이유는 내가 재활원을 떠나게 되었기 때문이다. 그 후로 우리는 오래지 않아 거의 만날 수 없게 되었다. 나는 그 무렵부터 포근하고 행복했던 재활원 생활에서 어떤 결핍을 느끼고 있었다. 소박한 마음과 서로에 대한 애정만으로 삶은 충만할 수 없다. 우리에게는 사랑을 나눌 기회가 필요하다.

그러기 위해서는 세계로 나아가야 한다. 인간과 인간의 관계는 주말에 한 번씩 만나 서로의 일상을 들어주고, 따스한 손을 잡고, 서로의 입술을 느끼는 것만으로 충분하지 않다. 그것은 10대의 감수성으로도 오래 가지 못할 열정이다. 우리의 관계가 지속되기 위해서는 세계가 원하는 삶의 방식을 선택할 수밖에 없다. 나는 점점 누군가의 비현실적 감수성에 의지해 내 존재를 인정받을 수는 없다고 생각하게 되었다.

재활학교를 통해 나는 공부를 시작했고, 우정을 배웠으며, 무대 위에 섰고, 사랑을 경험했다. 그동안 주변의 누군가는 죽었고, 누군가에게서 많은 것을 배웠고, 또 누군가와는 첫 번째 키스를 했다. 어리둥절하게도 그 모든 일이 단 3년 동안 일어났다. 병원 아니면 작은 방 안에서의 삶이 전부였던 나의 삶이 어느 순간 고속버스를 타고 유럽 여행이라도 하듯 정신없이 순식간에 지나갔다.

두렵고 떨렸던, 그리고 부정하고 싶었던 이 공간에 나 자신을 완전히 풀어놓았다. 가족과 함께 투병 생활을 하던 '골형성부전증 환자'임을 잊고 휠체어에 앉은 내 몸과 하나가 되었다. 더 이상 치료할 수 있을 것 같지 않았던 질병은 점차 내 몸의 일부가 되었다. 나는 골형성부전증을 안고 사랑을 하고 공부를 하고 연극을 했다.

나는 재활원이라는 공간에서 충실히 살았고, 나름대로 충분히 즐거웠다. 그러나 질병과 장애를 화해시킨 이 3년의 기간을 넘어서, 이제는 장애와 세계를 화해시킬 새로운 시간이 열릴 때가 되었다. 나는 더 큰 세계를 꿈꾸기 시작했다.

2

온몸을 밀어
세상 속으로

형의 뒤에서 뒷머리를 바라보며
같은 눈높이에서 세상을 바라본다.
그 높이에서 세상을 바라보면
'불리함'이란 단어가 '특별함'으로
바뀌어 있다.

– 천명륜

탈출을 꿈꾸다

나는 재활원에서 중요한 사람들을 만났고, 처음으로 정규 교육을 받았으며, 사랑을 하고, 연극을 했다. 집에서만 생활하던 내가 만약 재활원에서의 경험 없이 바로 세상으로 나갔다면, 그대로 절망해 주저앉았을지 모른다. 재활원 생활은 나에게 중요한 준비 기간이 되었다.

그럼에도 나는 항상 다른 어떤 것을 갈망했다. 무엇보다 교복을 입고 싶었다. 물론 세상이 전부 재활원처럼 편리한 시설과 친절한 사람들 그리고 비슷한 신체를 가진 동료들로 구성되어 있지 않다는 사실은 잘 알고 있었다. 재활원에서 나는 중학부 학생회장이었고, 공부도 잘했으며, 행사 때마다 사회를 보았고, 사물놀이 패에도 참여할 수 있었다. 그러나 바깥 세계에서는 결코 그럴 수 없다는 것도 잘 알고 있었다. 무엇보다 자존감을 지키면서 서로를 전혀 이질적으로 대하지 않는 사람들 사이에서 친밀한 관계를 맺기란 결코 쉬운 일이 아닐 거라 생각했다.

그래도 나는 밖으로 나가고 싶었다. 내 여자 친구는 자주 자신의 학교생활을 말해주었다. 고등학생이었던 그녀는 하루 종일 모의고사를 봤다거나 아침부터 늦게까지 자율학습을 했다며 괴로움을 호소했다. 이런 교육 체계가 힘겨운 것은 분명하다. 그러나 나는 그조차 공유하고 싶었다.

그곳은 내게 세상의 중심처럼 보였고, 그녀의 괴로움이란 아이돌 스타가 길거리에서 떡볶이를 먹지 못한다고 호소하는 괴로움 같은 것으로 느껴졌다. 어린 시절부터 친구들이 학교에 가는 것을 지켜만 봐야 했던 나에게 그런 일상은 늘 동경의 대상이었기 때문이다. 아이들의 장난으로 시끌벅적한 교정, 에너지가 넘치는 풍경들, 수백 명이 똑같은 옷을 입고 있는 그 단조롭고 지루해 보이는 질서에조차 나는 동화되고 싶었다. 수백 명이 지루한 것은 혼자 외로운 것보다 50배는 더 참을 만하다.

중학교 2학년 때 한 친구가 전학을 왔다. 그의 이름은 민교다. 언어장애가 있으나 보행에는 큰 지장이 없는 뇌병변(뇌성마비) 장애를 갖고 있었다. 녀석의 사정은 다소 황당했다. 녀석이 학교에 입학할 무렵 당연히(?) 일반 학교에서는 그를 받아주지 않았다. 충분히 걸어 다닐 수

있으니 학교 내 시설은 전혀 문제가 되지 않았다. 혼자서
모든 일상생활이 가능했지만 단지 제대로 말하지 못한다는
이유로 학교 측에서는 그가 지적장애가 있다고 생각했고,
또 장애인이라는 사실 자체를 다른 초등학생들이 수용할
수 없다는 게 이유였다. 어린 시절 집 근처에 지체장애인을
위한 특수학교가 없었기에 민교는 결국 발달장애 아동을
위한 학교에 진학했다. 그 학교에서 나름대로 충실한 교육이
이루어졌다고 해도 당연히 그의 수준에 적합한 교육은 기대할
수 없었다. 교사들은 그를 따로 불러 한문과 영어 등을
가르쳤다.

그는 그곳에서 중학교 2학년 중간까지 다니다가 결국
내가 있던 재활학교로 전학을 오게 되었다. 재활학교는
지체장애학생들이 주 대상이었기에 일반 교과 과정으로
수업이 진행되었으니 민교에게는 전보다 훨씬 좋은 기회였다.
열다섯 살까지 자신에게 적합한 교육을 받지 못했던 민교는
재활원으로 오자 빛을 발하기 시작했다. 그는 매일 밤늦게까지
자습실에 앉아 공부를 했다. 우리는 금세 친해졌다. 많은
이야기를 나누었고, 함께 공부했다. 영근이 형의 빈자리를
민교가 채워주었다.

중학교 3학년이 된 후 나는 매일같이 일반 고등학교
진학을 고민했다. 그곳은 너무나 가고 싶은 세계였지만,

재활원의 안락하고 친밀한 공간을 떠날 자신이 없었다. '세상의 중심'으로 나가면 아주 많은 좌절을 겪게 될 것 같았다. '여기서는 우등생이었지만 거기서도 그럴 수 있을까? 건강한 체력과 넘치는 에너지를 가진 아이들 사이에서 나 혼자 휠체어에 앉아 아무것도 할 줄 모른 채 열등한 존재로 3년을 보내는 건 아닐까?' 나는 선뜻 용기가 나지 않았다.

재활학교로 전학을 오는 학생들만 봐도 일반 학교에서의 생활이 험난하리라 예상할 수 있었다. 민교 같은 특수한 경우를 제외하면, 재활학교로 전학 오는 아이들은 대개 교통사고 등으로 장애를 입었거나 원래 가지고 있던 장애가 더 중한 상태가 되어 다니던 학교를 포기하고 재활학교를 선택한 경우였다. 학교 시설은 불편하고, 장애가 없는 아이들과 어울리기도, 학업에 있어 경쟁을 하기도 쉽지 않기 때문이다. 반면 재활학교에서 일반 학교로 전학을 가는 경우는 없었다. 재활학교의 시스템에 익숙해지면, 그리고 장애인 친구들과의 커뮤니티에 친숙해지면 '바깥세상'에 쉽게 적응하기가 어려웠다.

미국에서는 1960년대까지 흑인 아이들과 백인 아이들이 다니는 학교가 따로 있었다. 그러다가 흑인 변호사들의 끈질긴 법률 투쟁으로 미연방대법원에서 흑백 분리 교육이 위헌이라는 판결을 했고, 이 판결을 계기로 흑백 통합 교육이 의무화되었다. 하지만 물리적으로만 통합된 학급에서 가난한 흑인 아이들은 대부분 백인 아이들의 문화에 잘 적응할 수 없었다. 그들은 자기 정체성에 혼란을 느꼈고, 부유한 백인 아이들이 주도하는 학교생활에 제대로 섞여 들어가지 못했다. 장애를 가진 아이들이 재활원에서 오래 생활하다가 일반 학교로 옮기면 적응하기 어려운 것도 같은 맥락이다. 게다가 '장애'는 문화적 차이에 그치지 않고 신체적 차이도 현실적으로 존재하기 때문에, 당연히 그 어려움은 훨씬 클 수 있다.

그러던 어느 날, 민교와 단둘이 늦은 시간까지 자습실에서 공부를 할 때였다. 나는 고민 끝에 대수롭지 않은 이야기인 듯 말을 꺼냈다.

"야, 우리 일반 학교나 가볼래?"

민교는 겨우 1년 전에 발달장애 학교에서 전학을 왔고, 빠른 성장세를 보인다고는 해도 이제 겨우 정규 교과 과정에 익숙해질 무렵이었다. 재활원 생활에도 가까스로 적응하고 있던 차였다. 나는 민교에게 큰 용기를 기대하진 않았다. 그저 꺼내본 말이었을 뿐이다. 그런데 녀석은 조금도 주저 없이 말했다.

"그러자."

"뭐?"

단 한마디였다. 황당한 인간이었다. 바로 이런 성격 덕에 민교는 나와 함께 일반 고등학교에 진학하여 그곳 친구들과

느리고 불균형한 걸음으로도 함께 축구를 하고(보행에 지장은
없지만, 그는 여전히 걷는 데 장애가 있다), 좋은 성적을 거둬 이후
한양대에서 경제학을 전공하게 된다.

조기 교육은커녕 발달장애 학교에서 자신에게 적합한
교육을 받지도 못한 채 15년을 보내고, 역시 지체장애아
특수학교에서 1년을 공부했던 이 단순한 열일곱 살 소년은
이렇게 나와 함께 또다시 새로운 인생을 시작하게 된다.

바깥세상의 아찔한 높이

다음 날은 비가 오는 토요일이었다. 수업이 없어 방에서
쉬고 있던 나에게 민교가 비에 흠뻑 젖은 채 엄청나게 큰
가방을 짊어지고 땀을 뻘뻘 흘리며 걸어왔다. 민교는 방에
들어서자마자 책가방을 바닥에 집어 던졌다. 그 안에는 열 권은
넘어 보이는 온갖 문제집이 들어 있었다. 녀석은 특유의 그
귀엽고(?) 어눌하지만 단호한 말투로 말했다.

"공부하자. 고등학교 가야지."

나는 그때까지 결정을 내리지 못한 채 머뭇거리고
있었지만, 녀석이 그 엄청난 양의 문제집을 내게 던지며 책값을
내놓으라고 하는 바람에 결국 공부를 시작할 수밖에 없었다.

우리가 목표로 했던 고등학교에 진학하려면 입학시험을 치러야 했기 때문이다. 물론 입학시험에서 떨어지는 경우는 그리 많지 않았다. 그러나 성적이 좋지 못할 경우 우리는 더욱 큰 편견에 맞닥뜨릴 것이었다.

고등학교는 경기도 구리시에 있었다. 그곳을 마음에 둔 이유는 시설이 매우 편리하다거나 특별히 장애인에게 관대할 것 같아서는 아니었다. 우리의 친구들이 그곳에 있었다. 여자 친구의 학교처럼, 그 학교의 동아리에서도 매주 재활원 교회에 나와 재활원생들과 함께 예배를 드렸다. 덕분에 우리는 몇몇 학생을 이미 알고 있었다. 나는 그것이 큰 도움이 될 거라 판단했다. 또한 민교의 집에서 가까웠다. 나는 기숙사 생활을 하고, 민교는 통학을 하면 되었다.

이렇게 우리의 탈출 프로젝트는 시작되었다. 내가 '탈출'이라는 용어를 사용하는 것이 재활원 생활이 끔찍했다는 뜻은 물론 아니다. 앞서 언급했듯 그곳은 안락하고 즐거운 공간이었다. 그러나 그 안락함과 즐거움에 익숙해진다면, 우리는 평생 세상으로 나아갈 수 없을 것이다.

장애인과 비장애인을 분리해서 교육하는 것은 장애아를 편안하고 전문화된 체계 속에서 성장할 수 있게 하고 때로는 그들에게 자존감을 심어줄 것이다. 하지만 문제는 세상이 장애인과 비장애인이 함께 살아가는 공간이라는 데 있다.

분리된 세계에서 초등학교와 중·고등학교 12년을 보낸 후
대학에 간다고 생각해보라. 나는 재활원에서 겨우 3년밖에
생활하지 않았는데도 밖으로 나가기가 이토록 어려웠다.
재활학교를 졸업하고 바로 대학에 진학한 선배들 중에는
학업을 끝까지 마치지 못한 경우도 있고, 어렵사리 마치긴
했지만 내내 심리적 갈등에 괴로워했던 경우가 많다. 우리는
편안한 공간에서도 때로 '탈출'을 감행해야 한다.

　민교와 둘이 고교 입시를 준비하자 재활학교 선생님들이
큰 격려와 함께 다방면으로 도움을 주셨다. 우리는 수업이
끝난 후 과학 수업을 따로 받기도 했고, 우리가 진학하려는
고등학교를 졸업한 영어 선생님이 모교에 여러 가지 방법으로
도움을 요청하기도 했다. 그러나 탈출을 하려면 뛰어넘어야 할
장벽이 있는 법이다. 그 장벽 앞에는 언제나 경비원들이 지키고
서 있다. 우리는 곧 여러 명의 경비원들과 만나게 된다.

　사실 나는 구리에 있는 고등학교에 앞서 충청도 공주시에
위치한 한 고등학교에 연락을 했었다. 교육방송 교재 뒤편에
실린 광고를 보고 알게 된 학교로, 상당한 명문고였고 학생들을
위해 여러 좋은 프로그램을 마련해두고 있었다. 나는 용기를
내어 전화를 걸었다.

　"저…… 지금 중학교 3학년인데, 그 학교에 진학하고
싶어서요."

"네, 뭐 궁금하신 거 있으면 말씀하세요."

"아, 성적은 어때야 하는지 궁금하고요. 일단 내신은 가장 좋은데, 그 외에 뭐가 필요한지도 궁금해요."

"내신이 중요하고 입학시험을 봐야 해요. 시험만 잘 치르면 당연히 합격할 수 있지요."

직원은 친절히 대답했다.

"아, 근데 제가 휠체어를 타는데, 입학이 가능할까요?"

"아……."

우리의 대화는 갑자기 침묵으로 바뀌었다. 아마도 그는 친절하게 정해진 답변을 하도록 프로그래밍되어 있었을 텐데, 갑자기 의외의 변수가 출현한 것이다.

그는 당황스러운 말투로 물었다.

"전혀 걷지 못해요?"

"네, 근데 뭐 다른 생활은 혼자 다 할 수 있어요."

그는 잠시 뒤 난처하다는 듯이 대답했다.

"그런데 우리 학교가 계단이 많아요. 이동 수업도 많고. 그래서 어려울 것 같은데……."

"그래도 일단 시험은 한번 봐도 되지 않을까요?"

"글쎄, 뭐 그거야 그런데. 일단 학생 같은 경우는 우리 학교를 다니는 거 자체가 불가능할 텐데……."

어떤 학교의 학칙에도 '장애인은 입학을 불허한다'라는

내용은 없다. 그리고 대한민국 헌법은 모든 국민에게
교육받을 권리가 있음을 천명하고 있다. 그러나 십여 년 전의
대한민국에서 장애인의 입학은 그렇게 대놓고 무시할 수 있는
일이었다. 그 장벽을 뚫고 나가기 위해서는 철저하게 장애인
본인의 용기가 필요했다. 나는 그것이 없었다.

두 번째로 민교와 함께 선택한 고등학교에 연락을 할 때도
용기가 필요했다. 일단 재활학교 선생님들을 통해 접촉을
시도했다. 역시 긍정적인 대답은 들려오지 않았다. 민교의
경우는 보행이 가능했고 집 역시 학교 근처였으니 기숙사에
살 필요가 없었다. 그래서인지 학교 측에서는 민교까지는
받아주겠다고 했다('받아준다'는 말 자체가 이상하지만, 장애가 있으면
받아주기를 기다릴 수밖에 없다).

어머니와 함께 학교를 직접 찾아갔다. 학교는 아주 높은
언덕 위에 있었다. 기숙사까지는 가파른 언덕이 또 하나 있었다.
건물은 4층이었고, 계단 대신 경사로가 있기는 했지만 매우
가팔랐다. 이 경사로는 과거 연탄 등을 나르기 위해 설치한
것으로, 휠체어에 대한 고려와는 아무런 상관도 없었다. 그래도
그나마 다행이라고 생각했다. 계단을 오르내리려면 네 사람의
도움이 필요하지만, 경사로는 한 명으로도 가능하기 때문이다.

그러나 학교에 방문한 이후 내 두려움은 더욱 커졌다.
어머니 역시 부정적인 마음이었던 것 같다. 내가 더 큰

세계로 나가 좀 더 좋은 대학에 진학하고 원하는 삶을 살기를
바라지만, 그 학교는 너무나 위험해 보였던 것이다.

교무실로 가기 위해서는 정문 앞에 놓인 네 개의 계단을
올라가야 했다. 나는 그 고등학교 옆에 있는 중학교 학생들에게
도움을 청했다. 중학교 1학년생으로 보이는 어린 학생들이
어머니와 함께 내 휠체어를 들어 올려주었다. 아이들은 착한
일을 했다며 왁자지껄하게 사라져갔다. 두렵고 불편하고
스산한 가을이었다.

나를 면담한 교사는 예상대로 부정적인 견해를 보였다.
무엇보다 기숙사 생활이 불가능하다는 이유였다. 학교에 다닐
수야 있겠지만, 기숙사가 너무 오래 전 건물이라 사실상 생활이
불가능할 거라고 했다. 내가 거주하기 위해서는 다른 학생들의
도움을 받아야 하는데, 그것은 다른 학생들에게 피해가 될 수
있다고도 했다. 그 말을 부정할 수는 없었다. 휠체어에 필요한
편의시설이 전혀 없는 곳에서 내가 산다면, 분명 어떤 학생들은
불편을 감수해야 할 것이다.

그는 또 다른 이유를 댔다. 일반 학교에 오면 학업을 제대로
따라가지 못할 수 있다는 것이다. 특수학교에 있었기에 내신
성적을 좋게 받았지만 일반 학교에서는 상황이 전혀 다를
거라고 했다. 내신 성적을 잘 관리하는 편이 대학 진학에도 더
수월할 것이며, 건강관리를 비롯한 다른 이점들까지 생각하면

특수학교에서 고등학교 과정까지 마치는 편이 좋을 거라고 설득했다(이런 말은 어쩐지 내가 다니는 특수학교의 선생님이 해야 할 말 같았지만, 나는 진학을 고민하는 학교 측의 교사에게 들었다).

나는 특수학교에서만 생활했기에 내 학업성취 수준이 비장애학생 일반의 기준에서 괜찮은 편인지 아닌지 객관적으로 알지 못했다. 전교에서 공부를 가장 잘했지만, '전교생'은 겨우 30명, 그것도 대다수는 중증의 장애를 가진 학생들이었다. 그 가운데 손의 기능에 아무런 문제가 없고, 남의 도움 없이 혼자 생활하고 공부할 수 있는 내가 성적을 잘 받는 것은 사실 나의 성실성이나 지적 능력과는 별로 상관이 없었다. 그저 내가 운 좋게 몇 가지 조건을 가진 결과였다.

그러나 나는 자존심이 강했고 스스로 특별하다고 (지금 생각하면 허황되기 짝이 없지만, 어쨌든 당시에는 그렇게) 믿었다. 두려웠지만 그 교사의 말을 그대로 수긍할 수는 없었다. 어머니도 나와 같은 생각을 했던 것 같다. 우리 둘은 그렇지 않을 것이며, 이곳에서도 충분히 잘할 수 있다고 반박했다. 면담은 끝났다. 내가 다닐 수 있는 환경은 전혀 아니었고, 입학한 후에 정말 좋은 성적을 낼 수 있을지도 불투명했다.

시간이 지날수록 나는 점점 용기를 잃었다. 시험 접수일이 다가왔다. 민교는 접수를 했다. 나에게 학교는 원서조차 팔지 않았다. 처음엔 그 고등학교 재학생인 내 친구가 원서를 사러 갔다. 그러나 학교 측에서는 그가 내 원서를 사러 왔다는 사실을 알고는 학교에서 나를 받아줄 준비가 되어 있지 않아 어쩔 수 없다며 원서를 팔지 않았다.

다음에는 연극 연습을 도와주던 대학생 누나가 원서를 구하러 갔다. 그들은 역시나 거부했다. 누나는 연극 연습을 기다리던 내게 와서 원서를 구하지 못했다고 말했다. 미안하다면서 눈물을 보였다. 나는 도대체 왜 원서조차 팔지 않는 것인지 알 수가 없었다. 그곳에서 좋은 성적을 낼지 못 낼지는 내가 질 짐이다. 그리고 시설이 갖춰져 있지 않아 그 학교를 포기하고 안 하고는 내가 할 판단이다. 그들은 내 선택을 사전에 차단할 아무런 권리도 없다. 그러나 상황은 내 생각과 정반대였고, 내 용기는 무참히 꺾여버렸다.

'특수'의 세계와 '일반'의 세계

혜원 누나는 나를 처음 만나고 그다음 날 학교에 돌아가 매주 재활원을 방문하던 친구에게 내 이야기를 했다.

"어제 우리 조였던 친구하고 연락처를 교환했는데, 좀 특별한 아이 같았어."

"어떤 점에서?"

"모르겠어. 뭔가 알 수 없지만 다른 아이들과 달라 보였고, 어떤 상처를 숨기고 있는 것 같기도 하고."

물론 상처가 있었을 것이다. 그 무렵 아버지의 사업 부도와 그간 내 병원비로 지게 된 여러 가지 채무 관계가 한꺼번에 터져 우리 가족은 고향 마을을 떠나 뿔뿔이 흩어지게 되었다. 누나는 대학 진학을 포기해야 할 상황이었다. 그때 나는 사춘기였고, 재활학교에 들어와 여러 봉사자들에게 환멸감을 느끼고 있었다. 그것은 상처라면 분명 상처였다.

그러나 나의 그런 상황이 다른 재활원생들과 특별히 다르지는 않았을 것이다. 하지만 어떤 운명적인 감각이 작동했던 것인지, 혜원 누나는 나를 그렇게 보았다. 우리는 매우 가깝게 지내고 있는 요즘도 그때의 일을 종종 이야기한다. 나는 그때 "내가 괜히 뭐라도 있는 아이인 척 연기한 거야"라고 말하고는 한다. 열여섯 살의 나는 그렇게 보이고 싶었다.

혜원 누나의 말을 듣고 나를 알아본 친구는 '선정 누나'로, 이후 또 한 명의 내 든든한 친구이자 후원자가 되었다. 선정 누나는 학습 자원 봉사를 하느라 매주 재활원을 방문했다. 우리는 서로 얼굴 한번 본 적이 없었지만, 선정 누나 역시 혜원 누나의 말만 듣고도 나를 한번에 알아보았다고 한다. 나는 그때까지 전혀 특별한 인간이 아니었지만, 이 두 사람 덕분에 정말 '특별한 아이'가 되기 시작했다.

선정, 혜원 두 사람은 이후 함께 재활원에 찾아왔고, 나에게 많은 도움을 주었다. 선정 누나는 언제나 직설적이었고, 나는 그런 조언이 좋았다. 장애가 있고 집은 가난하고 외진 곳에 위치한 재활원이라는 작은 세계에 있었던 그때, 그녀는 그 세계가 얼마나 작은 곳에 불과한지를 내게 일깨워주었다. 마치 나에게 다른 사람들 이상으로 따뜻하고 배려 넘치는 태도를 보여야 할 이유를 전혀 느끼지 않는 것 같았다.

그녀는 혜원 누나를 대할 때와 별다르지 않게 나를 대했다. 좁은 재활원에서 한껏 멋을 부린 나에게 "너 촌스럽게 옷이 그게 뭐냐?"라고 말하는 거의 유일한 사람이었다. 나는 그런 말에 반론을 펴고는 했지만 그럴 때마다 우리가 하나의 세계에 살고 있다는 느낌이 들었다. 나는 그래서 이 사람이 좋았다.

내가 중학교 3학년이었던 1999년의 어느 날, 선정 누나는 여느 때처럼 선택 과목으로 수강하던 사회복지학과 수업을 듣기 위해 강의실로 갔다. 그날은 특강이 있었고 연사로 한 사회복지사가 초청되었다. 그는 이분척추증spina bifida을 가지고 태어나 걷지 못했다. 10대 후반까지 집에서만 생활하다 목공예를 배웠지만 일자리를 얻을 수는 없었다. 뒤늦게 검정고시를 본 후 스물다섯 살에 대학에 진학했다. 대학에서 사회복지학을 전공한 뒤 복지 관련 기관에서 일하고 있다고 했다.

부리부리한 눈과 잘생긴 코 그리고 어깨에 닿을 듯이 긴 곱슬머리를 한 그가 휠체어를 밀고 강의실로 들어왔다. 단숨에 학생들의 이목이 집중되었다. 호기심 어린 시선을 받으며 말을 시작한 그는 순식간에 엄청난 에너지로 좌중을 휘어잡았다. 휠체어에 앉은 작은 체구의 그 남자는 탁월한 어휘력과 유머 감각 그리고 이론과 현실이 어우러진 감동적인 강의로 사람들에게 강한 인상을 남겼다.

스물아홉 살의 그와 수업을 듣고 있던 학생들은 사실 몇 살 차이밖에 나지 않았을 것이다. 그는 세상 밖으로 나온 지 얼마 안 되었지만 전혀 주눅 들거나 움츠리지 않았다. 당당한 태도로 당시 한국 사회에 뿌리내리기 시작했던 '자립생활운동independence living movement'이라는, 장애 문제를 바라보는 새로운 패러다임을 소개했다.

자립생활운동은 장애인들이 시설 등에서 사회복지 전문가의 도움을 받으며 세상과 분리된 채 사는 게 아니라, 말 그대로 지역사회에서 '자립하여' 자기 삶에 대한 선택권을 온전히 행사하며 비장애인들과 통합되어 살게 하는 것을 목표로 한다. 그리고 그 목표를 실현하기 위해 장애인 스스로가 나설 것을 촉구한다. 이 운동은 현재 장애인계의 가장 큰 화두이지만, 1999년 당시에는 이제 막 그 담론이 형성되고 있었다.

그때 나는 재활학교에서 '탈출'하여 일반 학교로 가고 싶었으나 학교 측의 거절로 큰 좌절을 맛보며 도전을 포기할 생각을 하고 있었다. 바로 그 시점에 장애인이 교육, 문화, 사회 등 모든 분야에서 배제되지 않고 비장애인과 통합되어 자립적으로 살아갈 수 있도록 해야 한다는 강력한 이념이자 정책 패러다임인 자립생활운동을 전개하던 한 장애인이 특강을 시작했던 것이다. 그리고 바로 그 강의실에 나의 대학생 친구가 앉아 있었다.

선정 누나는 강의가 끝난 후 잔뜩 긴장한 채 그에게 다가갔다. 그리고 조심스레 말을 걸었다.

"저…… 선생님, 제가 학습 지원을 가는 재활원에 아는 학생이 있는데 일반 학교로 가고 싶어 해요."

"아, 그래요? 똑똑한가? 용기는 있고?"

"그건 잘 모르겠고, 아무튼 학교 측에서 받아주지 않으려 해서 요즘 고민하고 있던데, 선생님께 꼭 소개해드리고 싶어요."

선정 누나는 웃으며 말했다. 그는 주말에 바로 내게 전화를 걸었고, 며칠 후 재활원으로 찾아왔다.

찬오 형은 그 뒤로도 나를 몇 번 더 찾아왔고 다양한 분야에서 일하는 사람들도 소개해주었다. 그들 대부분이 장애인이었는데 사회에서 자신만의 방식으로, 또 매우 능동적으로 삶에 대한 확신을 만들어가는 사람들이었다. 형은 그들에게 나를 소개하고, 나 몰래 일종의 '후원회'를 만들었다. 그 후원회에는 내가 진학할 고등학교에 소속된 분들도 있었다. 당시 부모님의 사업 실패로 아무런 경제적 지원도 받을 수 없었던 나에게 그들은 고등학교 등록금을 비롯해 여러 가지 지원을 해주었다. 또 학교를 설득하기 위해 함께 노력해주었다.

무엇보다 찬오 형은 늘 어떤 강력한 에너지를 나에게 전해주었다. 나 대신 입학 원서를 사러 갔던 대학생 누나가 학교에서 원서를 팔지 않는다며, 자기가 더 미안하다며 눈물을 흘린 날 나는 용기를 잃고 그에게 털어놓았다.

"형, 저 아무래도 그냥 재활학교 고등부에 진학하는 게 낫지 않을까요? 괜히 시설 불편한 곳에 가서 고생하고 공부도 제대로 못 하느니. 여기서 선생님들 도움 받고, 열심히 하면 더 좋은 학교에 진학할 수 있을지도 모르고."

"그래?"

"네……."

그는 잠시 침묵하더니, 언제나처럼 그 부리부리한 눈으로 나를 보며 말했다.

"그럼, 이건 어때? 만약 네가 여기서 열심히 공부해서 네가 원하는 대학, 원하는 학과에 합격했다고 치자. 근데 거기도 장애인 편의시설 같은 건 없어. 그럼 그 다음에는 또 포기하고 장애인을 위한 특수 대학에 가야 하나? 하지만 그런 데는 세상에 없지. 아니, 만약 있다고 치자. 그럼 그 다음엔? 장애인을 위한 특수 회사, 특수 마을, 특수 국가 뭐 그런 곳으로 가는 건가?"

"물론…… 그러고 싶진 않지요."

나는 머뭇거리며 대답했다.

"이건 고등학교를 가고 말고의 문제가 아니야. 이건 네가 앞으로 삶을 어떻게 살아갈 것인가의 문제야. 이 껍질을 평생 안고 가느냐 깨고 나가느냐."

찬오 형은 내 눈을 똑바로 바라보며 말했다.

"그게 바로 지금이야."

그랬다. 나는 재활원에 처음 입학했던 순간을 기억했다. 만약 아버지가 나에게 "다음 주에 데리러 갈 테니, 일단 일주일만 있어 봐"라고 말하지 않고, 약한 마음에 나를 데리러 왔다면 어땠을까. 우리 인생에 다가오는 수많은 선택의 순간 중에서 아주 강력한 운명의 순간은 스스로 지금이 운명적인 순간이라고 말하는 법이다. 그 말을 들은 사람은 회피하면 안 된다. 그 순간의 목소리는 대개 주변에 어떤 사람들이 있느냐에 따라 들리기도 하고 들리지 않기도 한다.

"형, 근데 나는 누구 도움 받는 게 싫어요. 애들이 휠체어 밀어주고 들어주고 그런 거 쪽팔리고 자존심 상하고……. 그

학교 선생님 말대로 내가 누구한테 결국 피해 주게 되는 거고."

"그건 네가 남의 도움 없이도 충분히 다닐 수 있도록
시설을 갖추었어야 할 학교의 책임이야. 그러니까 네가 도움을
받아서 남들에게 피해를 준다면, 그건 학교가 미안해야 할
일이지 네가 미안해야 할 일이 아니야."

"에이, 그래도 일단 내가 부담스러운 건 맞죠."

"그럼 머리를 써야지."

그는 나를 차에 태워 데리고 나갔다.

"내가 지금부터 아무한테도 피해 안 주고 햄버거 사 먹는
법을 알려줄게."

그는 패스트푸드점 앞에 차를 세웠다. 그 옆에는 귤을 파는
아저씨가 있었다. 그는 아저씨를 불러 귤 2천 원어치를 샀다.
햄버거를 먹자더니 웬 귤인가 싶었다.

"아저씨, 저 가게 안의 점원 좀 불러주시겠어요?"

받아든 돈을 주머니에 집어넣던 아저씨가 기분 좋게
대답했다.

"아, 그래요."

그는 차 안에서 귤 한 봉지를 반으로 나누었다. 몇 개는
차에 두고, 나머지는 봉지 안에 그대로 넣어둔 채 묶었다.
그러는 동안 귤 장사 아저씨의 말에 빨간 모자를 쓴 점원이
의아한 얼굴로 뛰어나왔다.

"네, 무슨 일이신데요?"

"햄버거 세트 두 개만 갖다 주세요. 내리기가 불편해서 그러니까 여기 차에 있을게요. 그리고 이 귤 드세요. 바쁜데 일부러 나왔는데."

점원은 얼떨떨한 얼굴로 고맙다고 인사하며 귤을 받아들었고, 햄버거 두 세트를 차까지 가져다주었다. 바쁜 사람에게 더 많은 노동을 시킨 셈이 되었지만, 우리는 오히려 고맙다는 말을 들었다. 그렇게 해서 정말 누구에게도 부담 주지 않고 차 안에서 햄버거를 먹을 수 있었다.

그는 그때까지 내가 알던 장애인들과는 완전히 다른 종류의 장애인이었다. 자신의 장애를 전혀 숨기지 않았고, 부정하려고도 하지 않았다. 장애에 뒤따르는 어려움을 넘어서기 위해 어떤 공동의 노력을 기울이고, 반짝이는 기지를 발휘해야 하는지도 알고 있었다. 그는 '새로운' 장애인이었다. 그 새로운 장애인이 새로운 세계로 나가라며 나에게 말하고 있었다.

'허락'받아야 하는 권리

찬오 형과 재활학교 선생님 그리고 찬오 형이 만든 후원회의 여러 사람들이 노력한 끝에 나는 원서를 쓸 수 있게 되었다. 단지 원서를 넣는 데에만 수많은 사람의 도움이 필요했던 것이다. 그러나 학교가 내 입학을 완전히 허락한 것은 아니었다. 나는 시험을 잘 봐야 한다는 부담감에 시달렸다.

민교와 나는 그해 2학기부터 입학시험 공부를 시작했다. 우리 둘 다 재활학교에서는 공부를 잘하는 편이었지만, 우리의 실력이 객관적으로 어느 정도나 되는지는 전혀 알지 못했다. 그래서 일단 모의고사 문제집을 사서 시간을 재고 풀어보았다. 둘이 과자 내기 같은 걸 하면서 기숙사 방 하나를 잡고 하루 종일 그 안에서 문제를 풀었다. 채점을 하고 보니 놀랍게도 우리는 둘 다 생각보다 '잘하는' 축에 속했다. 자신감을 얻은 우리는 최선을 다했다. 언제나 재활원 기숙사에 있는 자습실에서 새벽까지 공부를 했는데, 나는 민교가 들어갈 때까지 버티곤 했다. 사실 우리 둘은 늘 거의 비슷한 시간에 방으로 향했다.

영근이 형은 세상을 떠나 없고, 수완이 형은 졸업 후 대학에 진학해 재활원에 없던 그해, 재활원에서 우리가 의지할 만한 동료는 별로 없었다. 물론 재활원생들은 모두 각 분야에서 나름대로 열심히 생활했다. 운동을 하거나 취업 준비를 하거나 재능을 살려 다양한 분야에 열중했다. 그러나 대부분 공부를 해서 최고가 되기는 어렵다는 것을 일찍이 알고 있었다. 그리고 공부를 열심히 해서 대학에 진학한다 해도, 그 이후에 안정된 삶을 살 수 있다고는 생각하지 않았다. 장애가 심한 친구들은 안정된 삶을 위한 대안조차 생각하기 어려웠다. 그들에게는 생존 그 자체가 목표였다.

이런 가운데 민교와 나는 외로운 도전을 해야 했다. 우리의 도전을 어떤 친구들은 부러운 눈으로 바라보았고, 경우에 따라서는 재활원을 극복해야 할 세계로 보는 우리의 태도를 부정적으로 보기도 했다. 그들에게는 그 세계가 전부였는데, 우리는 그것을 거부하려 했기 때문이다.

그러나 우리에게는 선택의 여지가 없었다. 우리는 좋은 성적을 거두어야 했다. 각 중학교를 돌며 입학생을 모집하는 고등학교에 자발적으로 입학한다고 하는데도 받아들여지지 않는 상황이었다. 우리가 도대체 무엇으로 가치를 높일 수 있었겠는가. 존재 자체를 인정받지 못하는 인간들은 결국 '의외'의 성과를 내보이는 수밖에 없다.

드디어 시험 날이 다가왔다. 오리엔테이션 날 우리는 수백 명의 '비장애인' 학생들과 함께 강당에 들어갔다. 다들 교복을 입고, 친구들과 삼삼오오 재잘거리고 있었다. 당연히 휠체어를 탄 나와 그 휠체어를 잡고 비틀거리며 걸어오는 뇌성마비(뇌병변) 장애인의 모습은 눈에 띄었다. 학교에서는 OMR 카드식 답안을 작성해본 적 없는 사람이 있느냐고 물었다. 우리 둘뿐이었다. 이처럼 우리는 아무것도 해본 일이 없었다.

시험장 안으로 들어갔다. 그때로부터 3년 전 검정고시를 보기 위해 중학교 교실에 앉아본 이후로 나는 처음 일반 학교 교실에 앉았다. 의자가 없는 재활학교 교실과 달리 그곳에는 모든 책상 앞에 의자가 있었고, 책상 위에는 레오나르도 디카프리오가 자기 애인이라는 내용의 낙서가 있었다. 교실은 내게 너무나 크게 느껴졌다. 재활학교는 열세 명 정도가 한 반을 쓰기 때문에 교실이 작고 아담하다. 그러나 이곳은 달랐다. 체육복, 축구공 따위가 교실 한편에 어지럽게 놓여 있었고 칠판은 거대했다. 학교 전체에서 그 칠판의 크기만큼만 내 자리가 주어진다면 좋겠다는 생각이 들었다.

아이들은 시험 전에도 시끄럽게 떠들었다. 큰 소리로 웃었다. 모두가 교복을 입은 그곳. 모두가 뛰어다니는 그 공간. 그때 민교는 무슨 생각을 했을까. 아마도 나와 같은 생각을 했을 것이다. '내가 어떻게 애를 써서 이곳에 들어온다고 해도 과연 살아남을 수 있을까?'

시험이 끝났다. 나는 그때까지도 진짜로 입학을 할지 결정하지 못했다. 재활학교의 선생님 중 몇몇은 너무 어려운 상황으로 뛰어들지 말고, 그냥 재활학교 고등부에 진학하는 것이 어떻겠느냐고 권유하기도 했다. 사실 그 고등학교는 화장실에 좌변기도 없었고, 기숙사 입구는 계단이었으며, 기숙사의 샤워실은 비장애학생들도 불편할 만큼 시설이 열악했다. 시험 성적이 어떻게 나올지도 걱정이었다. 나는 찬오 형의 설득에도 포기하고 싶은 마음이 완전히 가시지 않았다.

몇 주가 지난 뒤 성적이 발표되었다. 학교는 전체 학생 가운데 15등까지 장학금을 주었다. 그 이외의 등수는 공개되지 않았다. 나는 정확히 15등이었다. 민교도 당연히 합격했다. 만약 16등이었다면 내 성적은 공개되지 않았을 것이고, 그랬다면 나는 고등학교에서 제대로 경쟁하지 못할 거라는 생각으로 진학을 포기했을지 모른다. 그러나 나는 정확히 15등이었고, 이 사실은 내게 엄청난 자신감을 심어주었다. 내가 그 학교에서 제대로 성적을 받지 못할 수도 있다며 나를 설득하려 한 선생님에게 강한 인상을 남길 수 있게 된 것이다.

찬오 형은 그 뒤로 더 부지런히 움직였다. 학교에 찾아가 교장 선생님을 만났고, 학교 시설을 개선하는 데 후원회에서 모은 돈의 일부를 낼 뜻까지 보였다. 교장 선생님은 결국 태도를 바꾸어 나를 위해 화장실을 개조하고 기숙사 시설을 보완했다. 그 과정은 생각보다 길고 힘들었지만, 결국 나는 그렇게 새로운 세계로 또 한 발 나아가게 되었다.

이 부분과 관련해서 언급해둘 것이 있다. 내가 '새로운 세계'로 발을 딛게 된 이 순간은 그 자체로 드라마틱해 보일 수 있지만, 나는 그 의미를 왜곡시킬 생각은 없다. 만약 어떤 중학생이 자기가 가고 싶은 고등학교에 가는 데 이처럼 많은 사람의 도움과 남들보다 우수한 성적이 필요하다면, 그 자체가 교육을 기본권으로 규정한 대한민국에서 우스운 일이지 않은가. 어떤 중학생도 '후원회'의 도움을 받고, 교장 선생님과 '협상' 아닌 '협상'을 하며, 남들보다 우수한 성적까지 받으면서 입학하지 못할까 걱정하지는 않는다. 15등이 아니라 150등이라도 입학 기준을 충족했다면 아무런 문제없이 입학할 수 있어야 한다. 그게 '정상'이다.

물론 내 모교를 비난하고자 하는 것은 아니다. 3년 동안 인상적인 선생님들과 좋은 친구들을 만나 많은 추억을 만든 그 학교를 나는 좋아한다. 그러나 입학 당시 학교의 입장은 분명 불합리한 것이었다. 더 큰 문제는 우리 사회의 거의 모든 초·중·고등학교가 이런 불합리를 당연시해왔다는 점이다.

장애아를 둔 부모는 삭발을 하고 교육청 앞에서 시위를 하거나 온갖 노력을 다해 학교 측의 배려를 이끌어내야 간신히 아이가 의무교육 과정을 이수하게 할 수 있다(좋은 대학 혹은 국제중학교나 외국어고등학교에 가기 위해서가 아니라 '의무교육'을 위해서 말이다). 나는 아주 좋은 사람들을 아주 좋은 시기에 만났던 행운으로 일반 학교에 진학할 수 있었다. 그러나 10년이 지나 장애인차별금지법까지 제정된 지금도 이러한 현실은 여전히 존재하고 있다.*

보건복지부가 발표한 〈2008년 장애인실태조사〉에 따르면,
대한민국에서 살고 있는 장애인 가운데 무학이거나 초등학교만
졸업한 사람의 비중은 49.5퍼센트에 이른다. 다시 말해 장애인
가운데 절반은 의무교육으로 규정되어 있는 중학교조차
졸업하지 못한다는 것이다(심지어 우리나라는 장애인의 경우
고등학교까지를 의무교육으로 규정하고 있다).

우리 사회의 어떤 집단을 놓고 보든 80퍼센트 이상이
대학에 진학하는 이 엄청난 교육열의 나라에서 절반이
초등학교밖에 졸업하지 못하는 집단이 있다는 건 매우
충격적인 현실이다. 만약 다른 집단에서 이런 일이 일어났다면
세상이 발칵 뒤집어졌을지 모른다.

---

* 10년 가까이 더 지난 2019년의 사정은 어떨까? 안타깝게도 상황이 크게 바뀌는는 않은 듯 보인다. 2017년 가을 우리는 서울 강서구에 특수학교를 설립하는 문제를 두고, 장애아동의 어머니들이 무릎을 꿇고 학교 설립에 반대하는 주민들에게 호소하는 장면을 목격했다. 이후 예정대로 학교를 설립하기로 했는데, 이는 서울시 교육청과 해당 지역 주민들의 '협상'이 극적으로 타결되었기 때문이다. 그러나 이상하다. 학교 설립을 예정한 부지는 서울시 교육청 소유였다. 교육청 토지 위에, 교육청의 비용으로, 국민의 권리 보장을 위해 가장 기본적인 시설에 해당하는 학교를 짓기 위해서 서울시 교육청은 '협상'을 하며 이해를 구했고, 극적으로 협상을 타결하는데 성공한 뒤에야, 의무교육에 필요한 시설 공사를 시작한 것이다. 1999년 내가 가까스로 '협상'에 도달한 후에야 고등학교에 진학했던 현실은, 그 규모를 달리하여 지속되고 있다.

물론 최근에는 장애학생들도 대부분 예전보다는 높은 수준의 교육을 받고 있고, 상황은 점차 나아지고 있다. 그러나 일반 학교든 특수학교든 장애인이 교육을 받는 것은 여전히 가족 전체가 직면해야 하는 엄청난 도전이다. 경우에 따라서는 부모 중 한 사람이 생업을 접고 아이와 함께 학교에서 하루 종일 생활해야 한다. 지체장애인의 부모라면 아이를 업고 화장실을 들락거려야 하고, 시각장애인의 부모라면 곁에서 교과서를 읽어줘야 한다. 그렇게 해서 어렵사리 졸업을 시키면 사람들은 그들을 '장한 어머니', '장한 아버지'라며 추켜세운다.

그러나 길게는 16년에 달하는 이 길고도 외로운 싸움은 '장하다'라는 말 한마디로 보상받을 수 없다. 이러한 현실이 단지 교육기관의 무책임에서만 비롯되는 것은 아니다. 아직도 많은 사람들이 장애를 가진 아이는 따로 교육을 받는 것이 더 낫다고 생각한다. 그들은 장애아이들이 일반 교육기관에서 자신의 아이와 함께 교육받는 것을 불편하게 생각한다. 혹여 착한 내 아이가 그 아이를 돕다가 다치지는 않을까, 자기 공부를 제대로 못하는 것은 아닐까, 극단적인 경우는 장애아이의 행동을 따라하지는 않을까 염려한다.

다행히 내가 다닌 고등학교는 시설을 변경하고, 나의 입학을 여러모로 준비해주었다. 입학 후에도 다양한 방식으로 민교와 나의 학교생활에 관심을 가져주었다. 그러나 이 모든 것은 예외적인 일이며, 아주 많은 사람들이 함께했기 때문에 가능했다는 사실에 주목해야 한다. 지금 이 순간에도 많은 장애학생들이 자기가 진학하고 싶은 학교를 성적과 관계없이 단념하거나 아예 상급 학교 진학 자체를 포기하고 있다.

슈퍼 장애인 되기

처음 한 달간은 죽고 싶었다. 비가 오는 날 가파른 경사에서 넘어졌다. 나를 도와주던 친구도 함께 넘어졌다. 학교는 남녀공학이었다. 수많은 여학생이 지켜보는 앞에서 나는 앞으로 고꾸라졌고, 늘 발에 비해 크게 신고 다니던 구두가 벗겨져 날아갔다. 교복은 물에 젖었다. 한 여학생이 구두를 주워 주었다. 나는 머리를 가슴에 파묻고 차마 들지 못했다. 축축해진 바지, 흙이 묻은 손바닥, "저 사람 봐"라며 혀를 차는 소리가 들리는 듯했던 그때. 다행히 다친 곳은 없었지만, 그 순간 다칠 수 있는 내 존재 자체를 잃어버린 것 같았다.

기숙사까지 이어진 가파른 언덕은 오갈 때마다 두려운 길이었고, 반드시 누군가의 도움이 필요했다. 그러나 또래들보다 두 살이나 위인 데다가 휠체어를 탄 낯선 존재였던 나는 아이들과 쉽게 친해질 수 없었다. 게다가 내게는 그 모든 것을 뛰어넘는, 오토다케(《오체불만족》의 저자) 같은 친화력도 없었다. 기숙사생들이 나를 많이 도와주긴 했지만 내가 원하는 시간에 원하는 장소로 자유롭게 움직일 수는 없었다. 함께 다닐 친구를 찾기까지 내게는 하루하루가 고통스럽고 아슬아슬한 나날들이었다. 비가 오는 날의 가파른 경사, 그것은 그때의 생활 그 자체였다.

무엇보다 길게 줄을 서야 하는 점심시간, 혼자만 교실에 남아 있어야 하는 체육 시간, 다 같이 이동하는 예배 시간이 싫었다. 나는 1천 명의 아이들 가운데 유일하게 앉아 있는 존재였다. 엄청나게 큰 아이들이 내 머리 위에서 대화를 나누었다. 긴 식당 줄을 기다리는 동안 나는 어떤 대화에도 끼지 못한 채 머리 위에서 움직이는 세계를 우두커니 바라만 보아야 했다. 거대한 유리막이 둘러싸 나를 외부 세계로부터 갈라놓는 느낌이었다. 마치 특수 안경을 끼고 3차원 영상을 보는 영화관에 들어와 있는 것 같았다.

재활원에서는 주인공이었고 무대 위의 주연이었지만, 그곳에서 나는 초라하고 볼품없는 존재였다. 새로운 세계는 사실상 내 머리 위에 있었고, 나는 고개를 쳐들고 그 세계를 바라보는 관객 그 이상도 이하도 아니었다. 나는 무대의 배경조차 되지 못했다.

걷는 데 큰 불편은 없었지만 민교 역시 언어장애 때문에 힘든 시간을 보내고 있었다. 민교의 유쾌한 성격과 유머 감각, 재능은 그의 말을 잘 알아듣지 못하는 아이들에겐 전달될 수 없었다. 그러나 우리는 아무리 힘들더라도 첫 학기 동안은 서로에게 의지하지 말자고 다짐했다. 각자의 반에서 어떻게든 버텨보자고 결심했다. 우리 둘은 간단히 인사만 했지 함께 밥을 먹거나 공부를 하지는 않았다.

우리가 함께 다니지 않았던 것이 단지 각자의 공간에 적응하기 위한 전략이기만 했을까? 아마 그렇지는 않았을 것이다. 돌아보면 우리는 새로운 세계로 나가기 위해 서로를 부정하고 싶었는지도 모른다. 사회의 외곽에 위치한 사람들은 그곳에 함께 거주하며 절대적인 편안함을 느끼고, 사랑과 우정을 나누었던 사이라도 어쩔 수 없이 서로를 부정해야 하는 때를 맞는다. 아직 어렸던 우리는 그 모든 것을 초월한 당당함을 갖지 못했다.

어떻게 해야 우리가 다시 무대에 오를 수 있을까. 주연을 원하지는 않는다. 그러나 최소한 '등장'은 하고 싶다. 이른바 '슈퍼 장애인'이 되는 것. 그것이 나의 선택이었다. 슈퍼 장애인은 우선 사람들이 전혀 생각하지 못한 것들에 도전하고, 쾌활하고 과감한 성격으로 여러 장벽을 돌파해낸다. 언제나 자신감과 당당함으로 무장한 채 사람들의 시선 따위는 "내가 잘생겨서 쳐다본다"라고 할 만한 능청스러움도 있다. 공부는 당연히 잘해야 하고 운동 능력에 연애 능력까지 갖추어야 한다. 물론, 어떤 상황에서도 기죽지 않고 용기를 내는 '깡'은 기본이다.

먼저 나는 매주 재활원을 방문했던 바로 그 학생 동아리에 들어갔다. 재활원을 방문하려면 구리시에서 서울의 강변역까지 버스를 타고 이동한 후, 강변역에서 다시 경기도 광주까지 버스를 탄다. 그런 다음 광주 시내에서 재활원이 있는 곳까지 택시를 타거나 지나가는 차를 잡아타고 이동해야 한다. 내가 다니던 고등학교는 산 중턱에 있었으므로 돌아오는 길에는 구리 시내에서 다시 택시를 타고 기숙사까지 올라와야 한다. 이렇게 보면 적어도 하루에 일곱 번이나 차를 갈아타는 대장정이다. 나는 일단 이것을 시도했다. 그렇게 매주 재활원을 방문했다.

버스를 탈 때는 친구들이 버스가 서면 얼른 달려가 기사에게 잠시 기다려달라고 말한 후 버스를 대기시킨다. 그러고는 두 사람이 휠체어 앞뒤를 잡아 버스의 앞문으로 들어올린다. 버스마다 구조가 조금씩 달라 어떤 버스는 앞문으로 들어가는 것이 불가능하다. 그럼 다시 내려 뒷문으로 승차를 시도한다. 그러는 동안에는 버스 기사의 걱정스러운 또는 불만과 초조함이 뒤섞인 얼굴을 마주해야 하고, 쏟아지는 손님들의 시선을 한 몸에 받아야 한다.

한번은 한 친구와 단둘이만 재활원에 가게 되었다. 그날은 일단 친구가 나를 안아 버스 좌석에 앉힌 뒤 다시 내려가 휠체어를 들고 올라오는 방식을 택했다. 그런데 어두컴컴한 서울의 강변역에서 친구가 나를 먼저 태우고 휠체어를 가지러 내려간 사이에 버스가 출발해버렸다. 나는 뒷자리에서 "아저씨, 잠시만요!"라고 소리쳤으나 손님이 많아 아저씨의 귀에는 들리지 않았다. 친구는 당황해서 버스를 따라 뛰었다. 한참을 달린 후에야 버스는 멈춰 섰고, 나는 내릴 수 있었다.

열아홉 살이었던 우리는 그날 맥주를 마셨다. 친구는 내게 "야, 진짜 쪽팔려 죽는 줄 알았어"라고 말했다. 그렇다. 비장애인인 친구에게 그런 경험은 처음이었을 것이다. 가장 감성적이고 예민한 10대 청소년이었던 그는 휠체어를 들고 버스를 따라 뛰면서 모욕감을 느꼈을지 모른다.

그러나 나는 그래서는 안 됐다. 슈퍼 장애인이 되어야 할 내가 모욕감을 느껴 좌절한다면 자격 미달이 아니겠는가. 나는 모욕에 익숙해져야 했다. 장애인은 모욕을 견딜 수 있는 강력한 정신력을 갖추어야 한다. 사람들은 "그걸 모욕이라고 생각하면 안 되지"라고 말할지 모르지만, 그런 이야기를 할 때는 '네 장애를 생각해볼 때 그건 모욕이 아니다'라는 의미인지, 그건 누구에게도 모욕적이지 않다는 뜻인지 곰곰이 따져봐야 한다. 만약 전자라면 장애인이 모욕을 감수해야 할 필연적인 이유를 대야 할 것이다.

　나는 스스로를 단련하기 위해 혼자 '버스 타기'를 시도했다. 버스 앞에서 무작정 기다리다가 기사에게 부탁을 하는 것이다. 이건 엄청난 용기를 요하는 일이다. 버스의 문이 열리고 내가 그 앞에 있어도 기사는 내가 버스에 오를 수 있다고는 생각하지 않기 때문에 나는 분명하고 큰 소리로 탑승 의사를 밝혀야 한다. 마음씨 좋은 기사 분을 만나는 날이면 기사 분뿐만 아니라 온갖 손님들이 다 달라붙어 도와준다. 사실 이건 민폐다. 민폐를 끼쳐야 하는 사람은 그만큼의 죄책감과 그 죄책감을 감수해야 하는 자기 존재에 대한 모욕감을 동시에 감수해야 한다. 그러나 내가 누구인가. '슈퍼 장애인'이 아니던가. 이런 것쯤은 아무 것도 아니라며 넘길 수 있어야만 나는 살아남을 수 있다.

　모욕을 '쿨하게' 견디는 힘 이외에 슈퍼 장애인의 또 다른 조건은 과감한 도전과 주눅 들지 않는 용기이다. 나는 학생회장 선거에 출마했다. 사실 내가 당선될 가능성은 거의 없었다. 그러나 '회장 선거에 출마한 장애 청소년'이라는 타이틀을 달면 좀 더 '슈퍼맨'에 가까워질 것 같았다. 잘생기고 유능한 내 동기가 회장이 되었고, 나는 예상대로 떨어졌다. 수학여행 때는 장기자랑 시간에 전교생 앞에서 노래를 불렀다.

　한번은 휠체어를 장난삼아 고장 내려 했던 이른바 '날라리'

선배의 교실에 혼자 찾아가기도 했다. 책상에 엎드려 자고 있던 그에게 나는 "네가 내 휠체어 바람 빼려고 했냐?"라고 다짜고짜 물었다. 그건 무모한 짓이었다. 게다가 나는 겁이 많은 인간이다. 그는 나를 화장실로 끌고 가 문을 잠갔지만, 나에게 무력을 쓰지는 못했다. 그와 나는 잠시 그곳에서 대화를 나누었다. 그는 "나는 네 친구들처럼 그런 착한 애가 아니다"라고 말했다. 그러나 나보다 한 살 어린 그 '선배'는 사실 나약한 열여덟 살에 불과하다는 걸 나는 진작부터 알고 있었다. 슈퍼맨이 되고자 했던 나는 그의 불안감을 느낄 수 있었다. 나는 그에게 "나도 네가 생각하는 그런 착한 장애인이 아니다"라고 응수했다.

나는 두려움을 감추고 교복을 어깨 위까지 걷어 올렸다. 내 팔뚝에는 휠체어를 오래도록 밀어 다져진 근육이 있다. 내 신체에서 유일한 무력의 상징이다. 내 가슴은 심장이 뛰는 건지 떨고 있는 건지 구분이 되지 않았고, 머릿속에서는 내 두꺼운 팔뚝과 유리 같은 다리가 동시에 떠다니며 이런저런 상황을 예측하느라 바빴다. 그런데 잠시 뒤 그는 갑자기 자기가 한 일을 사과했다. 그래서 나도 그에게 반말한 것을 사과했다. 선생님은 그에게만 벌을 내렸다. 내 팔뚝의 승리였을까? 어쨌든 그것은 좀 미안한 일이다.

가장 달랐지만 가장 가까웠던 친구, 천명륜

슈퍼맨 되기는 결코 쉽지 않았다. 앞서 밝혔듯 나는 몇몇
유명한 장애인들과 같은 '전기적인' 장애인이 아니다. 게으르고,
겁이 많으며, 친화력도 떨어졌다. 직설적으로 말하는 편이었고
친절함이라고는 찾아볼 수 없다. 슈퍼맨이 되겠다며 발버둥을
쳤고 몇 가지 모험적인 시도를 했지만 나에겐 학교생활에
적응하는 것부터 쉬운 일이 아니었다.

하지만 나이도 많고, 성격도 까칠한 나에게도 서서히
좋은 친구들이 생겼다. 기숙사에 들어간 지 얼마 되지 않아
같은 학년인 천명륜이라는 친구와 룸메이트가 되었다. 녀석은
강릉에서 중학교를 나왔다는 사실 때문에 나와 공통 화제가
제법 있었다. 그러나 나는 이 녀석을 전혀 신경 쓰지 않았다.
녀석은 공부에는 아무런 취미도 없었다. 학교 밖에서 다른
학교 학생들과 싸움을 해서 기숙사 전체를 발칵 뒤집어 놓기
일쑤였고, 하는 일이라고는 만화책을 보고 게임을 하는 것밖에
없었다.

나는 명륜이를 그저 그런 한심한 고등학생이라고 생각했다.
'내가 너처럼 건강한 몸이었다면, 절대 그렇게 안 산다'라고
생각했다. 나는 내 신체에 대한 열등감을 만회하기 위해 열심히
공부하고, 자신을 높이 평가하려 애쓰곤 했다. 우등생인

척하지는 않았지만 미래에 대한 계획이라고는 전혀 없어 보이는
아이들을 경멸했다. 명륜이는 그런 아이들 중 하나로밖에
보이지 않았다.

명륜이가 내 방으로 옮긴 후 얼마가 지났을까. 어느 새벽
나는 요로결석으로 극심한 통증을 느끼며 잠에서 깼다. 놀란
명륜이가 나를 안고 병원으로 뛰었다. 여자 아이들을 어떻게
유혹할까 하는 생각으로 머릿속이 가득 차 있고, 만화나
게임에만 정신이 팔린 것처럼 보였던 녀석은 그날 병원에서
밤을 꼬박 새우고 다음 날 제대로 씻지도 못한 채 등교를 했다.

나는 이 녀석과 내가 완전히 다른 세상에 살고 있다고
생각했다. 장애를 가진 나는 도무지 그 따위 관심사로 가득
찬 녀석과는 친구가 될 수 없다고 여겼다. 적어도 장애를 가진
나의 몸에 관대하고 타인을 배려하는 마음과 지적인 성숙함을
갖춘 고등학생만이 나와 가까운 친구가 될 수 있다고 생각했고,
그런 친구를 찾고 있었다. 그런데 이날 이후로 나는 명륜이와
가장 가까운 사이가 되었다.

명륜이가 즐기던 모든 것에 나는 단 하나도 참여할 수
없었다. 운동을 할 수도 없었고, 게임도 전혀 하지 않았다.
반대로 명륜이는 공부에 전혀 취미가 없었다. 그런데도 그는
늘 나와 함께 다녔다. 언제나 내 휠체어를 밀었다. 기숙사의
가파른 언덕을 우리는 늘 함께 올랐다. 나는 명륜이와 함께

고향을 떠난 지 5년 만에 처음으로 강릉을 방문하기도 했다.
할머니는 명륜이의 손을 꼭 붙잡고, "학생한테 정말 고맙다"
라며 인사를 했다.

　우리가 어떻게 친해질 수 있었는지 나는 알지 못한다.
다만, 우리 사이에 존재했던 몇 가지 공통점은 기억하고 있다.
명륜이는 종교에 대한 신념이 거의 없었지만 부모님의 권유로
미션 스쿨인 우리 고등학교에 진학했다. 형제가 없었던 녀석은
늘 외로워했고, 무엇인가를 성취해야 한다는 부담도 안고
있었다. 그러나 자신이 잘 해내지 못하는 것들을 회피하려고
부단히 애를 썼다. 그 회피 수단이 바로 게임이었고, 만화였고,
운동이었다.

　내가 나의 존재를 인정받기 위해 공부를 했다면, 명륜이는
자신의 존재를 인정받을 수 있는 세계를 찾아 들어갔다.
그러나 어느 세계에도 우리는 제대로 마음을 두지 못했다.
언제나 불안했고, 어떤 탈출구를 갈망했다. 명륜이와 나는
서로에게 그러한 존재가 되었다. 명륜이는 공부를 잘하는
나를 자랑스러워했고, 나는 명륜이의 뛰어난 운동 신경과
아이들 사이에서 언제나 유쾌하게 분위기를 주도하는 모습을
자랑스러워했다.

　명륜이와 친해진 이후로 나는 언제든 내 휠체어를 밀어줄
좋은 친구들을 많이 만나게 되었다. 그 아이들은 대개 매우

선량하고 타인에게 우호적이었으며, 공부에 관심이 많아 나와 대화를 나눌 수 있는 화제가 풍부했다. 그들 중에서 명륜이는 나와 가장 다른 존재였지만, 역설적으로 우리는 가장 가까운 사이였다.

명륜이와 나는 많은 일을 함께했다. 기숙사를 몰래 빠져나와 라면을 사먹고, 수백 미터나 되는 긴 언덕길을 걸어 올랐다. 남들 눈에는 명륜이가 나를 일방적으로 돕는 것처럼 보였겠지만, 놀랍게도 명륜이의 어머니는 내게 가끔씩 전화를 걸어 명륜이와 친하게 지내줘서 고맙다고 했다. 장애를 가진 친구를 둔 아이의 부모는 보통 자기 아이가 친구를 돕다가 오히려 다치게 하지는 않을까, 그 친구와 함께 다니다가 비장애인 친구들과 어울리지 못하는 건 아닐까 걱정하는 법이다. 그러나 명륜이의 어머니는 오히려 내가 명륜이에게 좋은 형이 되어주고 있다면서 고맙다고 말했다. 고등학교 졸업식 날도, 명륜이의 부모님은 우리 부모님에게 그동안 감사했다고 말했다.

명륜이는 스무 살에 오토바이 사고로 죽었다. 내가 대학에 입학하고, 이어서 명륜이도 대학에 입학했지만 졸업 후 몇 번밖에 만나지 못했다. 명륜이는 내가 다니는 대학에 놀러와 "나도 여기서 형하고 같이 다녔으면 좋겠다"라고 말했다. 그러면서 나더러 얼른 여자 친구 좀 사귀라고 말했다. 내가 나 자신을 자꾸 숨겨서 그렇지, 나를 잘 알고 나면 어떤 사람이든 나를 좋아할 거라고 말해주었다. 학교 선생님들과 기숙사 사감 선생님들에게 명륜이는 문제아였고 열등생이었다. 그러나 녀석은 내 가치를 인정해준 몇 안 되는 사람 중 하나였다.

천명륜과 나 그리고 고교 친구들 몇몇이 함께 글을 쓰던 공간에 그는 죽기 직전 마지막으로 글을 올렸다. 우연히도 그것은 나에 대한 내용이었다.

사람에게 정해진 궁합이란 것은 없다. 서로 얼마나 이해하고, 얼마나 진실하게 곁에 있어줄 수 있는지, 그런 노력 여하에 따라 궁합이라는 것이 맞을 수도 있을 뿐이다.

원영이 형…….

원영이 형은 현실을 벗어나려는 욕망이 있고, 또 그에 따른 실천력이 뒷받침되었다. 방이 지저분한 걸 싫어했고, 핸드폰에 관해선 쪼잔했으며, 여자들 앞에선 무게 잡길 좋아했고, 감정 기복이 심했으며, 밤에 자주 배고파했다.
(…)
노래 부르길 좋아했다. 돈을 아껴 쓰려 노력하고, 누구보다 부정적인 현실을 벗어나고 싶어 했다. '친구+핸디캡'이라는 단어를 적절히 이용할줄 알았고, 군말 없이 자신을 따르게 하는 매력이 있었으며, 턱이 길었다.

내가 아는 김원영은 대충 이 정도다. 가끔씩 언덕을 오를 때면, 어김없이 형이 떠오르고는 한다. 그 기억이란…… 한 폭의 수채화 같은 것은 결코 아니다. 가끔 펼쳐보면 실소를 자아내는 초등학교 때의 그림일기 정도? 사실 우린 별로 한 일이 없었다. 그냥 같이 살면서 말장난이나 하고 어디 갈 때 같이 놀러가고 형이 말한 대로 서로의 치부를 알아가며 서로에게 실망하기도 하고 또 실망한 만큼 다시 좋아져버리고……. 원영이 형의 치부를 알아버린 것이, 그 사람이 더 좋아져버린 이유인 듯하다.

(…)

같이 걸을 때 가끔 원영이 형과 어깨동무를 한 채 걷고 싶다. 허나 그런 적이 없고 그럴 수도 없을 것이다. 대신 휠체어 손잡이로 그 느낌이 전해져오기도 하여, 형의 뒤에서 뒷머리를 바라보며 같은 눈높이에서 세상을 바라본다. 그 높이에서 세상을 바라보면 '불리함'이란 단어가 '특별함'으로 바뀌어 있다. 아마 형의 마법은 불리함을 특별함으로 바꾸는 그 무엇이 아니었을까?

2003. 7. 12. 천명륜

나는 지금도 천명륜에 대한 꿈을 꾼다. 녀석은 꿈마다 나타나 자신의 죽음은 사실이 아니고 어떤 이유 때문에 세상에서 도피해야 해서 거짓말을 퍼뜨린 거라며 나를 안심시킨다. 넉살 좋은 녀석의 반응에 나도 웃는다. "그럼 그렇지, 망할 녀석." 나는 대꾸한다.

내게 녀석이 이토록 강렬하게 남은 이유는 단지 고교 시절을 함께했기 때문만은 아니다. 나에게는 삶을 함께한 많은 친구들이 있으며, 그들은 언제나 나를 지지하고 헌신적으로 도와주었다. 그러나 천명륜은 항상 내 휠체어를 밀고 다니면서도 언제나 내가 그를 돕고 있다고 생각하게 만든 거의 유일한 친구였다.

녀석과 나는 큰소리로 말다툼을 한 뒤에도 묵묵히 함께 움직였다. 그때 우리는 그가 나를 일방적으로 돕고, 나는 도움을 받기만 하는 관계가 아니었다. 그랬다면 싸우고 나서 곧장 그가 내 휠체어를 밀 수는 없었을 것이고, 나 역시 거부했을 것이다. 하지만 우리는 그렇게 이동하면서 완전히 새로운 방식으로 관계를 맺었던 것 같다. 그 관계란 공통의 관심사를 나누거나 필요한 도움을 주고받는 친구를 넘어서, 서로 다른 세계에 발을 딛고 서 있으면서도 항상 당연하게 연결되어 있는 어떤 것들의 '사이'였다. 서로 완전히 다르지 않기 때문에 단순히 상대의 부족한 점을 채워주기만 하는 것이 아니며, 서로 동일하지도 않기 때문에 무엇인가를 공유하고 공감하기만 하는 것도 아니었다.

무엇보다 나는 장애를 이해한다는 것이 반드시 정치적으로 올바른 태도와 지식을 몸에 익히거나 종교적 신념에서 비롯한 헌신과 배려에 기반하는 것은 아니라는 점을 깨달았다. 어떤 사람들은 별다른 교육을 받지 않아도, 세상에 대해 특별히 이타적이거나 헌신적으로 살아야겠다고 마음먹지 않아도 자연스럽게 자신과 다른 존재들이 함께 만들어갈 새로운 관계, 새로운 삶의 방식, 새로운 가치를 찾아내는 데 능숙하다. 오히려 그런 사람들일수록 강력한 신념을 갖고 있지 않은 경우가 많다.

나는 명륜이와 함께 보낸 고교 생활에서 그러한 가능성을 발견했고, 사람을 섣불리 평가해서는 안 된다는 사실을 배웠다. 대학에 진학해 온갖 봉사활동을 찾아다니고 진보적인 정치 담론을 떠들어도 내가 전혀 다가갈 수 없는 확고한 세계에 발을 딛고 있는 사람들이 많다는 사실에 내가 그다지 당황하지 않았던 이유도 그 때문이었다.

그렇게 나는 고교 생활에 점차 익숙해졌고, 월드컵 열기가 한창이던 2002년에 수능시험을 치렀다. 1996년에 한글과 사칙연산만 아는 상태에서 처음으로 검정고시를 본 이후 특수학교를 거쳐 정규 교육과정에서 배운 내 모든 지식이 평가되었다. 나는 여러 가지 조건이 적절히 뒷받침된 덕분에 서울대학교 사회과학대학에 합격했다. 졸업식 날 대표로 글을 읽게 된 나는 3년 전 내 입학을 거부했던 학교에 불만을 표시하기도 했다. 입학 전에 나를 면담했던 선생님이 다가와 "그때는 학교 시설이 워낙 좋지 않아서 너를 받아들이기를 주저했던 거다. 이해해주었으면 좋겠다"라고 말했다.

나는 고등학교 3년 동안 슈퍼맨이 되고 싶었다. 좋은 친구들을 많이 만난 덕분에, 완전한 슈퍼맨이 되지는 못했지만 낙오하지는 않았다. 기숙사비가 10개월씩이나 밀린 적도 있지만 찬오 형의 후원회와 부모님이 어렵사리 보내주시던 생활비 그리고 학교의 이런저런 지원으로 3년을 큰 탈 없이 버틸 수 있었다.

스물한 살이 되어 고등학교를 졸업한 나는 스스로 강한 자부심을 느꼈다. 드디어 내가 '바깥세상'에서 보란 듯이 살아남은 것이다. 이 자부심이 앞으로 내게 어떤 영향을 끼칠지는 알 수 없었지만, 나는 이 자부심을 가슴 가득 품고 당시 내가 '바깥세상의 중심'이라고 생각했던 곳으로 나아갔다.

3

새로운
몸의 기억
만들기

모든 국민은 능력에 따라
균등하게 교육을 받을 권리를 가진다.

- 대한민국 헌법 제31조 제1항

추락하는 것에는 바퀴가 있다

"김원영 군, 저는 02학번 ○○○인데요. 오티에 꼭 참석하세요."
선배에게 연락이 왔다. 나는 세상의 중심에 섰다(고 믿었다).
드디어 실감이 났다. 서울대생이 되어 장애인의 '열등한' 지위를
극복하고, 이제 평범한 20대로 살아볼 기회가 왔다고, 나는
생각했다. 물론 당장은 걱정이 앞섰다. 우선 서울까지 어떻게
갈 것이며, (당시에는 '가격 대비 최고 효용'인 나의 중고차가 없었다).
술자리나 새내기 오리엔테이션 때는 어찌 이동할 것인가.
    고등학교의 가파른 언덕은 겨울에는 빙판이 되었다. 그래서
등하교 때마다 거의 목숨을 걸어야 했다. 친구들 넷이서
올라가다가 다 같이 미끄러진 적도 있다. 그런 고등학교를
졸업한 내가 무엇이 두려웠겠는가. 하지만 문제는 역시나
간단하지 않았다.

나는 가까스로 참석한 오리엔테이션에서 이른바 '교양'과 '수강신청'에 대한 선배들의 재미없는 설명만 듣고 도망쳐야 했다(선배들에겐 미안한 일이지만). 대학 캠퍼스는 너무 넓었고, 교복을 입고 작은 교실에서 하루 종일 묶여 있던 고등학교와 달리 그 넓은 공간을 쉴 사이 없이 역동적으로 움직여야 하는 것이 대학 생활이라는 것을 뒤늦게 깨달았기 때문이다.

물론 나를 도와주겠다는 동기들이 있었지만, 나는 태어나 처음 보는 얼굴들 앞에서 짐짝처럼 들리는 것이 두려웠다. 술집, 식당 등이 모여 있는 신림동은 나에겐 너무나 먼 곳이었고, 택시를 타고 간다고 해도 술집은 모두 지하나 2층에 있었기 때문에 들어가기가 쉽지 않았다. 수년간 '들림'에 익숙한 몸이라지만 대학 친구들과의 첫 대면에서 그처럼 나약하고 의존적인 이미지로 각인되고 싶지는 않았다. 서로 돕고 의지해야 할 평등한 관계에서 처음부터 일방적으로 도움을 받는 일은 언제나 불편하기 짝이 없다.

그러나 도망치는 길도 만만치 않았다. 택시를 타기 위해 정문으로 열심히 휠체어를 밀고 갔지만 한참을 기다려도 택시가 잡히지 않았다. 다시 반대 방향으로 돌아왔으나 그쪽은 전부 오르막길이었다. 한겨울인데도 땀이 흘렀다. 잘나고 똑똑해 보이는 대학생들이 옆을 지나쳐 갔다. 숨이 차오르고 온몸이 서걱거렸다. 대기권 어딘가에 구멍이 뚫려 지구상의 공기가 모조리 빠져 나가버린 느낌이었다.

가까스로 택시를 잡아타고 지하철역으로 향했다. 나는 어서 빨리 친구 집으로 가고 싶었다. 그곳에서 내 장애와 내 처지를 털어놓고 함께 화를 내줄 그 '익숙함'에 몸을 누이고 싶었다. 그러나 지하철역으로 내려가기 위해 지나가던 사람 두 명을 섭외(?)하는 데만 30분이 더 걸렸다. 그곳이 '세상의 중심'이며, 그곳의 학생들은 그 중심부의 거주민이라는 생각이 나를 더없이 비참하게 했다. 이렇게 나는 첫날부터 참혹한 추락을 맛보았다. 추락하는 것에는 필연적으로 바퀴wheelchair가 있는 것일까?

따스한 봄날이 시작되면서 캠퍼스는 활력 넘치는 스무 살들로 가득 찼다. 화사한 옷을 입거나 당당하게 몸을 노출한 건강하고 재능 있는 20대의 에너지가 벚꽃이 만개한 관악산 자락을 가득 덮었다. 그곳은 내가 진정 원하던 세상의 중심이었다. 그러나 그 중심에는 고등학교에 처음 입학했을 때처럼 어디에도 내가 있을 곳이 없었다. 나는 대학생으로 불리긴 했지만 사실상 대학생이 아닌, 태양계의 행성이긴 하지만 사실상 행성 취급을 받지 못한 명왕성 같은 인간이었다. 명왕성은 결국 태양계에서 퇴출된다.

불편하고 어색한 환경. 그럼에도 나는 늘 그래왔듯이 내 장애를 타인에게 각인시키지 않기 위해 가능한 한 도움을 받지 않아야 한다고 생각했다. 최대한 능동적이고 적극적인 모습을 보이지 않으면 순식간에 수동적이고 열등한 인간으로 추락한다. 하지만 능동적이고 적극적으로 살기에 서울대는 너무나 넓었고, 대학이라는 곳 자체도 너무나 동적이었다. 사방이 능동적이지 못해 안달이 난 인간들로 가득 차 있었고, 그렇게 살아야 한다는 명령을 받기라도 한 것처럼 다들 온 힘을 다해 살고 있었다. 이런 곳에서 나 정도의 적극성은 명왕성에 비치는 햇빛만큼도 눈에 띄지 않았다.

덕분에 나의 추락은 계속되었다. 나는 수업조차 마음대로 선택할 수 없었다. 학교 전체를 돌아다니며 1층에 있는 강의실, 턱이 없는 건물, 오르막이 가장 덜한 곳 등을 조사해야 했다. 한쪽 팔에 전공 서적을 끼고 친구들과 대화를 하며 수업에 들어가는 대학생의 모습은 내 현실에서는 전혀 가능하지 않았다.

나는 오르막을 간신히 올라 건물 앞에 다다르고, 그 다음에는 지나가는 사람들의 도움을 받아 겨우 강의실에 들어가곤 했다. 기숙사 식당과 매점 건물은 모두 계단 위에 있거나 오르막을 올라야 갈 수 있는 곳이었다. 나는 밥을 먹기조차 힘들었다. 오리엔테이션에서 빠져나온 후로 신입생을 위한 행사에 거의 참여하지 않은 탓에 몇 명 있지도 않은 친한 동기들에게조차 부탁밖에는 할 게 없었다. 비가 오는 주말이면

식당에 갈 수 없어 밥을 굶어야 했고, 빨래를 하거나 매점에서 컵라면을 하나 사는 것까지 동기들에게 전화를 걸어 부탁해야 했다. 나는 입학 후 2년이 지나서야 기숙사 매점 직원의 얼굴과 매점의 내부 구조를 알았다.

고교 생활은 이미 각오를 하고 출발했었다. 가파른 언덕과 엄청난 이질감 속에서 새로운 삶을 시작해야 한다는 단호함이 있었다. 대학은 그 험난한 영역을 넘어서 도달한 곳이었다. 그러니 이제는 조금 편해지고 싶었다. 하지만 끝난 것은 아무것도 없었다. 대학 생활의 로맨스, 영화나 드라마에서 볼 수 있는 뜨거움과 아름다움 같은 것들이 어디 있기나 한 것인지 의문이 일었다. 나는 이 학교의 학생이 아닌 것 같았다. 그저 잠시 대학으로 캠퍼스 투어를 왔다가 길을 잃어버린 초등학생 같은 기분이었다. 그 엄청난 활력과 역동성 속에서, 매혹적일 만큼 찬란했던 봄날의 캠퍼스에서 나는 아무런 즐거움도 느낄 수 없었다.

계속 이렇게 살 수는 없다

언론이 관심을 갖기 시작한 것도 그 무렵이었다. 서울대에 입학한 장애학생들이 어려움을 겪는다는 소문이 퍼져 여러 언론사에서 인터뷰를 요청해왔다. 장애학생 가운데 몇몇은 문제의 심각성을 알리기 위해 인터뷰에 참여했다. 나도 몇 군데서 인터뷰 요청을 받았다. 기자들은 남들에게 들려 계단을 올라가는 모습, 계단 앞에서 위를 바라보며 탄식하는 모습 등을 카메라에 담기 원했다. 그래야만 문제가 제대로 부각된다는 것이다. 나는 왜 내가 어차피 올라가지도 못할 계단 앞에서 하염없이 위를 바라보며 탄식해야 하는지 알 수 없었다. 물론 메시지를 전달하기 위해서는 연출이 불가피할지도 모른다. 그것이 거짓은 아니기 때문이다. 그러나 언제까지 비극을 꾸며내 세상을 울리고, 거기서 일정한 감동을 이끌어내는 방식으로 살아야 하는지 나는 답답했다.

몇몇 학생들이 자신의 상황을 세상에 알리기 위해 언론 보도에 응했다. 영향력 있는 메시지를 전하는 경우도 있었지만, 엄청난 비난에 휩싸이는 이들도 있었다. 한 동기는 인터뷰 중에 학교가 산에 있는 탓에 언덕과 계단이 많아 매우 불편하다는 내용의 말을 했다. 인터뷰가 뉴스를 통해 나간 다음 날 한 학과의 익명 게시판에는 "그럼 도대체 뭣하러 이렇게 산에 있는 학교에 왔느냐", "학교 이미지만 실추시킨다" 등의 글이 올라왔다. 원하는 학교의 원하는 학과에 입학할 조건을 갖췄으면서도 그 학교가 산에 있다는 이유로 포기할 고등학생은 아마 없겠지만(게다가 한국의 대학은 대부분 산에 있지 않은가!) 우리는 그러한 비난을 감수해야 했다. 명왕성 주제에 태양까지의 거리가 너무 멀다고 불평할 수는 없었다.

나를 괴롭힌 것은 계단으로 둘러싸인 강의실만이 아니었다. 언론의 지나친 관심과 장애인에 관한 문제의식을 모아보자며 접근하는 학생들이 나를 숨 막히게 했다. 나는 당장 내 앞에 놓인 계단을 올라야 했다. 그것은 나 혼자서는 할 수 없는 일이었다. 그러니 언제까지 그렇게 지낼 수는 없었다. 결국은 하나된 목소리가 필요했다. 그 안에는 내 목소리도 있어야 했다. 그러나 그렇게 하기 위해서는 "나는 장애인이다. 내 권리를 보장하라"라고 말해야 했다.

나는 태어날 때부터 뼈가 부러졌다. 열다섯 살부터 휠체어를 타고 살았다. 내 양팔은 그것에 적합하게 성장했다. 내게는 장애인이라는 사실을 공식적으로 인정하는, 주민자치센터에서 발급해준 복지카드가 있다. 휴대폰 요금은 30퍼센트나 할인받는다. 학교에서는 장애학생을 위한 장학금을 받는다.

그렇다. 나는 장애인이 맞다. 그러나 내가 장애인이라는 사실과 "나는 장애인이다"라고 외치는 것은 전혀 다른 문제였다. 나는 장애인 중 50퍼센트가 초등학교만 졸업하는 대한민국에서 서울대학교에 다니는 대학생이었다. 나의 자부심과 나의 꿈 앞에서 또다시 장애인이라는 정체성을

내세우고 싶지는 않았다. 추락하고 싶지 않았다. 나는 장애와
아무런 관련 없이 살 수 없을까. 그냥 휠체어를 타고 다니기는
하지만 주위 사람들이 내가 장애인이라고는 전혀 느끼지 못할
정도의 능력, 직업, 학식, 유머, 경쾌함 같은 것을 갖출 수는
없을까.

　　세상은 내게 끊임없이 "나는 장애인이에요. 학교에
다니기가 너무 힘들어요"라는 말을 듣기 원했다. 몇몇 선배들이
찾아와 내게 목소리를 함께 내자고 제안했다. 나는 연극
동아리에서 연극을 하고 싶었고, 밴드부에도 들고 싶었으며,
두꺼운 전공 책을 옆구리에 끼고 캠퍼스를 활보하면서 저녁엔
과외를 하고 여자 친구의 집 앞에서 몇 시간이고 그녀를
기다리고 싶은 스물두 살의 신입생이었다. 왜 나는 그토록
어려운 '커밍아웃'을 강요당해야 하는가. 그러나 내게는
별다른 도리가 없었다. 나는 연극이나 연애는커녕 기숙사에서
컵라면을 사먹을 수조차 없었다.

　　2003년 초 서울대에서는 '장애인권연대사업팀'이 본격적인
활동을 시작했다. 2002년부터 학내에서 수화를 배우고 장애인
문제를 고민하던 중앙 동아리 학생들과 법과대학에 속한 인권
동아리 그리고 언론정보학과 학생들이 모여 장애학생들의
현실을 알리는 영상물을 만들어 상영했다. 그것은 당시

학내에서 제법 주목을 받았다.

발목을 다쳐 몇 달간 힘겹게 캠퍼스를 오가던 한 비장애인 학생이 그 영상물을 우연히 접하고는 장애 문제에 본격적인 관심이 생겨 영상물을 만든 학생들을 찾아왔다. 사법 시험을 준비하느라 정신이 없었던, 그러나 인간에 대한 관심과 애정이 충분했던 한 괴짜 대학원생*도 그 영상물에 이끌려 찾아왔다(그는 이라크전쟁이 발발했을 때, 중앙도서관에 "고시생들이여, 전쟁에 반대해 일어나라"라는 '고시생 대자보'를 붙였다). 이어서 공과대학에서 쉴 새 없이 떨리는 손으로 힘겹게 실험을 하고 답안지를 작성하던 지체장애인, 미대와 경영대에서 교수의 '뻐끔거리는 입'만 하염없이 바라보던 청각장애인들이 합세했다. 그렇게 모인 사람들이 '장애인권연대사업팀'이라는 긴 이름의 단체를 만들었다.

장애인권연대사업팀은 먼저 학내 장애학생들의 교육 실태를 조사했다. 청각장애학생들은 친구들의 노트에 의존해

---

* 그는 바로 2018년 양승태 전 대법원장의 사법농단사건과 관련해 대중에게 알려진 차성안 판사다. 당시 법원행정처는 그를 사찰한 후 양 전 대법원장에게 보고했다. 그의 흠결을 찾으려던 사찰보고서에서조차, 그가 2002년 대학 시절부터 장애인법에 관심을 가지고 장애인 인권 증진에 크게 기여했다고 썼다. 실제로 차성안 판사는 지금까지 장애인 인권에 관해 여러 연구논문을 발표해왔고, 한국의 많은 법률가들은 그가 쓴 논문에서 장애인 인권 및 장애인법에 대한 고민을 시작한다.

시험을 볼 수밖에 없었고, 손에 장애가 있어 필기 속도가 느린 뇌병변장애학생들도 별 다른 지원 없이 수업을 듣고 시험을 봐야 했다. 한 장애학생은 교수에게 이메일을 보내 자신의 필기 속도가 느리니 강의록 같은 것을 제공해주면 좋겠다고 부탁했는데, "자네가 그것을 이기고 좋은 성적을 냈을 때, 그 성취감은 훨씬 클 걸세"라는 답변이 돌아왔다.

서울대는 2004년까지 장애인에게 전액 장학금을 지급했다. 대부분의 장애학생들이 따로 아르바이트를 하기 어렵고, 부모들이 생업을 포기하고 학교에 함께 다녀야 하는 경우도 있었기 때문에 이러한 장학금은 분명 의미 있는 것이었다. 그러나 그것은 어떤 측면에서는 독이 되었다. 장애인권연대사업팀에서 실태 조사 이후 학교 본부에 찾아가 이런저런 것들을 건의했는데, 학교 측에서는 "등록금도 내지 않으면서 너무 많은 것을 요구한다"라고 답하기도 했다.

실제로 장애학생이 대학에 시설이나 정책의 변화를 요구할 권리가 있을까? 우리는 '등록금도 내지 않는' 학생들이었다. 그런데 무엇을 근거로 학교 건물에 엘리베이터를 설치하라든가, 청각장애학생을 위해서 교수의 강의를 문자로 통역하는 사람을 고용해달라고 건의할 수 있겠는가. 나는 장애인권연대사업팀의 학내 활동에 대해 알고 있었다. 그들은 나를 찾아와 학교에서 어떤 부분들에 불편함을 느끼고 있는지, 무엇이 개선되었으면 좋겠는지 물었다. 하지만 나는 그 모든 것이 분명하지 않았다. 나는 스스로에게 물었다.

'나는 불행하게도 내가 맞닥뜨린 이 환경을 스스로 넘어서야 하는 게 아닐까? 겨우 몇 십 명의 장애학생을 위해 학교 환경을 바꿔달라고 요구하는 것은 염치없는 짓이 아닐까? 그런 어려움을 스스로 극복해야 비로소 '슈퍼 장애인'이 되는 건 아닐까?'

혼란스러운 가운데 나는 내 앞에 놓인 계단, 내 앞을 걸어가는 이 대학 '주인'들의 뒷모습을 올려다보았다. 그들은 변함없이 당당했고 아름다웠다. 반면 나는 여전히 컵라면을 사기 위해 고군분투하고 있었다. 그리고 그때 우리 사회에서는 작지만 거대한 변화가 진행되고 있었다.

지하철 선로 위에 누운 사람들

어느 날 저녁 한 지하철역. 퇴근하는 직장인들과 집으로 돌아가는 학생들이 삼삼오오 모여들었다. 1분이라도 빨리 집에 들어가 침대에 눕고 싶은 50대 남성, 남자 친구와의 저녁 약속을 기다리는 20대 여성. 무거운 가방을 짊어지고 오늘 끝난 시험에 대해 고민하던 고등학생……. 정신없고 피곤한 일상이지만 여느 때와 같은 도심의 저녁 시간이었다.

갑자기 어디선가 웅성거리는 소리가 들리고 한 무리의 사람들이 몰려온다. 일군의 청년들과 그 또래의 혹은 조금 더 나이 들어 보이는 사람들이 승강장 주변에 모인다. 사람들의 시선이 집중된다. 무리 중 몇몇은 팔다리가 뒤틀리고, 표정이 어그러진 채 휠체어를 타고 있다. 호기심 어린 시선과 불쾌하다는 혹은 안타깝다는 시선이 내리꽂히는 사이 그들은 서서히 휠체어에서 내린다. 바닥에 앉은 그들은 장애가 없는 사람들의 도움을 받아 지하철 선로로 내려간다. 놀란 사람들이 비명을 지르고 뭐 하는 짓들이냐고 소리친다. 누군가는 말문이 막혀 아무 소리도 하지 못한 채 그 장면을 지켜본다. 그들이 선로 위에 드러눕는다. 전동차가 들어온다는 안내 방송이 나온다. 선로로 바람이 불어 들고, 전동차의 브레이크 소리가 점점 커진다. 그들은 오히려 철로 위에 몸을 묶는다. 뒤틀어진 팔이 힘겹게 차가운 바닥에 닿는다. 지하철역의 직원들이 뛰어 내려오고 전동차가 급정거를 한다. 도대체 이 무슨 짓이란 말인가.

장애인들이 지하철을 세웠다. 그러고는 "지하철을 타고 싶다"라고 외쳤다. 지하철역에는 '휠체어 리프트'가 설치되어 있지만, 그동안 이 기계를 이용하던 장애인들 몇몇이 추락해서 죽거나 다쳤다. 결국 2001년 오이도역에서 일어난 장애인 추락 사고를 계기로 장애인들은 엘리베이터 설치를 요구하며 선로로 내려간 것이다.

1분이라도 일찍 집에 들어가 지친 몸을 누이고 싶었던 사람은 이제 호기심을 넘어 화가 나기 시작했다. 여기저기서 비난의 소리가 들렸다. 한 노인은 "세상이 좋아지니 장애자들까지 나와서 데모를 한다"라고 외쳤다. 자유주의적 사고로 무장했을 법한, '장애인의 헌법적 기본권'과 같은 세련된 말을 달고 살 듯한 젊은이도 "요구는 정당하지만 방법이 틀렸다. 왜 아무런 죄 없는 시민들의 발을 묶는가"라고 비난했다.

그곳에 나선 장애인들은 누구였을까. 장애인의 권리를 온전히 이해하고, 지하철 선로를 점거하는 '불법 행위'를 시민불복종이라는 오래된 헌법 이론으로 정당화할 수 있는 장애인일까? 전혀 그렇지 않다. 그곳에 모인 사람들은 교육과정에서 소외되어 초등학교도 졸업하지 못한, 수용시설에 들어가 수십 년씩 갇혀 생활했던 이들이 대부분이었다.

장애인에게는 지하철 요금이 무료다. 그러나 장애인은 지하철을 탈 수 없다. 지하철은 '대중' 교통수단이지만 장애인은 대중이 아니다. 바로 이러한 부조리와 세상에 본격적으로 등장하고자 했던 장애인들의 오랜 욕망이 지하철을 멈췄다.

1960년대 미국에서도 비슷한 일이 있었다. 휠체어를

이용하는 한 장애 여성이 어느 날 버스를 세웠다. 버스 기사는 휠체어용 리프트가 고장 났다는 이유로 승차를 거부했다. 이에 항의하기 위해 그녀는 버스가 움직이지 못하도록 막아섰다. 버스 안의 승객들이 수군거렸다. 시간이 흐르자 승객들은 점차 짜증을 내기 시작했고, 도대체 왜 아무런 죄도 없는 자기들의 발을 묶고 항의를 하느냐고 비난했다. 그러자 그녀는 버스 안의 승객들에게 이렇게 말했다.

"정말 미안하게 생각한다. 그러나 현실을 변화시키기 위해 여러분이 조금만 참아주기 바란다. 우리는 늘 이렇게 살아왔다."

한국 사회에서도 오래 전부터 장애인의 인권을 보장하기 위한 운동이 다양한 방식으로 이어져왔다. 그 움직임이 가장 폭발적으로 나타난 것은 바로 지하철과 버스 점거로 상징되는 2001년의 장애인 이동권 운동이다. '이동권'이라는 말을 만들어내기도 한 이 운동은 너무나 자연스럽게 버스나 지하철을 타고 이곳저곳을 이동하는 일상을 법적 용어인 '권리'로 만들었다.

그동안 사람들은 장애인들이 집 안에서 지내야 하는 것은 안타깝지만 어쩔 수 없는 일이라고 여겼다. 그러나 '이동권'이라는 말은 '이동'이라는 일상적인 행위조차 사회적으로 보장될 필요가 있다는 점을 부각하면서 중요한 인권 담론의 주제로 부상했다. 또한 장애인 이동권 운동은 바로 장애인 집단 가운데서도 가장 소외된 곳에 있던, 중증 장애를 가진 사람들이 주체가 되었다는 점에서 특별하다.

장애인 인구는 공식적으로 2백만 명이 넘고, 비공식적으로는 전체 인구의 10퍼센트에 달할 것이라는 보고가 있다. 게다가 장애인의 범주는 확정적이지 않다. 장애와 건강한 몸의 구분은 그 자체가 모호하며 그 가운데에는 무수히 많은 몸의 상태가 존재한다. 그러므로 장애인 인권 운동은 사실 특정한 사회 집단의 인권에 대한 운동이라기보다는 취약한 몸, 불균형한 몸, 병약한 몸, 노화한 몸을 포함한 우리 모두의 일반적인 몸에 대한 새로운 권리를 확보하는 과정이다.

장애인 인권 운동에 대해서는 대부분의 사람들이 그 정당성에 동의한다. 장애인도 버스를 타게 해달라는 주장은 동성애 부부가 아이를 입양하게 해달라고 하거나 특정 종교를 믿는 사람들이 병역 거부권을 달라는 주장보다 대중적으로 훨씬 더 온건하게 받아들여진다.

그러나 장애인들이 그 권리를 위해 버스나 지하철을 멈췄을 때 사람들은 그것을 용납하지 않았다. 처음에는 시위에 참여한 비장애인들을 연행한 후 "왜 순진한 장애인들을 꼬여서 이런 일을 하게 만드느냐"라고 따지던 경찰들도, 이제는 장애인들을 직접 끌어가지 않으면 안 된다는 것을 알게 되었다. 그래서

휠체어로 갈 수 있는 화장실도 없는 경찰서에서 장애인들이
밤을 새는 일이 빈번해졌다.

그럼에도 장애인들은 멈추지 않았다. 2006년에는 중증
장애인들의 일상생활을 지원하는 활동보조인 제도 예산을
확보하기 위해 한강대교를 다섯 시간 동안 기어서 건너는
시위를 감행했다. 이처럼 위험하고 과격한 시위를 만드는 힘은
무엇인가? 장애인 운동을 이끌고 있는 대표적인 리더이자
지체장애인인 박경석은 장애인 이동권 운동 현장에서 다음과
같은 말을 했다.

"물러서지 맙시다. 지금 여기서 물러서면 또 집구석에서
수십 년씩 처박혀 살아야 합니다."

이 말은 중증 장애인들이 왜 엄청난 사회적 비난과 법적인
처벌을 감수하면서까지 거리로 나와 버스와 지하철을 세우고,
한강대교를 다섯 시간 동안 기어서 건너는지를 극명하게
보여준다. 여기서 물러서면 '수십 년씩' 집구석에 처박혀야 하는
삶이 기다린다는 것. 이것이 바로 모든 이유다. 그 어떤 것보다
절박한 이유 앞에서 사람은 무엇이든 할 수 있다.

1960년대 미국에서 흑인들은 흑백 분리 정책에 반대하는
의미로 레스토랑이나 버스의 백인 전용석에 앉는 시위를
했다(그때까지 미국의 버스에는 흑인과 백인의 좌석이 따로 있었다).
그들은 그저 그 자리에 앉아서 하루 종일 버텼다. 단지 그

이유만으로 경찰은 그들을 연행했다. 흑인들은 그 자리에 묵묵히 앉아 최대한 오래 버텨내고, 연행되고, 처벌받고를 계속했다. 이것이 바로 국가의 불합리한 법이나 제도에 저항하는 전형적인 '시민불복종' 운동이다. 시민불복종은 사회를 상대로 협상할 어떤 권력도 없는 집단이 선택하는 최후의 방식이다. 이들은 폭력을 사용하지 않으며, (현행법에 의한) 불법 행위에 대한 처벌도 감수한다. 그러나 계속해서 '불법'을 저지른다. 장애인들은 바로 이런 일을 한 것이다.

당시 미국에서도, 그리고 내가 대학에 입학해 수업을 제대로 들을 수 있을지 고민하던 2003년 한국에서도 시민불복종을 온몸으로 감행했던 장애인들은 대부분 나처럼 대학에 다니거나 일상적인 생활이 가능한 정도의 장애인이 아니었다. 그들은 장애인 가운데서도 철저히 소외된 중증 장애인들이었다. 그렇다면 무엇이 '유순했던' 장애인들을 이토록 적극적으로 움직이게 만들었을까.

몸은 바꿀 수 없지만 사회는 바꿀 수 있다

지금까지도 우리 사회의 많은 사람들은 장애가 '고쳐야 할 병'이라고 생각한다. 전통적으로 이러한 생각이 자연스럽게 받아들여졌다. 이것을 학문적으로는 '장애의 의료적 모델medical model of disability'이라고 부른다. 예컨대 정부가 운영하는 각종 재활 프로그램은 장애인을 고용하기 위해 그의 몸을 최대한 '고치는 것'을 목표로 한다.

만약 내가 휠체어를 타는데 내가 가야 할 학교에 계단이 있다면, 나는 내 다리를 목발을 짚고서라도 걸을 수 있도록 훈련해야 한다. 만약 손에 장애가 있어 내 필기 속도가 매우 느리다면, 손의 기능을 최대한 향상시켜 시험 시간 내에 답안을 작성할 수 있도록 훈련해야 한다. 이것이 바로 재활rehabilitation이다. 이에 실패한다면 안타깝게도 나는 학교에 가지 못하고 제대로 시험을 치르지 못할 것이다. 반면 누군가가 절대 불가능할 것 같은 몸으로 재활에 성공한다면 우리는 그를 "장애를 극복한 인물"이라고 칭찬한다.

그런데 거리로 뛰쳐나온 장애인들은 이러한 관점을 전면에서 부정했다. 이들은 도무지 '재활이 불가능한' 중증 장애인들이었다. 그들은 이렇게 외쳤다. "우리의 몸을 바꾸는 것은 불가능하지만, 사회를 바꾸는 것은 가능하다."

이들은 휠체어를 탄 자신의 모습이 개인의 비극과 책임이라는 시각을 부정했다. 오히려 자기 몸의 특징, 예컨대 휠체어에 앉아 있어야 하거나 수화로 대화를 해야 하는 등의 특징을 하나의 정체성으로 인식했다. 그것은 피부색이

검다거나 성 정체성이 여성인 것과 같은 맥락이다. 다만 이러한 정체성이 '장애'가 되는 이유는 사회구조가 그 정체성을 제대로 수용할 수 없도록 짜여 있기 때문이라는 것이다.

이러한 관점에 기초하면 내가 가야 할 건물에 계단이 있을 경우 걷지 못하는 것으로 판명된 내 다리를 재활시키는 것보다 건물의 계단을 제거하고 경사로를 설치하는 것이 합당하다. 내가 손의 장애 때문에 필기하는 데 시간이 매우 오래 걸린다면, 나는 컴퓨터를 이용해 시험을 치르거나 다른 학생들보다 시간을 더 배정받아야 한다. 이런 식으로 물리적 시설이나 사회제도의 변형을 통해 장애를 해소하는 것이다. 바로 이러한 시각을 사회학에서는 앞서 소개한 '장애의 의료적 모델'에 대비하여 '장애의 사회적 모델social model of disability'이라고 일컫는다.

장애의 사회적 모델의 관점을 정당화하는 몇 가지 예가 있다. 먼저 1961년 간행된 〈한국장애아동조사보고서〉를 보자. 여기서는 장애의 종류를 열다섯 가지로 분류한다. 이에 따르면 장애에는 절단, 마비, 맹인, 농아 등 현재도 장애로 분류되는 유형 이외에 혼혈아와 사생아도 포함되었다.[1] 혼혈아가 장애인으로 분류된 이유는 무엇일까? 이는 식민지와 전쟁의 경험 속에서 부풀려진 '단일 민족' 신화와 관련이 있다. 요컨대 실제로 '혼혈아'는 살아가는 데 물리적으로 아무런 어려움이 없는데도 문화적, 역사적 이유에서 '장애아'로 분류된 것이다. 과거 한국 사회의 기준에 따른다면 다니엘 헤니나 타이거 우즈는 장애인이다. 다니엘 헤니에게 휴대폰 요금을 30퍼센트 할인해줘야 한다는 건 좀 어색하다.

또 다른 예를 보자. 미국 뉴잉글랜드에 위치한 마서즈 비니어드 섬은 19세기까지 비교적 고립된 지역이었다. 이곳은 특이하게도 청각장애의 발생률이 매우 높았는데, 19세기 미국에서는 5,728명당 한 명꼴로 청각장애인이 태어난 반면, 마서즈 비니어드 섬에서는 155명당 한 명 꼴로 청각장애인이 태어났다. 이처럼 높은 청각장애 발생률은 이 고립된 사회를 특별하게 만들었다. 이 사회에서는 상당수의 건청인(즉 청각장애가 없는 사람)이 수화를 할 줄 알았고, 수화가 매우 일상적인 언어의 하나로 여겨졌다.

이곳에서 수화는 찬송 공연을 하기 위해 교회에서 배우는 특별한 율동이 아니라, 제2외국어처럼 또 다른 언어로서 자연스럽게 통용되었다. 마서즈 비니어드 섬을 연구한 인류학자 엘렌 그로스Ellen Gross가 섬에서 살았던 80세 노인에게 청각장애를 가진 사람들에 대해 질문하자, 노인은 "그들은 장애인이 아니었어요. 단지 듣지 못하는 사람이었지요"라고 답했다고 한다.[2] 이처럼 어떤 사회에서는 '듣지 못한다'는 사실이 곧바로 '장애'가 되지 않는다.

그 밖에도 현대 사회에 이르러 장애인의 권리가 향상되었을 거라는 통념과 달리 몇몇 장애의 경우는 오히려 조선시대에 사회적 지위나 삶의 질이 훨씬 높았다는 연구들도 있다. 특히 시각장애인은 당시 중인 이상의 신분이었으며, 악사나 점복 등의 직업을 갖고 적극적으로 공동체에 참여했다.[3] 장애인인 영국의 사회학자 마이클 올리버Michael Oliver는 사회가 자본주의 체제로 접어들면서 공장 노동이 일반화되는 가운데 신체장애를 가진 사람들이 어떻게 공동체로부터 소외되었는지를 밝히기도 했다.[4]

이와 같은 예들은 개인이 생물학적인 '손상impairment'을 입었다고 해서 필연적으로 사회로부터 배제되는 '장애disability'를 갖게 되는 건 아니라는 사실을 보여준다. 즉 장애는 사회가 특정한 신체적, 정신적 특징을 수용할 수 있는 문화적, 물리적 여건을 갖추고 있느냐에 따라 규정된다. 이런 연구들은 '장애의 사회적 모델'의 강력한 근거다.●

위와 같은 근거를 바탕으로 장애의 사회적 모델에 우리의

● 물론 장애의 사회적 모델이 단지 '장애'가 문화적 상대성에 의해서만 구성된다는 극단적 상대주의에 의존하거나 모든 의료적 처치를 부정해야 한다는 결론으로 이어지는 것은 아니다. 장애와 손상을 구분하는 만큼 '손상'에 필연적으로 따라올 수 있는 고통을 경감시키고, 해당 사회에서 좀 더 쉽게 포섭될 수 있는 신체 운용 방식을 찾아내 유지하려는 의료적 노력은 여전히 의미가 있다.

관점을 고정시켜보면, 이제 더 이상 장애는 누군가의 배려로 간신히 극복할 수 있는 개인의 슬픈 비극이 아니다. 장애인은 병원이나 수용시설에서 살아가야 할 '환자'가 아니라, 그 상태 자체가 하나의 존재를 구성하는 정체성이 된다. 그러므로 장애인도 세계 속에서 시민의 한 사람으로서 살아갈 주체적인 권리를 갖는다.

이렇게 장애를 사회적 모델의 관점에서 이해하고, 장애인들을 사회로부터 분리하지 않고 통합해야 한다는 것, 치료사나 사회복지사의 지시가 아니라 스스로 자신의 삶을 결정해야 한다는 것, 장애가 단지 개인이나 가족의 책임이 아니라 사회 전체가 공동으로 노력해야 할 문제라는 것 등이 전 세계 장애인 운동과 사회과학 연구들이 성취한 장애를 바라보는 새로운 시각이었다.

장애를 극복한 장애인?

지금까지 소개한 장애를 바라보는 이러한 관점들이 한국 사회에서도 수많은 장애인들에게 거리로 뛰쳐나올 용기를 주었다. 장애가 개인의 운명적인 비극이 아니라 사회적인 문제라는 사실, 그래서 나는 누구의 동정이나 구휼에 의지해 살아가야 할 존재가 아니라 이 땅에서 인간으로서 기본적인 권리를 누릴 자격이 있다는 사실은 장애인들을 뜨겁게 만들었다. 나는 바로 이러한 관점에 힘입어 장애인들이 "장애는 개인의 비극이 아니다"라고 외치며 사회로 뛰쳐나오는 시기에 대학에 입학했고, 그 현장을 지켜볼 수 있었다. 여전히 나 혼자서는 옴짝달싹할 수도 없는 캠퍼스의 한가운데서 나는 그렇게 중증 장애인들의 목소리를 들었다. 그리고 덩그러니 놓여 있는 내 모습을 발견했다.

나는 슈퍼맨이 되고 싶었다. 지체 1급 장애인으로서 서울대를 졸업하고 보란 듯이 성공하는 것. 삶을 극복하고, 장애를 극복하고, 희망과 기적을 말하는 사람이 되고 싶었다. 그러나 '기적'을 만들기 위해서는 기적을 일으키는 동안 타야 할 대중교통이 필요하고, 기적을 위해 읽어야 할 책이 필요하며, 기적을 만들어내는 동안 먹어야 할 컵라면도 필요하다. 결국 장애인권연대사업팀에 참여하지 않을 수 없었다. 내게는 꿈과 희망보다 당장 앞에 놓인 계단과 턱을 제거하는 일이 필요했다. 나는 세상으로 뛰쳐나온 그 시점의 중증 장애인들처럼 선택의 여지가 없었다.

우리는 우선 학내에서 장애학생들과 관련한 정책을 총괄하고 각각의 교육적 요구를 파악해 학교 본부와 각 단과대학에 전달할 수 있는 '장애학생지원센터'의 설치를 학교 측에 요구했다. 학생처장을 비롯해 학교 본부의 직원, 교수들과 많은 대화를 나누었다. 본부 앞에서 피켓을 들고 1인 시위를 하기도 했다. 그것은 "나는 장애인입니다"하며 '커밍아웃' 해야 하는 힘든 과정이었다.

학생들에게 지지 서명을 받기도 했다. 나는 그때까지도 친구들이 서명을 하러 다가올 때마다 부끄러움을 느꼈다. 그들에게만큼은 '평범한' 존재이고 싶었기 때문이다. 나의 소극적이고 부끄러운 태도와 달리 함께 참여했던 다른 학생들은 놀라운 에너지를 보여주었다. 50세의 나이에 법대에 입학해 화제가 되었던 한 지체장애인은 마이크를 잡고 이렇게 외쳤다.

"우리의 요구를 듣고 학교에서는 '장애가 특권이냐'라고 합니다. 그렇습니까? 이게 특권입니까? 그렇다면 내 장애랑 바꿉시다."

이런 과정 속에서 우리의 목소리는 점차 힘을 얻기 시작했다. 장애학생지원센터는 애초 우리가 생각했던 것보다는 불완전한 형태이긴 했으나 그해 여름에 설치되었다. 청각장애학생을 위해 수업 내용을 노트북으로 '문자 통역' 해줄 활동보조인들이 투입되었다. 보행이 어려운 지체장애학생들을 위해 휠체어 리프트가 달린 셔틀버스가 한 대 도입되었다. 법과대학을 비롯하여 여러 건물에 엘리베이터가 설치되었다.

"행정적인 문제로 절대 불가능하다"라고 말했던 일들이 거짓말처럼 하나씩 실현되었다. 많은 학생들이 우리의 활동을 지지해주었고, 우리의 서명 운동과 1인 시위에 동참했다.

그러는 동안 우리는 많은 대화를 나누었다. 학교의 시설 몇 가지를 바꾼 건 우리가 얻은 것 가운데 일부에 지나지 않았다. 더 중요한 건 서울대에 들어왔다는 사실 자체, 그리고 그 때문에 주변 사람들이 "장애를 극복했다"라며 보내는 찬사에 취해 있던 장애학생들이 자신의 모습을 정면으로 바라보기 시작했다는 점이다. 우리는 과연 장애를 '극복'해야 하는 것인가. 그것은 극복할 수 있기나 한 것인가. 장애는 삶에서 명백히 불편하고 어려운 과제다. 그러나 그것은 온전히 나와 나의 부모가 져야 할 전생의 '업'과 같은 것인가.

이러한 질문과 독서를 거듭하면서 우리는 장애의 사회적 모델의 원칙들을 나누었고 사회 곳곳에서 장애인들의 현실을 온몸으로 알리고 있는 중증 장애인들과 만났다. 우리는 점차 각자의 몸을 완전히 새로운 관점에서 보기 시작했다. 이것은 단지 장애학생들에게만 나타난 변화는 아니었다. 비장애학생들, 발목이 다쳐서 혹은 체력이 약해서, 여성이어서 경험했던 각종 억압이 작은 동아리방의 테이블 위로 쏟아져 나왔고 우리는 그것을 다양하고 새로운 방식으로 이해했다.

장애인권연대사업팀의 활동은 그렇게 시작되었다.

장애학생들도 교육받을 권리가 있다는 것, 그 권리는 대학이 베푸는 시혜가 아니므로 장애학생들도 일반 학생들처럼 학교에 자신의 교육적 요구를 주장할 수 있다는 전제가 우리 머릿속에 자리 잡았다. 그 핵심 원칙은 바로 전 세계의 수많은 장애인들이 제시했던 것과 일치했다. '장애학생은 다른 학생들과 통합된 교육 환경에서 독립적으로 자신의 생활을 결정할 수 있어야 하며, 학교는 이러한 것을 보장해야 할 의무가 있다.' 그렇게 나는 '슈퍼 장애인'이 되고자 했던 욕망을 점차 버렸다.

　서울대의 환경은 이후 급속도로 변화했다. 2010년 현재는 더 이상 장애학생들이 1인 시위 같은 것을 하지 않는다. 물론 여전히 부족한 부분이 많고, 장애학생들이 생활하기에 어려운 점이 많다. 가야 할 길은 여전히 멀다. 그러나 적어도 우리는 더 이상 학교의 '손님'으로 남지 않을 수 있게 되었다.

　이러한 변화에 '장애인권연대사업팀'의 활동이 매우 큰 영향을 미쳤지만, 나는 이것을 과장할 마음은 없다. 당시 우리 이외에도 아주 많은 학생들이 장애인 인권에 관심을 갖고 참여해주었고, 무엇보다 전 사회적으로 장애인 인권 운동이 매우 적극적으로 일어나던 때였기에 그런 일이 가능했다.[*] 또한 서울대학교 자체의 노력도 나름대로 평가해야 한다. 장애학생들의 요구가 분출했을 때 그것을 더 이상 소수의

'투정'으로 인식하지 않은 의식 있는 사람들이 학교의 안팎에 많았기 때문에 변화가 가능했던 것이다.

물론 여기에는 몇 가지 지적해둘 점이 있다. 우선 장애인권연대사업팀의 활동을 통해 서울대의 환경이 변화된 것에는 '서울대'라는 공간이 갖는 특수성이 많이 작용했다. 아주 많은 장애인들이 여전히 교육을 받지 못하고 있고, 고등교육기관에 진학했다 하더라도 열악한 상황에 처해 있다. 하지만 언론에서는 '서울대에 다니는 장애인'이라는 '타이틀'에만 관심을 보일 뿐 장애인들의 교육 현실 일반에 관한 심도 있는 문제 제기로 시야를 확대하지 않았다. 언론과 사회의 관심은 학내 상황을 변화시키는 데는 크게 기여했지만 더 열악하고, 더 심각한 상황에 대한 근원적인 문제 제기로 이어지지 못했다.

이것은 우리 자신의 한계이기도 했다. 편의시설이 늘어나고 장애인 정책이 확대되어 장애학생들의 생활이 이전보다

● 서울대 장애인권연대사업팀은 2009년경 활동을 완전히 멈췄지만 '턴투에이블'이라는 동아리가 그 뒤를 이어 활동 중이다. 턴투에이블은 저상 시내버스를 캠퍼스 안으로 들어오도록 만들었고, 새로 건축한 도서관의 편의시설을 개선했다. 특히 학생들이 쓴 글들을 묶어 매 학기 발간하는 문집은 매력적인 글로 가득하다. 이를테면, 2017년 문집의 제목은 '내 장애에 노련한 사람이 어딨나요'였다. 슈퍼 장애인을 꿈꾸던 2003년의 내가 이 문집을 읽었다면, 나는 나의 '노련미'에 대한 성찰을 곧바로 시작했을 것이다.

편리해지자, 우리의 문제의식과 에너지는 더 이상 앞으로
나아가지 못했다. 가장 절박했던 문제들, 즉 엘리베이터를
설치하고 점자 교재를 만들어야 한다는 목표를 성취한 이후
우리는 늦은 시간 모여 앉아 장애를 정체성으로서 받아들이기
위해 경험을 나누거나 장애인 인권 담론의 의미를 고민하는
활동에 대한 열의를 잃었다. 이러한 측면에서 당시의 작은
움직임은 나 스스로에게도 아쉬운 기억으로 남아 있다.

그렇긴 하지만 이러한 활동이 장애인 시설과 정책을 확충한
것을 넘어서는 의미를 갖는다면, 바로 '장애인'이라는 정체성을
부정하고 그것에 다른 외피를 입혀 아닌 것처럼 보이려 했던
그동안의 시도가 얼마나 어리석고 부당했는가를 알게 되었다는
점이다. 처음 재활학교에 입학했을 무렵 나는 그곳의 학생들과
내가 다르다는 생각을 끊임없이 되새겼다. 그러나 사실
나는 다른 재활원생들과 조금도 다르지 않았으며, 그들에게
의존하지 않고는 아무것도 할 수 없는 존재였다.

휠체어도 그때 처음 타기 시작했다. 어떻게 밀어 오르막을
올라야 하는지, 어떻게 해야 당당히 직립보행하는 인간들의
엉덩이 앞에서 주눅 들지 않을 수 있는지도 배워야 했다.
그 모든 것을 내가 그토록 부정하고자 했던, 나와 다르다고
외쳤던 재활원생들의 경험에서 배워야 했던 것이다. 결국 나는
재활원에서 성장했고, 나의 특별한 몸을 운용하는 정신적,

물리적 태도 역시 그곳에서 배웠다. 그런데도 몇몇 좋은 사람들과의 만남과 우연한 기회들이 잘 맞아떨어져 고등교육 과정에 진입하자마자 그 모든 것을 잊고 "나는 장애인이 아니다"라고 다시금 외쳤던 것이다.

이것은 단지 내가 '장애인'이라는 이름을 사용하지 않으려 했다는 뜻이 아니다. 오히려 '장애'를 열등한 것으로, 부정해야 할 것으로, '서울대'라는 세속적 타이틀에 의해 소거될 수 있는 것으로 간주했다는 의미이다. 하지만 장애는 필연적으로 열등한 것이 아니며, 부정 가능한 것도 아니고, 다른 무엇에 의해 소거될 수 있는 것도 아니다. 장애인들은 특정한 사회적 지위를 얻어 장애를 소거하고자 하지만, 그에게 명명되는 최고의 찬사는 '성공한' 장애인일 뿐이다. 결국 아무리 발버둥을 쳐도 장애라는 말을 떨쳐낼 수는 없고, 설혹 자신을 명명하는 단어로서 '장애'를 떼어내더라도 그의 몸은 '장애'라는 렌즈 안에서만 해석될 뿐이다. 그러므로 장애인이라는 말 앞에 수식어를 붙여 장애를 가리고자 하는 것은 '하얀 가면을 쓴 검은 피부*'처럼 어색하다.

* 프랑스 식민지하 알제리에서 태어난 흑인 의사이자 독립운동가 프란츠 파농 Franz Fanon은 식민지하의 알제리 흑인들이 끊임없이 백인이 되기를 원했던 욕망의 구조를 분석한 책을 썼다. 그는 이 책에 '검은 피부 하얀 가면'이라는 제목을 붙였다.

여전히 장애를 하나의 정체성으로 수용하는 데 많은 어려움을 겪고 있었지만, 우리는 2005년 4월 20일 장애인의 날에 힘겹게 글을 쓴 후 그 아래 실명을 기재한 성명서를 발표했다. 이 글은 학내 곳곳에 게시되었다.

4월 20일은 장애인의 날이다. 장애인의 50퍼센트가 초등학교 졸업 이하의 학력인 세상에서 대학을 다니는 우리 장애학생들은 감히 이 동정을 거부하지 못하고 교육을 받게 '해준' 여러 곳의 은혜와 배려에 감사할 수밖에 없었다. 하지만 우리는 이제 더 이상 이곳에서 손님으로 얹혀사는 것이 아니라, 이 사회에 대상으로, 타자로 살아가는 것이 아니라, 4월 20일의 불쌍한 장애인으로 침묵하는 것이 아니라 우리의 권리와 주체성을 주장할 수 있는 삶을 살아가려 한다.

(…)

우리는 물론 한 사회의 구성원으로서 삶의 의미와 행복을 찾기 위해 최선을 다해 노력하며 살아가고 있다. 하지만 그것이 걸을 수 없는 다리를 걷게 하고, 들을 수 없는 귀로 소리를 들으려 애쓰며, 볼 수 없는 눈으로 보려고 애쓰는 것이 아님은 분명하다. 대신에 우리는 엘리베이터를, 문자 통역을, 점역 서비스를 필요로 한다. 그리고 그것은 '배려'의 차원이 아니라, 한 사회의 구성원으로서 주체적으로 존재하기 위한 우리의 권리이다.

우리는 학교의 당당한 구성원으로서 장애/비장애를 넘어 누구나 스스로의 권리를 주장하고, 각자의 몸의 차이로 차별을 겪지 않으며 자신의 행복을 추구할 수 있는 공간을 만들어갈 것을 선언한다. 우리는 누가 뭐래도 장애인이다. 그 어떤 낙인에도 불구하고 장애인은 장애인이다. 그래서 우리는 장애를 극복하려 애써 노력하지 않는다. 장애로 인한 차별을 극복하기 위해 노력할 뿐이다.[5]

그랬다. 우리는 "누가 뭐래도" 장애인이었다. 그것은 부정할 수 없는 현실이었다. 생물학적 손상은 이미 그 자체로 몸의 일부가 되었으므로 결코 '극복'할 수 있는 것이 아니다. 결국 장애를 극복한다는 것은 손상된 몸에 부여된 사회적 차별을 극복한다는 의미였다. 전공 책을 옆에 끼고 다니고, 높은 학점과 토익 점수를 따서 '정상적인 사회'의 중심에 서고 싶었던 나를 포함한 많은 장애학생들은, 그때야 비로소 장애인이 되었다.

나는 치료되지 못했지만 치유되었다

유약한 몸을 가진 많은 사람들은 이 시대에 실패자처럼

자괴감에 사로잡힌 채 움츠리고 있다. 약하고 장애를 가진 몸은 속도가 느리고, 비용이 많이 들며, 미적으로 열등하다고 인식되기 쉽다. 건강하지 못하다고 믿어지는 많은 사람들에게 이런 인식은 평생의 굴레가 된다. 나 역시 그러한 굴레에서 자유롭지 못했고, 여전히 그렇다. 어떤 이들은 대학에 입학한 첫해 함께 대학 생활을 시작했지만, 천식이나 심장질환 등으로 경쟁에서 뒤처지기도 했다. 그들은 어느 순간 공동체에서 사라지고 몇 년 후 나타나 조용히 대학을 마친다. 질병은 몸의 자연스러운 반응이며 만성적이지 않더라도 어느 때나 겪을 수 있다. 그러나 우리는 단 한순간이라도 질병에 걸리면, 어느덧 세상의 시계가 저만치 앞으로 달아나 있는 것을 바라보게 된다.

그렇기에 우리 시대에는 슈퍼맨의 몸을 가진 사람들만이 생존할 수 있다. 만약 어느 날 당신이 예기치 못한 사고로 손가락 하나를 잃는다면, 그것 때문에 생활에 별다른 불편이 없어도 당신의 손은 결혼 시장에서 치명적인 요인으로 작용할 것이다. 만약 갑자기 간 기능이 나빠져 술을 한 잔도 먹지 못하게 된다면, 당신은 완전히 다른 방식으로 삶을 변화시켜야 할 것이고 평소와 같은 사회생활을 하기 위해서는 수십 배의 노력을 기울여야 할지 모른다. 만약 하루 열여덟 시간씩 일하며 수억 원의 연봉을 챙기던 변호사라면, 어느 날 신장 투석을 하게 되는 순간 지금까지의 삶을 전혀 유지할 수 없게 될 것이다. 그 순간 누구도 당신의 능력을 인정해주지 않을 것이며, 로펌은 당신을 더 이상 고용하지 않을 것이다.

건강한 사람들에겐 함께 가자며 손을 내밀거나 기다려줄 시간이 없다. 그래서 질병이나 장애는 극적으로 인생을 뒤바꿔놓을 수 있는 두려운 대상이 된다. 신장 투석이나 손가락 하나를 잃는 것, 간 기능이 나빠지거나 천식에 걸리는 것은 드문 일이 아니다. 현대 의학의 힘을 빌리면 그 정도의 몸 상태로도 얼마든지 행복한 삶을 누릴 수 있다. 그러나 안타깝게도 세계는 그러한 사람들에게 어떤 기회도 주지 않으며, 그들을 조금도 기다려주지 않는다.

건강하지 않으면 속도를 따라갈 수 없는 세계지만, 완벽하게 건강한 사람이 존재하는지는 의심스럽다. 요즘은 건강의 기준이 너무나 높아져서 그 기준에 맞는 몸을 가진 사람을 만나기는 거의 불가능하다. 오랜 시간의 노력 끝에 휠체어와 주변의 도움으로 일상생활을 누릴 수 있고, 내 존재에 의미를 부여할 수 있게 된 나는 여전히 건강하지 못한 몸으로 분류된다. 골형성부전증은 분명 현대 의학으로 완전히 제거될 수 있는 것이 아니다. 그런 의미에서 나는 여전히 질병을 안고 살아가고 있다.

하지만 바로 그렇기 때문에 그 병은 더 이상 건강을 해치는 부정적인 바이러스라고 말할 수 없게 되었다. 골형성부전증

또는 장애 그 자체는 이미 내 몸이며 나 자신이다. 나는 이것을 '가지고' 사는 게 아니라 이것 자체로 살아왔고 살아가고 있다. 그것은 오랜 시간의 투쟁 끝에 위험하고 심각한 상태를 벗어났고, 내 삶의 한 부분이 되어 내 몸의 독특한 운용 방식을 구성했으며, 그 자체로 나 자신이 되었다. 이것은 비정상적인 위험 상태라기보다는 그 자체로 '나'라는 인간을 구성하는 한 부분이다.

우리는 더 이상 정신과 신체를 이분법적으로 가르는 데카르트의 사유 방식을 따르지 않는다. 우리는 몸 그 자체이고, 몸의 경험과 기억에 의해 기질, 재능, 성격, 감정의 일부가 결정된다. 나는 내 팔꿈치에 새겨진 검은색 굳은살로 내 과거를 기억한다. 휘어진 내 다리가 곧 내 삶이다. 골형성부전증이 아닌 몸은, 더 이상 김원영이 아니다.

만약 우리가 장애를 외부로부터 기인하는, 즉 사람들의 인식이나 물리적인 환경으로부터 비롯되는 것이라고 전제한다면, '장애'라고 공인되지는 않았어도 많은 사람들이 만성적으로 지니고 있거나 언제든 노출되는 질병 또한 같은 선상에서 논할 수 있다. 그러므로 건강하지 못하다는 사실은 정상에서 일탈한 특별한 상태이거나 절망해야 할 극단적인 상황이 아니다. 질병만으로 본다면 나는 여전히 그것으로부터 완전히 자유롭지 못하다.

나는 지금도 걷지 못한다. 그러나 그것이 내가 건강을 얻기 위한 투병의 역사에서 실패했다는 뜻은 아니다. 투병의 성공이나 실패는 내가 장애를 극복하거나 내 몸에서 골형성부전증의 병인을 제거하는 차원의 문제가 아니다. 나는 이 상태로 안정적인 균형을 유지하는 성인으로 성장했다. 그러므로 생물학적인 질병 치료와 몸의 치유는 같은 개념이 아니다. 나는 치료되지 못했지만, 치유되었다.

우리는 장애와 질병으로부터 건강을 지켜야 하는 것이 아니라, 장애와 질병의 경험을 건강의 담론으로부터 지켜야 한다. 모든 인류는 질병에 상시적으로 노출되며, 노인이 되면 결국 '장애'라고 공인될 정도의 몸 상태로 변화한다. 이 모든 것이 '비정상적인 일탈'이라고 규정되고, 제거되어야 할 상태가 된다면 인간은 자기 몸을 긍정할 순간을 찾기 어려울 것이다.

"우리 모두 예비 장애인입니다"라는 표어를 통해 장애 문제를 보편화하려는 접근은 개인적으로 세련되지 않다고 생각하지만(우리가 장애인이 될 '가능성' 때문에 장애인의 권리를 생각해야 한다는, 다소 비굴한 접근법이기 때문이다), 우리의 몸은 분명히 우리가 이상적으로 생각하는 형태로 존재하지 않는다. 그런 점에서 우리는 장애와 질병을 소거하거나 극복해야 할 대상으로 보는 관점이 비현실적이라는 사실을 깨달을 필요가 있다.

따라서 현실과 다른 가정하에 이상적인 몸을 상상하고, 그것에서 조금이라도 어긋나는 순간 사회의 외부로 떨어져나가는 이 불안정한 세계에 대한 반성이 절실하다. 많은 사람의 협력, 몸의 특별한 운용 방식에 대한 관용과 유연한 인식이야말로 질병과 장애를 건강이라는 단어의 대척점에 서지 않게 만드는 것이다.

'커밍아웃'이 이끌어낸 변화

사람들은 통상 자신이 어딘가 아프다거나 장애인으로 등록되어 있다는 사실을 숨기고자 한다. 어린 시절 나는 장애인 등록을 망설였고, 부모님도 그것을 자신들의 실패로 여겼다. 자신의 아이를 '건강한' 인간으로 양육하는 데 실패했다고, 그래서 영원히 장애라는 굴레를 씌워야 한다고 믿으며 죄책감을 가졌다.

지금도 많은 부모가 아이를 장애인으로 등록시키지 않겠다는 일념으로 전국의 병원을 뛰어다닌다. 우리 아버지는 아직도 나를 '장애인'이라고 부르는 데 서툴다. 그만큼 장애가 있거나 병이 있다고 말하는 것은 자신이 열등한 존재라고 고백하는 것이며 불행한 삶의 표식, 동정의 대상이 된다는 것을 의미한다.

그러나 우리는 스스로를 속여서는 안 된다. 우리는 현대 사회가 부과하는 과업을 수행하기에 턱없이 부족한 신체를 갖고 있다. 혹은 결국 나이가 들어 그런 신체가 된다. 심장이 안 좋다는 것, 시력이 낮다는 것, 말을 더듬는다는 것, 한쪽 다리를 전다는 것, 왼쪽 엄지손가락이 없다는 것, 또는 키가 작거나 뚱뚱하거나 매력적인 외모가 아니라고 평가받는 것은 세상으로부터 열등하다고 낙인찍히기 쉬운 특징들이다.

그럼에도 불구하고 그러한 상태가 특별히 희소하거나 비정상적이지는 않다. 필연적으로 열등한 상태일 이유도 없다. 우리는 그러한 신체적 특징이 열등한 무엇이 되지 않도록 하기 위해서 유약하고 불균형한, 그리고 뒤틀어진 몸이 결코 그 자체로 불행의 표식이 아니라는 사실을 온몸으로 증명해야 한다.

나는 그 가장 극단에서 장애인들이 어떻게 자신의 몸을 저항의 주체로 만들었고, 그 과정에서 세상을 인식하는 완전히 전도된 관점을 도입했는지를 소개했다. 실제로 장애의 사회적 모델은 치료해야 하고 재활시켜야 할, 그리고 극복해야 할 몸으로 취급되던 장애인의 몸에 완전히 새로운 의미를 부여했다. 그것은 우리에게 대학을 상대로 발언할 수 있는 힘이 되었으며 우리가 "나는 장애가 있다"라며 '커밍아웃'할 수 있는 강력한 근거가 되었다.

지금도 세상에서 뒤처질까 봐 온몸으로 자신의 질병을, 장애를 감싸 안고 슈퍼맨이 되려는 꿈을 꾸고 있는 사람은 '정신 차려야' 한다. 우리 대부분은 오토 다케나 스티븐 호킹이 아니기 때문이다. 만약 그렇다면 축하할 만한 일이나 그렇지 못하다고 해서 비극의 주인공이 될 필요는 없다.

대학과 사회에서 작은 변화가 일어나긴 했지만 장애인들의 삶은 여전히 세상의 구석으로 내몰려 있다. 그리고 이를 넘어서기 위한 사회적 차원의 장애인 운동도 계속되고 있다. "장애인들 살기 좋아졌다"라고 말하는 사람들도 있지만, 여전히 엄청난 숫자의 장애인들이 장애인 수용시설에서 성폭력이나 감금의 위협 속에 생존하고 있다(그 끔찍한 현실은 다음 장에서 언급할 것이다).

빈곤층 장애인에게 지급되는 장애인 수당의 액수가 몇 만 원 증가하고, 휴대폰 요금을 30퍼센트 할인받으며, 대학 입학 기회가 늘어났다는 것 따위는 사실 문제의 핵심이 아니다. 뉴스에서는 이러한 '혜택' 위주로 보도하기 때문에 "장애인들 살기 좋아졌다"라는 말이 나오는 것이다. 실제로 나 역시 그러한 혜택들에 많은 부분을 의존하고 있지만, 나는 아주 드물게 운이 좋은 경우에 해당한다. 아직도 절대 다수의 장애인들은 빛이 들어오지 않는 좁은 방에서 '책보만 한'

햇볕을 기다리며 평생을 보낸다.

물론 현실이 이렇다고 해도 중증 장애인이나 장애아이를 둔 부모들이 벌이는 시민불복종은 때로 지나치게 과격해 보일 수 있다. 그들이 하는 시위 방식의 일부는 명백히 현행법률을 위반하는 경우도 있다. 그러나 "여기서 물러서면 수십 년씩 집구석에 처박혀" 살 수밖에 없다면, 내 아이가 어떤 고등학교에도 갈 수 없다면, 그런데 이에 대해 문제를 제기할 수 있는 아무런 수단이 없다면 우리는 과연 그들의 시민불복종이 불법이라는 이유로 언제나 '부당하다'고 평가할 수 있을까?

나는 우리가 장애인들의 시위를 부당하다고 말할 수 있으려면, 장애인 이동권 운동의 시초였던 오이도역 사건 대책위가 던진 질문에 제대로 답할 수 있어야 한다고 생각한다.

"지하철을 이용하는 시민들이 30분 늦게 되는 것을 이유로 우리의 선로 점거가 비난받아야 한다면 감수하겠다. 그러나 30분이 아닌 30년을 집 밖으로 나오지도 못하는 장애인의 현실에 대해 우리 사회는 함께 책임져야 한다."[6]

급진적이라는 비판에도 불구하고, 결국 장애인 이동권 운동은 2004년 12월 29일 '교통 약자의 이동 편의 증진법' 제정이라는 성과를 냈다. 이 법에 따라 지금 전국 곳곳에는 휠체어나 유모차 또는 노인들의 탑승이 용이한 '저상버스'가

하나 둘씩 도입되고 있다. "우리나라의 교통 체계상 절대로 도입이 어렵다"라던 저상버스는 앞으로 점점 늘어날 예정이다. 그렇게 되면 나도 버스 뒷좌석에 앉아 데이트를 할 수 있게 될 것이다. 또한 서울시 지하철역의 대부분에는 엘리베이터가 설치되었고, 지금도 설치되고 있다(장애인들은 지하철 선로를 점거하면서 당시의 이명박 서울시장에게 전 역사에 엘리베이터를 설치하겠다는 약속을 받아냈다. 그 약속은 제때 이행되지는 않았으나 아주 빠른 시기에 상당히 많은 수의 지하철역에 엘리베이터가 설치되었다).

오리엔테이션 날 나의 진땀을 뺐던 서울대입구역에도 이제는 엘리베이터가 있다. 신입생들은 나처럼 '추락하는 바퀴'가 되는 일이 없게 되었다. 나는 지하철역에서 엘리베이터를 탈 때마다 많은 노인분들과 함께 타고는 하는데, 그때마다 "세상이 좋아지니 장애자들까지 나와서 데모를 한다"라고 외쳤던 어르신이 혹시 그 자리에 있지 않을지 생각한다. 앞으로 엄청나게 늘어날 고령 인구를 떠올릴 때, 결국 장애인들에게 쏟아졌던 무수한 비난은 점차 정당성을 잃게 될 것이다.

그 밖에도 2007년에는 '장애인 차별 금지 및 권리 구제 등에 관한 법률(장애인차별금지법)'과 '장애인 등에 대한 특수 교육법'이 제정되었다. 이 두 가지 법은 차별받은 장애인들을 적극적으로 구제하고, 장애인의 '통합 교육'을 촉진한다는 등의 내용을 담고 있다. 이 법들은 기존의 장애인 관련법들과 달리, 장애인 운동 단체와 장애인의 부모들이 적극적으로 참여하여 초안부터 만들어갔기에 더 특별하다. 당사자들의 경험이 토대가 된 이 법들은 앞으로 어떻게 시행되느냐에 따라 그 의미가 달라질 것이다. 그래서 여전히 장애인 운동은 계속되고 있으며, 지금도 새로운 과제들과 맞서고 있다.

이처럼 전 사회적인 장애인 운동은 내 대학 생활을 흔들어놓았다. 나는 그 운동의 한복판에 들어갈 용기가 없었지만, 운동의 여파는 학내로 불어 닥쳐 장애인권연대 사업팀이 활동하는 데 큰 에너지가 되었다. 장애인권연대 사업팀의 활동이 서울대 내 일부 편의시설을 개선하는 성과 이상의 의미를 지녔던 것처럼, 장애인인권운동은 법과 제도 개선을 너머 장애를 가진 사람들이 더 이상 자신의 장애를 부정하지 않고 과감하게 자신의 요구를 외칠 수 있게 되었다는 점에 특히 의미가 크다. 그 도전의 최전선에 가장 열악한 상황에 놓였던 중증 장애인들이 있었다.

그렇게 나는 대학생이 되었다. 하지만 결코 '세상의 중심'에는 설 수 없었다. 내가 깨달은 것은 세상의 중심이라고 불리는 곳에 선다고 하여 나를 이루고 있는 장애를 부정하지는 못한다는 점이었다. 장애를 그 자체로 인정하고, 내 몸이

성장해온 과정을 긍정적인 기억으로 받아들이는 것은 여전히 쉬운 일이 아니다. 이곳에서 길게 그 의미를 서술했지만, 그것을 쉽게 해낼 수 있는 사람은 아마 없을 것이다. 뒤에서도 언급하겠지만 내 몸에 찍힌 여러 가지 낙인들에 그저 '쿨한 척'하는 것으로 그 일을 해냈다고 말할 수는 없다. 그것은 내가 평생에 걸쳐 투쟁해야 할 과제이자 내 삶 자체일 것이다.

이는 사실 나 혼자만의 과제가 아니다. 혼자 묵묵히 과제를 수행해나가기에는 내 앞에서 나의 세계 참여를 가로막고 있는 '선'이 너무나 강력하기 때문이다. 이제 나는 내가 손상된 몸으로 그토록 저항을 하는데도 나와 세계를 갈라놓는 그 강력한 '선'에 대해 말하려 한다.

하나처럼 보이지만 사실은 여러 개로 쪼개져 있는 세계, 다들 착하고 선량한 의도로 누군가를 보호한다고 하지만 사실은 그 '선'을 더욱 진하게 긋는 그 역설에 대해 말하려고 한다. 내 대학 생활은 바로 이 '선' 위를 아슬아슬하게 걸으며 계속된다.

4

두 세계
사이에서

만약 당신이 나를 도우러 여기에 오셨다면,
당신은 시간을 낭비하고 있는 겁니다.
그러나 만약 당신이 여기에 온 이유가
당신의 해방이 나의 해방과
긴밀하게 결합되어 있기 때문이라면,
그렇다면 우리 함께 일해봅시다.

- 멕시코 치아파스 원주민

칸트를 읽는, 구걸하는 장애인

이제 막 대학 내에 생겨나기 시작한 커피 전문점에서 나는
친구들과 아이스 아메리카노를 마시며 프랑스의 철학자
들뢰즈의 책과 다가오는 대통령 선거에 대해 이야기를 나누고
있었다. 그때 재활원 시절의 첫 번째 룸메이트였던 행준이에게서
문자가 왔다.

"원영아, 잘 있냐. 나는 성당에 다녀왔다. 잘 지내렴."

나는 행준이에게 가끔 안부를 전하고는 한다. 하지만 아마
그에게 먼저 연락하는 사람은 매우 드물 것이다. 그는 성당에
갈 때만 외출을 한다. 그 외에는 언제나 집을 지킨다. 부모님이
모두 출근한 뒤 텅 빈 집에서 혼자 창밖을 내다보고 있을
것이다. 마당에서는 강아지가 나비를 쫓으며 하품을 할 테고,
저 멀리 아이들이 교복을 입고 등하교를 하는 모습이 보일
것이다. 그리고 때로는 내 문자를 기다릴지도 모른다.

나는 어느덧 어린 시절 내가 그리도 동경했던 세계의 어떤 한 점에 위치하고 있었다. 그러나 행준이에게는 들뢰즈의 책 제목이 《천 개의 고원》이든 《천의 고원》이든 무슨 상관이겠는가. 나는 그런 주제들로 수다를 떨다가 시간이 되면 수업에 들어갔고, 수업이 끝나면 신림동의 어디에선가 술을 마시거나 삼겹살을 먹고 기숙사에 들어와 잠을 잤다. 주말에는 차를 끌고 나가 영화를 보고, 장애인권연대사업팀 회의에 참석하고, 친구들과 밴드 연습을 했다. 그동안 행준이는 똑같은 천장 무늬를 바라보며 내게 문자를 보냈을 것이다.

여전히 많은 것이 불편했지만 여러모로 나아진 대학에서 나는 어색하게나마 존재하고 있었다. 적어도 행준이가 있는 세계에서는 떠나온 것처럼 보이기도 했다. 하지만 나는 3천 원짜리 아이스 아메리카노를 사먹는 동안에도 학교에 가지도 직업을 얻지도 못한 채 방 안을 세계의 전부로 삼고 20대를 보내는 친구들을 생각해야 했다. 동시에 대학이라는 공간에서 적어도 '평범한 20대'처럼 보이기 위해 소비해야 할 물건들에 대해서도 생각해야 했다. 내가 이 공간에서 평범한 존재로 보이기 위해 발버둥 치는 동안 부모님은 어딘가에서 노동을 하고 있었고, 행준이는 하루 종일 방에 앉아 있었다.

장애인권연대사업팀 활동은 내가 그 중간 지점에서 유일하게 선택할 수 있는 타협점 같은 것이었다. 적어도 이

공간에서 회의를 하는 동안만큼은 행준이에게 답 문자를
보내는 것 이상의 일을 한다는 안도감이 들었기 때문이다.
그러나 한편으로 이 모든 활동과 고민들은 어린아이 같은
허영심에 불과한듯 생각되기도 했다. 일찌감치 행정고시에
합격한, 행준이보다 세 살이나 어린 대학 동기를 축하해주면서
나는 내가 도대체 어디에 살고 있는지 종잡을 수가 없었다.

대학에 입학한 이후부터 대학원에 들어온 지금까지,
나는 완전히 분리된 두 세계의 경계에 있다. 한편에는 판사와
사무관, 의사인 친구들이 있다. 소위 사회적으로 인정받는
직업 혹은 지위들이다. 그 반대편에는 직업을 갖기는커녕 한
달에 한두 번 외출하기도 어려운 장애인 친구들이 있다. 나는
양쪽 친구들과 비슷한 빈도로 연락을 주고받고 별다르지
않은 태도로 대화를 나눈다. 그러나 이 두 세계는 일반적인
기준에서 너무나 다른 곳에 위치한다.

물론 누구든 하나의 세계에서만 살지는 않는다. 장애가
있고 없고를 떠나 사람은 저마다 이질적인 삶의 조건을 갖는다.
어쩌면 그것은 필연적이다. 그러나 현저한 이질감이 두 세계를
완전히 갈라놓는다면, 우리는 그 힘의 가장 강력한 근원이
무엇인지 정도는 생각해봐야 한다.

사회 구성원 간에 정보, 교육기회, 자본, 재능과 의지는
균등하지 않고 이로 인해 극도로 한정된 자원과 기회만을

누리는 사람들이 존재한다. 우리는 이 사람들이 다수의 사회 구성원과는 동일하지 않은 '위치'에서 산다고 생각할 수 있다. 하지만 이 경우에도 우리는 하나의 세계를 여전히 가정한다. 같은 세계에 살지만 '낮은 위치'에 사는 사람들이라고 생각하는 것이다.

그러나 장애인의 삶은 어떠한가. 장애를 가지게 된 사람 중 다수는 하나의 세계에서 각자 다른 위치에 존재하는 것이 아니다. 그들은 아예 '다른' 세계에 존재한다. 우리가 완전히 별개의 세계로 떠올릴 수 있는 이미지들, 예컨대 교도소, 동물원, 병원, 하수도 같은 곳들과 닿아 있는 세계. 폐쇄되어 있어 잘 드러나지 않지만, 일상의 세계에 사는 사람들과 밀접한 관계를 맺고 있는 곳. 명백히 바로 옆에 존재하지만 존재하지 않는 것으로 치부되는 곳. 그곳은 바로 '비정상의 세계'다. 바로 거기에 장애인이 있다.

나는 그 비정상의 중심과 정상의 중심 한가운데에 있다. 그곳에서 언제나 열등감과 우월감 사이를 오가며 줄타기를 했다. 학교에서 나는 뛰어난 학자들의 강연을 듣고, 임마누엘 칸트의 《순수이성비판》 따위를 읽는다. 그러나 지하철에서는 돈을 받는 존재다. 《순수이성비판》을 내밀며 천 원짜리를 구걸하는 장애인은 어딘가 어색하다(칸트의 얼굴 위로 백 원짜리 동전이 쌓인다니!). 이는 전혀 어울리지 않는 것 같지만, 나는 그

두 가지를 동시에 살고 있다.

이런 분열은 우리 사회가 철저하게 '정상'의 세계와 '비정상'의 세계로 분리되어 있기 때문이다. 어떤 학벌과 지위는 철저히 한쪽에 속해 있고 장애인과 같은, 즉 불균형하고 왜곡되어 있으며 속도가 느린 몸은 철저히 비정상의 세계에 속해 있다. 그리고 각각의 세계는 각자의 네트워크로만 구성된다. 나는 한쪽으로는 《순수이성비판》이나 법전을 들고 서 있는 대학원 동료들과 판사들, 다른 쪽으로는 아무런 교육도 받지 못하고 외출조차 하지 못하는 장애인 친구들을 바라본다.

기영이 형은 민교와 비슷한 장애를 가진 뇌병변 장애인이다. 그는 초등학교 5학년까지 일반 학교에 다녔고 공부를 상당히 잘하는 편이었지만, 아이들의 놀림을 견디지 못하고 학교를 그만둔 후 몇 년간 집과 장애인 시설에서 지내다 뒤늦게 재활학교에 진학했다. 그는 수학에 재능이 있었고, 운동신경이 뛰어나 재활학교에서 이런저런 힘든 일을 도맡아 했다. 리더십과 유머 감각까지 있어 친구가 많았다. 그의 말은 처음 듣는 사람에게는 잘 들리지 않지만, 그만의 발음 패턴에 익숙해지면 대화를 하는 데 아무런 지장이 없다. 그 역시 처음 대화하는 사람 앞에서는 긴장을 하기 때문에 발음하는 것이 더욱 어렵지만, 상대와 익숙해진 이후에는 달변이라 할 정도로 말을 잘했다.

기영이 형은 총명한 학생이었다. 그러나 집안 사정이 많이 어려웠고, 스스로도 중심을 잡지 못하고 방황했다. 고등학교에 입학한 후로는 공부를 거의 하지 않았다. 오로지 빨리 졸업해 돈을 벌어야겠다는 생각뿐이었다. 그는 고등학교를 졸업하자마자 취업 전선에 뛰어들었다. 당시 노동 시장 상황이 워낙 좋지 않아 많은 젊은이들이 취업을 못한 건 사실이지만, 그는 아예 면접조차 보지 못했다. 단순한 직종에서도 면접관은 몇 마디 대화를 나눠보고는 의사소통이 안 되어 힘들 거라며 그를 내보냈다. 물론 그렇게 대화를 시작이라도 한 경우는 매우 신사적인 편에 속했다. 대부분은 문턱에도 가보지 못하고 거절당했다.

뇌병변장애를 가진 기영이 형의 근육은 자주 경직되었고, 이 때문에 그의 말과 움직임은 사회가 '정상적'이라고 요구하는 모습에서 거리가 멀었다. 그는 업무에서 요구되는 기능과 지식이 아니라 '정상성'을 결여했던 것이다. 민교가 일반 학교에 진학했을 때에도 이러한 신체적 특징이 그의 학교 적응을 어렵게 했다.

하지만 민교의 경우 1학년 초반의 어려운 시간이 지나자 반 친구들이 그의 소통 방식에 점차 익숙해졌고, 곧 그의 말을 모두 이해할 수 있게 되었다. 그의 유쾌함과 재능이 주변으로 퍼져나갔다. 민교는 대학을 졸업한 지금까지도 함께 축구를 하고 여행을 다니는 좋은 친구들을 여럿 만났다.

안타깝게도 기영이 형에게는 민교와 같은 기회가 주어지지 않았다. 고등학교는 사회가 미성숙하다고 여기는 청소년들이 모여 있는 곳이지만, 오랜 시간 같은 장소에서 서로에게 익숙해질 기회가 있고, 경제적 이해가 서로의 관계를 덜 규정하기에 어느 곳보다 '성숙한' 관계가 가능한 사회이기도 하다. 반면 학교 밖 사회에서는 개인의 능력과 성향이 특정 필터를 통과하지 못하면 관계망에 진입할 기회조차 주어지지 않는다. 기영이 형에게는 일터에 다가가는 것조차 허락되지 않았다. 재활학교에서만 생활했던 그는 사회의 그 냉정한 '필터링' 작업을 미처 생각지 못했다.

기영이 형은 뒤늦게 대학에 진학해 나름의 삶을 꾸려가고 있지만, 그때의 경험은 여전히 그에게 충격으로 남아 있다. 바로 이러한 경험이 두 세계 사이에 강력한 '선'을 긋는다. 이 선은 어린 시절 우리에게 매우 강렬하고 충격적으로 다가왔다. 친절하게 웃음을 흘리며 봉사활동을 오던 기업과 길에서 기꺼이 도움의 손길을 내밀던 이 사회의 많은 사람들이 어느 순간 진한 펜을 들고 내 앞에 선 하나를 분명하게 긋는다. 학교는 받아주지 않는다. 직장은 면접의 기회조차 주지 않는다. 장애인 관련 기관이 설치된다고 하면 엄청난 반대가 지역 전체에 휘몰아친다.

길을 가다 만나는 장애인에게 천 원짜리를 쥐어주며
어깨를 두드리고, TV에 등장하는 딱한 사정을 가진 이들에게
ARS로 성금을 보내는 이 세계는 자신의 영역으로 직접
침투해 들어오는 이질적인 존재들에게는 그 앞에 선을 그어
'분리'의 뜻을 확실히 한다. 그곳에 바로 비정상의 세계가
구축된다. 정상과 비정상은 이처럼 분명하게 다른 두 세계로
분리된다. 이렇게 갈라진 세계는 자체적으로 그 체계를 반복
재생산하면서 완전히 다른 인간들의 삶을 만들어낸다.

그 한쪽에 건강하고 열정적이며 좋은 직업과 매력적인
연인을 가진 내 친구들이 있고, 다른 한쪽에는 간신히
고등학교를 졸업한 뒤 아무 곳에도 갈 수가 없어 집을 지키는
나의 또 다른 친구들이 있다.

분리된 세계

두 가지 분리된 세계는 우선 교육에서 시작된다. 우리나라는
오래 전부터 장애인을 위한 특수학교를 설립해 장애인
교육을 담당해왔다. 특수학교는 당시 장애인이 전혀 교육을
받을 수 없던 열악한 환경에서 매우 중요한 역할을 했다. 각
장애 유형에 맞는 교육 프로그램을 개발하고, 직업교육과

재활훈련을 시키는 시스템은 분명 일정한 의미가 있다.
그러나 특수학교와 이른바 '일반' 학교로 분리된 시스템이
공고해지면서, 아이들은 장애인과 비장애인이 완전히 다른
존재가 아니라는 사실을 경험할 기회를 잃었다.

　게다가 특수학교는 대체로 지역 주민들이 강력하게
반대하기 때문에(아이들 교육 환경에 나쁘다는 이유로 말이다. 도대체
장애아의 존재가 교육에 왜 악영향을 끼친다는 것인지 나는 아직도
전혀 이해할 수가 없다) 시골이나 도시 외곽에 설립된다. 그러다
보니 아이들은 다양한 신체를 가진 존재들이 이 땅에 아주
많이 살고 있다는 사실을 자연스럽게 경험할 기회가 없다.
그들에게는 오로지 한 가지 유형의 인간만이 각인되는 것이다.
내가 밖으로 나갔을 때 아이들이 나를 뚫어지게 쳐다보는 것은
어쩌면 당연한 일이다.

　잘 알고 지내는 장애인 가운데 다섯 살 된 조카를 둔
사람이 있다. 그는 이 아이를 정말 예뻐해 매일같이 놀아주고,
선물도 사다주곤 한다. 어느 날 이 아이를 우연히 만났는데,
놀랍게도 아이는 나를 전혀 신경 쓰지 않았다. 또래의
아이들이 그 또랑또랑한 시선으로 내 몸 구석구석에 구멍을
내는 것과는 완전히 달랐다. 아직 세상을 덜 접한 아이들의
말랑말랑한 시선은 어떤 자극을 경험하는가에 따라 그 폭이
결정된다. 안타깝게도 대부분의 아이들이 일정한 범위 내의

자극만을 경험하기 때문에 그것에서 조금이라도 벗어나는
존재에 대해서는 배타적인 태도를 갖게 된다.

장애인과 비장애인의 철저한 분리 교육은 많은 노력을
통해서 조금씩 개선되고 있다. 대표적으로 일반 학교에
'특수학급'(특수학교와는 다르다)을 설치해 발달장애가 있는
아이들이 통합된 문화를 경험하게 한다. 특수학급 설치는
발달장애가 있는 아이들의 학습 능력을 고려해 교과과정은
일부 달리하되, 비장애인 아이들과 함께 생활할 기회를 늘리기
위한 차선책이다. 통합된 교실만큼 완전하지는 않겠지만 일반
학교에 특수학급을 설치하는 것은 분명 완전히 분리된 학교를
운영하는 것보다는 긍정적이다.

그러나 문제는 특수학급의 수가 매우 제한적이라는 점이다.
초등학교보다 중학교가 현저히 적고, 고등학교로 올라가면
그 수가 더 줄어든다. 그래서 많은 장애아이들이 교육과정을
한 단계씩 올라갈 때마다 진학을 포기하거나, 특수학교를
찾아가게 된다. 장애아이를 둔 부모들이 교육청 앞에서 자주
시위를 하는 것은 이 때문이다. 자기 아이가 갈 중·고등학교가
아예 존재하지 않는 현실에서 부모들이 격양된 감정으로
거리로 나오는 것은 충분히 이해할 만하다(다시 말하건대,
외고나 과학고의 숫자를 늘려달라는 게 아니다. 그저 갈 수 있는 학급을
늘려달라는 것이다).

사실 지체장애나 청각, 시각장애를 가진 경우는 교과
내용을 따라가는 데 큰 문제가 없는데도, 일반 학교에 장애인을
위한 시설이 갖춰져 있지 않거나 시각장애인용 학습 장비나
교과서가 없어 특수학교로 가는 아이들이 많다. 그 모든
것들을 감수하고서라도 일반 학교로 가려는 의지를 가진
아이들도 있지만, 내 경우처럼 대개는 학교에서 아예 받아주려
하지 않는다. 괜히 이런 아이들을 받았다가 여러 가지 요구를
해오면 학교에 부담이 되기 때문이다. 또 이 아이들을 돕던
다른 아이들에게 문제가 생기거나 학습에 방해가 된다는
소리가 나올 경우 학부모들이 항의해올 것이 우려되기
때문이기도 하다.*

2005년 일본에서 방영되었던 드라마로 국내에서도 큰
인기를 끌었던 〈1리터의 눈물〉은 이와 같은 장애 청소년들의
현실을 생생히 보여준다. 주인공 이케우치 아야는 공부도
잘하고 운동도 잘하는 모범생에, 학급 임원을 하는 등 아주
활발한 고등학생이었지만, 어느 날 갑자기 희귀질환에 걸려
휠체어를 타고 생활하게 된다. 학교는 곳곳이 계단이었고
아야를 위한 어떤 교육 프로그램도 준비되어 있지 않았지만,
아야는 친구들의 도움으로 학교생활을 이어간다. 그러나
계단에서 그녀를 돕던 친구가 부상을 당하기도 하고, 필기

속도가 느린 아야를 배려하느라 수업 진도가 늦어지자
아이들의 불만이 터져 나온다. 결국 학부모들의 항의가 심해져
아야는 학교 측의 압력으로 자퇴를 하고 양호학교(일본의
특수학교)로 전학을 간다.

이 드라마는 실존인물인 키토 아야의 자전적 소설이
원작이다. 우리나라의 상황이 이와 다르지 않다. 그래서
나는 주인공 아야의 실제 일기에서 인용한 대사를 생생하게
기억한다. 아야는 장애인이 된 이후 자신이 느리고, 타인에게
부담을 주고, 불편한 존재로 대우받고 있음을 알게 된 날
일기장에 이렇게 썼다.

● 2019년 현재, 약 20년 전인 1999년 말 내가 고교에 입학할 당시처럼 명시적
으로 학교에서 입학을 거부할 수는 없다. 만약 학교가 시설물이 갖추어지지 않
았다는 이유로 장애학생의 입학을 허락하지 않는다면, 2008년부터 시행중인
장애인차별금지법에 따라 국가인권위원회의 차별시정권고를 받거나, (입학 거
부를 당한 장애학생이 직접 소송을 제기하면) 법원으로부터 학생을 입학시키
라는 구제조치 명령을 받아야 할지 모르기 때문이다. 무엇보다 이 사실이 알려
지면 SNS 등에 폭발적으로 공유되며 사회구성원 다수의 지탄을 받을 것이다.
우리는 1999년보다 훨씬 변화된 사회를, 이 글을 쓰던 2009년보다도 더 진일
보한 사회를 살아간다. 그러나 명시적으로 거부할 수 없다고 장애학생들이 누
구나 일반 학교에 진학하는 것은 아니다. 2018년 기준으로 전체 특수교육 대
상자 90,780명 가운데 25,919명은 특수학교에 다닌다. 일반 학교에 다니더라
도, 통합된 교실이 아니라 장애학생들을 모아놓은 '특수학급'에 속한 학생 수
가 전체의 절반이 넘는 48,848명이다(교육부, 〈2018 특수교육통계〉). 현실의
어려움을 고려하더라도, 이 통계는 우리 사회가 아직 통합을 말하기에는 이르
다는 점을 보여준다.

"분하고 비참했다."

교육에서 시작된 분리의 경험은 이후 더욱 격차를 벌이며
지속된다. 내 친구는 재활원을 졸업한 후 대전에 있는 장애인
직업전문학교에 들어가 자격증을 취득했다. 그러나 어디에도
취직이 되지 않았다. 그래서 이번에는 일산의 직업전문학교에
진학했다. 그리고 다시 다른 자격증을 취득했다. 하지만 역시
일자리를 얻지 못했다. 그다음에는 경기도의 직업전문학교에
들어갔다. 그런 식으로 그는 1년에서 2년 단위로 전국의 장애인
직업훈련원을 순회했다. 사실 그는 취업이 안 될 거라는 걸 잘
알고 있었지만, 단독주택인 집에 있으면 외출도 하기 어렵고
가족들에게 부담만 되기 때문에 차라리 편의시설이라도 잘
되어 있는 직업훈련원 기숙사에서 생활하고자 했던 것이다.

자연스럽게 그의 네트워크도 모두 장애인으로 구성되었다.
물론 장애인으로서 장애를 가진 사람과 가깝게 지내는 것은
좋은 일이다. 나 역시 장애인 친구들과만 공감할 수 있는
것들이 있다. 아무리 가까운 사이라도 비장애인 친구 앞에서는
결코 꺼낼 수 없는 이야기들이다. 그러나 자신의 모든 지인이
장애인이고, 장애인을 위한 특수 기관에서만 계속 생활하게
되면 그는 두 가지 세계 중 한 곳에 완전히 포섭된다. 그렇게
나이가 들어 직업도 없고 가족도 모두 떠나면, 그가 갈 곳은
소위 '장애인 생활시설' 또는 '사랑의 집'이라고 이름 붙여진,

기도원과 같은 수용시설뿐이다.

갈 곳이 없어진 내 친구는 밥을 먹여주고 잠을 재워주는 어떤 곳을 찾아 들어갔다. 다행히 그곳을 운영하는 분은 동네 유지로, 따듯하고 올바른 사람이다. 그분 덕에 그는 밥을 먹고 편안하게 잠을 잘 수 있게 되었다. 그러나 또 다른 친구가 찾아간 곳은 좀 달랐다. 툭하면 친구에게 욕을 해대고, 특정 종교를 믿으라고 강요하고, 선거일에는 특정 후보를 찍으라며 넌지시 압력을 넣었다. 외출도 할 수 없었고 음식도 형편없었다. 이처럼 어떤 제도가 주는 혜택이 운에 따라 결정된다면, 우리는 그것의 효용과 도덕적 정당성을 의심해봐야 한다.

비정상 세계의 지옥 같은 이야기

장애인 시설은 일제강점기에 한센병(이른바 '문둥병'이라 불리는 병) 환자들을 수용했던 소록도의 수용시설 같은 곳을 모태로 확산되었다. 이후에는 전쟁으로 생긴 수많은 장애인, 고아들을 수용하기 위해 서구에서 건너온 선교사들이 시설을 만들었다. 수많은 전쟁고아와 상이군인을 감당할 수 없었던 우리나라의 복지 시스템은 이런 사적 구제에 많은 부분을 의존해왔다.

그러나 이런 수용시설은 내부적으로 아주 많은 문제들을 안고
있다.

장애인 생활시설의 가장 대표적인 문제는 인권침해와
회계부정 그리고 비리 사건이다. 사회복지를 위한 공간으로
인정받고 법적 요건을 갖추면 정부에서 시설에 보조금을
지급한다. 설사 법적 요건을 갖추지 못한 미신고 시설이라도
동네 주민들이 좋은 일 한다며 찾아와 봉사활동을 해주고
후원금을 준다. 물론 이러한 기금이 시설에서 생활하는
사람들을 위해 올바르게 사용되는 경우도 많다. 그러나
안타깝게도 그 반대의 경우를 보여주는 사례도 적지 않다.

가장 대표적인 예는 경기도 평택에 위치한
에바다농아원이다. 에바다의 운영 주체인 에바다복지회는
농아인 생활자들을 인신매매, 폭행, 성폭행, 감금하거나
사망한 장애인을 신고하지 않고 계속 생계비를 타거나 한
명을 이중으로 신고하여 보조금을 횡령하는 등 4억여 원의
회계부정을 저질렀다. 1996년 에바다 원생들은 이 사건을
알리기 위해 시위를 시작했다. 이 사건은 이렇게 세상에
알려졌으나, 이후 경찰과 평택시의 소극적인 대처로 미해결된
채 2003년까지 이어졌다. 농성 기간 중 미군에 의한 성폭행,
원생의 의문사 등 인권침해 사건들이 끊이지 않고 일어났다.

에바다 사건의 지옥 같은 참상은 21세기를 살고

있는 현실에서 도저히 일어날 수 없을 것 같지만, 명백한 사실이다. 에바다농아원만큼의 폭력과 비리까지는 아니어도, 수용시설에서의 끔찍한 삶을 묘사한 증언들은 많다. 한 기도원에서 생활했다는 장애인은 그곳에서의 삶을 이렇게 표현한다.

> 이건 기도원이 아니고 정신질환자들 수용소다. 한 달에 한 번 사람이 죽어나갔다. 정신질환자 80퍼센트, 알코올중독자 20퍼센트, 한 방에 예순 명이 똥통, 소변통 옆에서 잤다. 새벽 4시 기상 시간. 배고파서 개밥도 먹어봤었다. 완전 삶을 포기한 상태였다. 그 당시 나이 서른한 살. 정말 거기서 죽고 싶었다. 그만큼 생의 의욕도 없었다. 하루하루 지옥 같은 나날들은 계속되고 그러던 어느 날 기도원 사람이 신고를 해서 기도원이 방송국에 나왔다. 9시 뉴스에 방영이 되고, 그다음 날로 폐쇄되었다.[7]

똥통과 소변통 옆에서 잠을 자고, 배고파서 '개밥'을 먹기도 했다는 그의 증언에 이어 또 다른 한 장애인은 자신의 시설 생활을 마치 하나의 시처럼 묘사한다.

> 아침에 콩나물국이 나온다. 넓은 대접에 밥을 말아가지고 온다. 아이들은 그것도 정말 잘 먹는다. 점심은 콩나물국에 김치를 넣은

국이 나온다. 저녁은 콩나물국에 김치를 넣고 거기다 두부를 넣은 국이 나온다. 거기다 밥을 말아서 아이들에게 먹인다. 잘 먹는다. 왜? 배고프니깐! 그들이 사온 과자들은 고스란히 창고로 들어가서 썩고 있다는 것을 그들은 모를 것이다. 그런 위문품은 들어온 순서대로 창고에서 나온다. 유통기한 다 지난 바람 들어간 과자. 그것도 잘 먹는다. 왜? 배고프니깐. 춥고 배고픈 것보다 더 슬픈 건 내가 짐승이 되어가는 기분이었다.[8]

이 글을 쓰는 동안 기영이 형을 만났을 때 그는 재활학교에 오기 전 목포에서 위와 같은 시설에 있었다고 말해주었다. 부모가 없었던 그는 그곳에 버려진 후 스무 살까지 살았다. 마음대로 외출도 할 수 없었고, 밤마다 원생 간의 폭력에 시달렸지만 아무도 그것을 통제하지 않았다고 한다. 그곳을 가까스로 빠져나와 재활학교에 왔을 때, 그는 엄청난 자유를 느꼈다. 사실 재활학교 역시 소외되고 고립된 공간이었는데도 말이다.

2005년 국가인권위원회의 연구 용역 보고서 〈장애인 생활시설 생활인 인권상황 실태 조사〉에 따르면 위와 같은 극단적인 상황까지는 아니어도 상당수의 시설에서 인권침해가 발생하고 있음을 알 수 있다. 시설 입소를 장애인 본인이 스스로 결정했다는 응답은 다섯 명 가운데 한 명뿐이었고,

먹고 싶은 것을 언제든지 직접 사먹을 수 있다고 말한 장애인은
응답자의 10퍼센트에 불과했다. 시설 내에서 성폭력을
포함해 폭력을 경험한 장애인은 무려 38.2퍼센트나 되었다.
2006년에는 경기도 김포의 한 시설에서 시설주가 그곳에
수용되어 있던 장애 여성을 성폭행한 뒤 병원에 데려가 루프를
넣는 불임 수술까지 시킨 사건이 발생했다.[9] 이 생활시설의
이름은 '사랑의 집'이었다. 이런 사랑, 섬뜩하지 않은가?

한편, 인권침해가 발생하지 않도록 노력하는 현명하고
윤리적인 운영주의 시설일지라도 그곳에서 생활하는
장애인들은 사생활을 거의 누릴 수 없다는 점도 문제가 된다.
시설에 수용된 장애인은 성인이 되어 결혼할 사람을 만나도
단체 생활을 해야 하기 때문에 성생활을 즐기지 못한다.
미국에서 이른바 '탈시설 운동'이 벌어졌을 때 등장한 표어가
이러한 상황을 적나라하게 보여준다.

> "My mom and dad can't have sex in the nursing room(엄마,
> 아빠는 시설에서 섹스를 할 수 없어요)!"

인권침해만큼이나 심각한 고질적인 문제는
회계부정이다. 장애인은 부양자가 없으면 보통 국가에서
'국민기초생활보장대상자'로 선정하고 일정한 돈을 매월

지급한다. 그런데 시설에서 생활하면 이러한 돈을 시설주가
관리하는 경우가 대부분이다. 바로 여기서 회계 비리가 자주
발생한다. 만약 여러분이 장애인 시설을 방문해 코끝이 찡한
경험을 하고 몇 푼의 돈을 시설에 기부한다면 행운을 빌어야
할 것이다. 시설주가 다행히 '개념 있는' 사람이라면 당신의
돈이 그곳 장애인들에게 도움이 되겠지만, 안타깝게도 '개념
없는' 사람이라면 당신의 돈은 아마 그의 외제차 엔진오일을
교체하는 데 쓰일 것이다.•

　요컨대 장애인 시설에서 생활하는 이들은 대부분 단체
생활이라는 명목하에 사적인 일상을 포기해야 하고, 자신의
재산을 스스로 관리하고 소비할 수 있는 결정권도 갖지 못한다.
그렇다고 해서 그 시설이 마음에 안 든다며 마음대로 퇴소할
수도 없다. 대부분은 평생 그곳에서 생활하면서 자신이 원하는
음식이나 옷을 구입해보지도 못하고, 일요일에도 늦잠을 자지

• 장애인 거주(생활)시설에서 벌어지는 폭력, 회계부정 등의 문제는 2019년
현재까지도 종종 언론을 통해 보도된다. 물론 이러한 문제를 해결하기 위해 장
애인단체, 정부, 좋은 시설을 운영하고자 하는 운영자와 종사자들이 노력해왔
고, 이 때문에 과거와 같은 심각한 인권 유린은 줄었다. 그러나 장애인 거주시
설에는 여전히 3만 명이 넘는 장애인들이 있고, 이들이 지역사회와 격리되어
살아간다는 점은 변하지 않았다. 문제의 본질은 왜 장애를 가지게 되면, 자신
이 원하지 않는 경우에도 집과 지역사회를 떠나 낯선 사람들과 단체생활을 시
작하고, 유지하고, 그곳에서 생을 마감해야 하는가라는 물음에 있을 것이다.

못하며, 원하지 않는 종교를 믿으면서, 결혼이나 사랑은 꿈도
꾸어보지 못하고 죽는다.

　수년 전부터 장애인들은 필연적으로 장애인의 삶을
구속할 수밖에 없는 시설 위주의 장애인 정책을 지속적으로
비판하고, '자립생활운동independence living movement'을 추구해왔다.
자립생활운동은 수용시설의 인권침해와 전문가들에 의존한
수동적인 삶을 비판하며 장애인들이 지역사회에서 살 수 있는
기반을 만드는 운동이다.

　하지만 심각한 인권침해 사례들이 보도되어도, 여전히 시설
확장과 개선을 중심에 두는 장애인 정책방향은 크게 달라지지
않았다. 이를 비용 문제 때문이라고 볼 수만은 없다. 전국에는
엄청난 수의 장애인 수용시설이 있고, 신고하지 않은 것까지
포함하면 그 수는 더욱 늘어날 것이다. 정부는 이 시설들에
막대한 예산을 투입해 시설 운영, 확장 및 개선을 위해 쓰고
있다. 장애인들은 바로 그 비용을 장애인들이 지역사회에서
'자립생활'을 할 수 있도록 주거 대책을 지원하고 활동보조인을
파견하는 데 써야 한다고 주장한다. 이러한 주장에도 불구하고
여전히 시설 위주의 정책에 커다란 변화가 없는 이유는 오랜
기간 지속된 정책이 갖는 강력한 관성과 이를 둘러싼 많은
이해관계 때문일 것이다. 또한 시설이 없어진 후에 생길 수 있는
여러 가지 현상을 두려워하기 때문이기도 하다.

시설에 있는 장애인들이 모두 지역사회에서 살게 된다고 생각해보라. 정부가 쓰는 예산에는 큰 차이가 없다고 해도 내 옆집과 앞집, 혹은 학교나 가게에 팔다리가 뒤틀어지고 휠체어를 끌거나 지팡이를 짚은 채 '이상한' 소리를 내는 사람들이 자주 눈에 띈다면 싫어할 사람들이 많을 것이다. 뉴스에서 만약 이런 이야기가 나온다면 "에이, 몹쓸 사람들……"이라며 혀를 찰 사람들도, 만약 자기 동네 집값이 떨어진다면 누구보다 앞장서 반대 목소리를 낼지 모른다. 우리는 솔직해야 한다. 비정상적인 인간들과 함께 살 준비가 되어 있지 않다고 말해야 한다. 내가 또는 우리 아이가 그 비정상의 범주에 포함될까 봐 두렵다고 말해야 한다. 차라리 그 편이 새로운 대응책을 모색하기에 편리하다.

그러나 여기서 더 생각해야 할 문제가 있다. 과연 '정상적인' 사람들이 단지 '비정상적인' 인간들을 좋아하지 않기 때문에 분리된 두 세계가 영원히 유지되는 것일까? 나는 꼭 그렇지는 않다고 생각한다. 어떤 사람들은 신체적·정신적 장애인 모두에 대해서 매우 관용적이고, 또 함께 살기를 바라거나 선량한 관심을 보이기도 한다. 오히려 우리는 어떤 면에서 '비정상인들'을 '구경'하고 싶어 한다.

물론 내가 묘사한 세계가 극단적인 경우라고 말할 수도 있다. 그러나 실제로는 사람들이 일상에서 종종 마주치는

사례들, 대학을 나와 방송에 간혹 이름을 올리는 장애인들이
훨씬 더 예외적인 경우에 해당한다. 길거리에서 마주치는
장애인들이야말로 희소한 사람들이다. 상당수의 장애인들은
지금 이 순간도 집 안에서 혹은 수용시설에서 지내고 있다.

몇 년 전 우연히 알게 된 한 장애인은 약 40년간 작은
시설에서 생활했다. 어린 시절 가난 때문에 시설로 찾아간
그는 밥을 굶기지 않는 것만으로도 만족할 수 있었다고 한다.
바깥세계가 숨 가쁘게 변해가는 동안 그의 삶은 전혀 변하지
않았다. 매일같이 새로운 햇볕이 방을 비추고, TV 속의 세상은
달라져갔다. 그러나 그는 시간조차 느리게 흐를 것 같은
공간에서 청춘을 다 보냈다. 그러다가 40년이 지나 바깥으로
나왔다. 이렇게 집에만 있다가 밖으로 나오는 장애인들의 첫
경험을 장애 여성인 장향숙 전 국회의원은 이렇게 표현한다.

"나는 밖으로 나오던 날 두 가지 빛을 경험했다. 하나는
찬란한 햇빛이고, 다른 하나는 따가운 눈빛이다."

이렇게 수십 년씩 분리된 세계에서 고립된 채 지내야
하는 삶. 그것이 바로 비정상의 세계다. 그렇다면 왜 이
세계의 사람들은 정상의 세계에 고개를 내밀 수 없는가. 물론
'비정상의 세계'에 사는 사람들 중에서도 특히 장애인들이
사회에 적응하는 데는 여러 가지 물리적인 어려움이 있다.
그 어려움이 과장되거나 편견에 의해 왜곡되는 경우가 많긴

하지만, 장애인만의 특수한 어려움이 있다는 것을 부정할 수는 없다. 그러나 사실상 두 세계를 갈라놓는 가장 큰 장벽은 이런 현실적인 어려움이 아니다.

전시되는 사람들과 구경하는 사람들

지하철역 계단에는 휠체어 리프트라는 기계가 설치되어 있다. 이 기계는 중학교 1학년 음악교과서에 나오는 〈즐거운 나의 집〉을 배경음악으로 초속 3센티미터 정도의 속력으로 이동한다. 누군가가 "사람들의 시선을 이겨내는 훈련을 하고 싶다"라고 한다면, 나는 지체 없이 이 기계를 체험해보라고 추천할 것이다. 아, 이 기계에서는 추락 사고도 자주 일어나 몇 명의 장애인이 다치거나 숨졌다는 점을 밝혀둔다. 아마 보험이 필요할 것이다(보험료는 매우 고액일 것이다).

어쨌거나 추락 사고의 위험성만 감수한다면, 이 기계에 탑승하는 순간 우리는 주변의 거의 모든 시선을 한 몸에 받는 체험에 성공할 것이다. 나는 고등학교 1학년 때 여자 친구와 대학로에 데이트를 하러 갔다가 이 기계를 탄 적이 있다. 여기에 올라 타 있는 내 모습이 과연 섹시할 수 있었을까? 장담하건대 누구도 리프트를 타면 매력적일 수 없다(물론 내 여자 친구는 그렇지 않다고 말했지만). 다행히 내 여자 친구는 그리 크게 민망해하지 않았고, 우리 관계는 간신히 유지되었다.

장애인들은 많은 곳에서 '전시'되고 있다. 휠체어 리프트는 그 작은 예에 불과하다. 그러나 이렇게 전시될 것을 각오하지 않으면 장애인과 같은 비정상 세계의 거주민들은 정상의 세계로 나올 기회가 거의 없다. 커다란 현수막을 걸어놓고 시행되는 주민자치센터의 쌀 전달식은 어떠한가. 노인들을 길게 줄 세워 몇 시간 동안 기다리게 한 후 한 사람당 2백 원씩을 지급한 서울의 한 교회는 어떠한가. 이 모든 곳에서 전시되는 사람들, 그리고 이를 '구경'하는 사람들. 전시되는 자와 구경하는 자, 그들은 각각 서로 다른 두 세계를 대표하고 있다. 나는 전시되는 자들의 이야기를 조금 더 해보려 한다.

재활원에 있던 시절 한 모임에서 지급하는 장학금을 받은 적이 있다. 현역 여당 국회의원, 약사협회장 등 굉장한 사회적 지위를 가진 사람들로 구성된 그 모임에서는 나에게 매월 10만 원가량을 지원해주었다. 구성원은 대략 열 명쯤 되었던 것으로 기억한다. 하루는 그들이 어머니와 나에게 모임에 참석해달라고 요청했다. 나는 어머니와 함께 국회의사당에 있는 한 식당으로 갔다.

모임에는 듣던 대로 쟁쟁한 사람들이 있었다. 당시 그 자리에 모였던 사람들이 모두 어떤 지위에 있었는지는 잘

기억나지 않는다. 국회의원과 약사협회장 정도만 기억날
뿐이다. 그러나 해외에서 무슨 공부를 하고 있다는 사람을
비롯해, 우리 사회에서 이름만 들으면 알 법한 기관에 속한
사람들이었던 것은 분명하다. 그들과 나 그리고 어머니는
원탁에 앉아 식사를 했다. 국회의원의 소개로 우리 모두는
각자 한마디씩 자기소개를 했다. 자신은 무슨 일을 하고
있으며, 국회의원에게 어떠한 정책을 제안하고 싶다는 등의
얘기가 오갔다. 그 모임에서 실무를 맡고 있는 사람도 있었는데,
그녀는 자기를 소개할 차례가 돌아오자 자리에서 일어나
재활원을 방문했을 때의 감상을 이야기했다.

**처음 재활원에 갔을 때, 가슴이 먹먹했어요. 아이들이 천사 같은
눈을 하고 저를 바라보는데, 이 아이들에게 꼭 희망이 되어주고
싶었어요. 제 삶이 얼마나 감사하고 고마운 것인지 생각했고요.**

나는 당시 전혀 '천사처럼' 생기지도 않았거니와 내가 아는
재활원생들의 모습도 그래 혼자 웃었다. 그러나 어쨌든 나는
그들에게 돈을 받고 있었으므로 최대한 예의 바른 자세로
박수를 쳤다. 마침내 어머니 차례가 되었다. 그들은 나에게는
자기소개를 시키지 않고 바로 어머니에게 차례를 넘겼다.

우리 아이에게 도움을 주셔서 감사합니다. 여기 계신 분들
대단하고 훌륭한 분들인데, 이렇게 좋은 일을 해주셔서 힘이
됩니다.

소개가 끝난 후 그들은 식사를 하며 많은 대화를 나누었다.
하지만 나는 그 모임에서 단 한마디도 할 기회가 없었다.
나이가 어렸으니까 그럴 수 있다고 생각한다. 그러나 우리
어머니도 소개할 때 했던 한마디가 전부였다. 그 자리에서는
내가 알아듣기 어려운 많은 이야기들이 오갔다. 국회의원이
야당에서 여당으로 옮긴 이유나 금융에 관한 이야기 등이 나온
것 같다. 하지만 '천사 같은' 재활원생들의 목소리에 어떻게
귀 기울일 수 있을지는 전혀 논의되지 않았다. 나와 어머니는
조용히 밥만 먹었다. 나는 그들의 '고차원적인' 이야기가 도대체
나랑 무슨 상관이 있을까 생각하며 집으로 돌아왔다.

어린 나이였지만, 그 모임에 내가 왜 참가한 것인지
골똘히 생각해보았다. 도무지 알 수가 없었다. 물론 자신이
작게나마 돕고 있는 학생을 보고 싶었을 수도 있다. 그들의
도움은 실제로 내게 큰 힘이 되었고, 나 역시 그것을 부정하고
싶지 않다. 그러나 나는 그 자리에서 아무것도 아닌 존재로
취급되었다.

나는 그저 '전시'되었다. 그들의 모임에서 나는 일종의

간판이었다(위장僞裝이었을지도?). 그들이 모임을 유지하면서 가꿔온 화초 같은 존재였다. 우리 어머니의 존재 역시 다를 바 없었다. 어머니는 감사하기 위해서, 나는 전시되기 위해서 그 자리에 불려나간 것이다. '정상 세계의 중심'에 사는 그 사람들에게 나의 존재는 하나의 위안이요, 뿌듯함이요, 그들의 삶을 정화시켜주는 화초였을 것이다.

　고교 시절 예배 시간에 강당 안으로 한 남자가 들어왔다. 그의 몸은 뒤틀려 있었고, 바퀴가 달린 침대 위에서 천장을 바라보고 있었다. 눈은 수액이 전부 빠져버린 마른 나무처럼 부스러질 듯이 얼굴에 달려 있었고, 턱으로는 침이 흘러내렸다. 그는 내 옆을 지나 맨 앞쪽으로 옮겨졌다. 곧이어 네 명의 건장한 고등학생이 앞으로 나와 그를 침대째 들어 단상 위에 올려놓았다. 창밖은 화창한 봄날이었고, 강당은 수백 명의 고교생이 뿜어내는 에너지로 가득 차 있었다. 나는 맨 뒤에 앉아 창밖의 온도와 고교생의 젊음과 마른 나무의 눈을 가진 사내를 번갈아 응시했다.
　그의 삶에 대한 목사님의 설교가 이어졌다. 그는 온몸이 굳어져 결국 죽게 되는 희귀한 병에 걸렸다고 했다. 입술까지도 돌처럼 딱딱해지면서 죽는 것이다, 라고 목사님은 다시 한 번 강조했다. 나는 그의 눈이 나무껍질 같은 이유를 이해할 수 있었다. 친구는 휴대폰으로 게임을 하고 있었고 여자 아이들은 안타깝다는 듯이 수군거렸다.

그의 나이는 30대 초반 정도였던 것 같다. 매일 공원에 나가 간신히 움직이는 한쪽 팔로 교회의 선도지를 돌린다고 했다. 어렸을 때 고아원에 버려진 그는 스무 살에 독립해 막노동을 하며 살다가 병에 걸렸다. 가진 게 아무것도 없어 막막하던 차에 한 교회의 도움으로 간신히 생계를 유지하게 되었고, 바퀴 달린 침대도 얻을 수 있었다. 맨 뒷자리에서 나는 이런 이야기들을 들었다.

그가 전도지를 돌리기 위해 추운 날 광장에 나가 있는 모습을 상상해보았다. 우선 그가 어떻게 집에서 나갈지가 궁금했다. 화장실에 가고 싶으면 어쩌나, 사람들이 그의 마른 눈이 생각나 전도지를 곧장 버리지는 않을까, 나이가 서른 정도라면 여자 친구는 사귀어봤을까 등등의 생각이 이어졌다. 설교는 50분쯤 지나 끝났다. 그동안 그는 아무 말도 하지 않고 목사님의 설교가 끝날 때까지 단상 위에서 강당 천장만 바라보며 그저 자신을 보여주기만 했다. 그는 뼈가 굳어지는, 그래서 결국 죽음에 이를 자신이 하루가 다르게 뼈와 근육이 자라고 생명력을 얻어가는 고등학생들에게 어떤 의미로 다가갈지를 생각하지 않았을까.

그날 우리에게는 그의 비정상적인 모습이 '전시'되었다.

비정상임에도 불구하고 최선을 다해 종교 생활을 하는 그의
모습에서 우리는 두 가지를 얻어야 했다. 첫째, 나의 몸은
저렇지 않으니 얼마나 다행인가. 둘째, 나는 저 사람보다 훨씬
좋은 상태에 있으니 더 열심히 살자.

우월감, 그 잔인한 쾌락

대학의 온라인 커뮤니티에는 종종 죽고 싶다, 열등감을 느낀다
등의 글이 올라온다. 다들 고교 시절 '한 가닥'했던 인물들인
만큼 이 공간에서 자기 능력의 한계를 깨달을 때 극심한
열등감을 느끼는 것 같다. 세상의 기대에 비해 자신이 너무
작은 존재라 생각하고 많은 청년들이 좌절한다. 여러 사람들이
이에 공감하며 격려의 댓글을 남긴다. 그 가운데는 꼭 이러한
말들이 있다.

**꽃동네 같은 곳에 가서 봉사활동 좀 하고 오세요. 그럼 내 삶에
대해 진짜 감사하게 된답니다.**

만약 세상에 장애인 수용시설 같은 것이 없었다면
열등감에 시달리는 우리 20대들은 어디에서 구원을 얻을 수

있었을까. 하지만 이러한 충고는 커다란 결점을 가지고 있다. 우리의 열등감은 상대와의 비교에서 오는 것이다. 그런데 결국 자신보다 못한 사람이라고 생각되는 존재들에 의존해서, 그 열등감을 상쇄해보려 하고 있지 않은가. 이런 태도는 자신을 그 자체로 충만하게 만들지 못하고, 타인의 존재에 의지에 열등감을 극복하려 한다는 점에서 사실상 타인에 의해 열등감을 경험하는 것과 아무런 차이가 없다. 그러나 우리는 이렇게 타인의 존재를 통해 위안을 얻기를 희망한다. 그리고 그 위안을 얻는 가장 적절한 방법은, 바로 비정상적인 인간을 '구경'하는 것이다.

특히 정치인들과 연예인들은 구경의 차원을 넘어 자신의 존재를 고결하게 정화하기 위해 이 전시물들을 전국에 방영한다. 몇 년 전 당시 여당 대표가 수용시설의 40대 장애인을 목욕시키는 장면이 여과 없이 방영되어 논란이 된 적이 있다. 누군가를 목욕시켜주는 일은 그 자체로는 선량한 행위일지 모르나, 방송국 카메라 앞에서 대놓고 타인의 나체를 씻겨주는 일은 자신의 이미지를 위해 상대의 나체를 대중에게 파는 것과 다를 바 없다.

이러한 태도, 즉 한 인간을 행사의 화초로 취급하고, 종교적 감화를 위해 단상 위에 올려놓고, 알몸을 드러내 자신의 선량함을 과시하는 행위는 명백히 모욕이다. 그 의도는 선량했을지도 모른다. 그러나 의도가 선량하다고 해서 모욕의 본질이 부정되는 것은 아니다. 오히려 모욕은 때때로 상대를 '인간적으로' 취급할 때 성립한다. 히브리대학의 철학 교수 아비샤이 마갈릿Avishai Margalit은 그의 책《품위 있는 사회》에서 모욕을 이렇게 정의한다.[10]

> 모욕은 으레 모욕당한 자들의 인간성을 전제하고 있다. (…) 상대의 인간성을 부정하는 모욕 행위를 하려면 그를 의식이 있는 존재, 따라서 내적으로 인간적 가치를 소유한 존재로 간주해야 한다.
> —아비샤이 마갈릿,《품위 있는 사회》(동녘, 2008)

다시 말해, 모욕이란 상대의 인간성을 짓밟는 행위이기 때문에 일단 상대가 인간이라는 사실을 인정하는 데서 출발한다. 그 인간적 존재의 자존감에 상처를 주고, 자신의 우월성을 입증하려는 태도가 드러날 때 모욕이 발생한다. 자명종을 집어던지거나 가문비나무의 가지를 꺾는 것에서는 모욕이 발생하지 않는다. 정상 세계의 거주민들이 장애인을 '구경'하는 것이 모욕인 이유도 정확히 같다.

우리는 동물원의 톰슨가젤을 보며 그의 운명에 슬픔을 느낀다거나 마음의 위안을 얻지 않는다("톰슨가젤은 이렇게 갇혀 있는데, 취업 좀 안 되는 걸로 내가 이렇게 툴툴댔다니!"하며 위안 받는 사람을 본 적 있는가?). 그러나 같은 인간, 나와 다를 바 없는 한 인간인 장애인이 철저히 그의 '재수 없는 운명'에 의해 수용시설에 갇혀 생활하는 모습은 내 존재에 작은 위안이 된다. 물론 누군가는 "나는 위안을 얻기 위해서가 아니라, 장애인들의 삶이 정말 안쓰러워서 도우려는 것이다"라고 말할지 모른다. 아마도 우리 중 상당수는 비정상의 거주민들에게 진심으로 동정과 연민을 느낄 것이다. 그러나 그 감정이 선량한 진심인가 아닌가는 중요하지 않다.

장애를 가진 모든 사람이 일상에서 절절히 경험하고 있듯이 유치하기 이를 데 없는 휠체어 리프트의 음악 소리, 남녀가 공동으로 사용해야 하는 화장실, 휘황찬란한 현수막을 걸어놓고 시행되는 주민자치센터의 쌀 전달식 등은 누군가의 자존감에 상처를 낸다. 장애인을 앞에 놓고 구원 이후에는 완전한 육체로 살 수 있을 거라 설교하는 종교인이나 방송에 나와 "내가 너를 걷게 하겠다"라고 주장하는 과학자의 말 역시 내 존재의 가치를 미래의 구원에 맡겨야 한다는 의미나 다름없어 나를 침울한 열등감에 빠뜨린다.

이 모든 것은 선량하고 숭고한 외피로 둘러싸여 있지만 사실 "너의 안쓰러움을 내 능력으로 감싸 안고 싶다"라는 자기 우월성의 쾌락에서 촉발되는 것이다(물론 실제로 선량한 의도에서 출발한 경우도 있을 것이다). "요즘 너무 살기 힘들다"라는 친구의 고백에 "꽃동네에 가서 장애인들을 보고 오면 힘이 날 것이다"라고 충고해주는 사람들은 명백히 누군가를 모욕하는 것이지만, 자신보다 열등하다고 생각되는 인간들을 만나 자기 존재의 우월성을 확인하는 것은 너무나 큰 유혹이다.

이렇게 사회 곳곳에 모욕이 스며든다. 구경하는 자들, 즉 정상 세계의 거주민들은 끊임없이 전시되는 비정상 세계의 거주민들을 필요로 한다. 꽃동네에 가서 봉사활동을 하고 와야지만 비로소 자신의 '정상성'에 안도할 수 있듯이, 정상성은 '비정상'을 규정하면서 성립되기 때문이다.

프랑스의 철학자 미셸 푸코는 그의 두꺼운 책《광기의 역사》에서 역사 속의 '광인狂人'들이 어떻게 사회로부터 소외되어갔는지 그 과정을 추적한다. 여기서 광인이란 지금으로 따지면 정신질환자 또는 발달장애인이라고 할 수 있다. 푸코에 따르면, 사실 우리가 일반적으로 이성적, 정상적이라고 부르는 것은 가난하고 병들고 이상한 행동이나 말을 하는 사람 등을 한데 묶어 사회의 외부로 밀어내는 과정에서 탄생한다. 즉 정상이 먼저 존재한 것이 아니라, '비정상'을 만들어내면서 비로소 '정상'이란 개념이 생겨났다는 말이다.

'비정상'을 만들어내는 주요한 작업 중 하나로 푸코는 구빈원의 탄생을 주목했다. 구빈원은 17세기에 빈자와 부랑자, 장애인과 광인들이 거리에서 굶어 죽는 것을 방지하기 위해

한데 모아 수용하던 시설이다. 그 후 이 공간은 서구 고전주의 시대를 거치며 사람들이 광인의 모습을 구경하러 오는 곳으로 개방된다. 마치 동물원처럼. 사람들은 이곳에 와서 광인들의 모습을 '관람'하기 시작했다. 사람들은 정신질환자나 장애인 같은 '비정상적인' 인간들의 모습을 바라보며 자신은 그렇지 않다는 사실에 안도했다. 동시에 비정상이 되는 것이 얼마나 무서운 일인지 체험했다.

요컨대 정상은 비정상 없이 성립될 수 없다. 장애인 없이는 '건강한 몸'인 자신을 확인받을 길이 없다. 그래서 오늘도 많은 장애인이 이곳저곳에서 전시되고 있다. 그들의 모습을 보며 사람들은 눈물을 훔친다. 따가운 시선과 동정심 가득한 눈물은 모순되는 것이 아니다. 둘은 사실상 같은 맥락에 놓여 있다. 이러한 가운데 두 세계는 점점 더 멀어진다. 한쪽에서 법전을 들고 서 있는 내 친구와 다른 쪽에서 돈을 구걸하는 장애인은 서로에게 아무런 적대감을 갖고 있지 않지만 이렇게 차츰 하나의 세계를 살아갈 수 없게 되는 것이다.

함께 비를 맞는 연대

나는 장애인에게 선량한 관심을 품고 그들을 돕고자 하는 태도가 누군가를 대놓고 모욕하는 것과 별반 다르지 않을 수 있다고 말했다. 사실 이런 말을 하는 것은 상당히 조심스러운 일이다. 분명 우리 주변에는 이런 선량한 관심 덕분에 생존을 이어가는 많은 사람들이 있기 때문이다. 당장 장애인 시설에 누군가가 '구경'을 가서 후원물품이라도 전달하지 않는다면, 그곳에 있는 사람들은 더 열악한 처지에 놓일 것이다.

그러나 그러한 현실이 존재한다고 해서 한쪽에서는 동정의 눈물을 훔치면서 다른 쪽에서는 장애아의 전학을 반대하는 사람들의 행위가 도덕적으로 정당화되는 것은 아니다. 우리 모두가 그러한 면을 조금씩 가지고 있다는 사실이 곧 누군가가 모욕을 당하는 일에 우리가 아무런 책임도 느낄 필요가 없다는 주장으로 연결될 수는 없다.

물론 그렇다고 해서 장애인과 같은 소수자들, 이른바 비정상 세계의 거주민들을 위해 각자의 권리를 모두 포기하고, 완벽히 헌신해야만 진정으로 의미 있는 봉사라는 뜻은 아니다. 나는 만연해 있는 위선에 대해 말하고자 하는 것이다. 연민과 동정에 기초해 사실상 두 세계의 연결 고리를 단절하는 태도에 대하여, 장애를 가진 사람들도 뜨거운 피가 끓는, 그래서 모욕감과 좌절감에 촉수를 민감하게 세우고 있는 존재들이라는 사실을 각인시키고 싶을 뿐이다.

우리는 물론 함께 살아가야 하고, 그러기 위해서는 서로 도움을 주고받아야 한다. 그러나 그것은 인간 모두의 삶에 요구되는 보편적인 미덕이지, 장애인들이 착하고 순수하게 살면서 구걸해야 할 것은 아니다. 만약 장애인에게 순수와 구걸의 의무를 지워 이 사회의 공동체 문화를 미화시키려 한다면, 봉사활동 점수나 봉사활동을 통해 얻는 사회적 평판은 바로 '봉사의 대상들'에게 돌아가야 한다. 대상이 되는 것이 봉사를 하는 것보다 백배는 더 어렵고 헌신적인 일이기 때문이다. 그렇다면 두 세계는 어떻게 만날 수 있을까. 여기서 조금 길지만, 나는 고故 신영복 선생님의 글《감옥으로부터의 사색》을 인용하고 싶다.

> 칫솔 한 개를 베푸는 마음도 그 내심을 들추어보면 실상 여러
> 가지의 동기가 그 속에 도사리고 있음을 우리는 겪어서 압니다.
> 이를테면 그 대가를 다른 것으로 거두어들이기 위한 상략적인
> 동기가 있는가 하면, 비록 물질적인 형태의 보상을 목적으로
> 하지는 않으나 수혜자 측의 호의나 협조를 얻거나, 그의 비판이나
> 저항을 둔화시키거나, 극단적인 경우 그의 추종이나 굴종을
> 확보함으로써 자기의 신장을 도모하는 정략적인 동기도 있으며,
> 또 시혜자라는 정신적 우월감을 즐기는 향락적인 동기도 없지
> 않습니다. 이러한 동기에서 나오는 도움은 자선이라는 극히
> 선량한 명칭에도 불구하고 그 본질은 조금도 선량한 것이 못

됩니다. 도움을 받는 쪽이 감수해야 하는 주체성의 침해와 정신적 저상沮喪이 그를 얼마나 병들게 하는가에 대하여 조금도 고려하지 않고 서둘러 자기의 볼일만 챙기는 처사는 상대방을 한 사람의 인간적 주체로 보지 않고 자기의 환경이나 방편으로 삼는 비정한 위선입니다. (…) 이러한 것에 비하여 매우 순수한 것으로 알려진 '동정'이라는 동기가 있습니다. (…) 그러나 이 동정이란 것은 객관적으로는 문제의 핵심을 흐리게 하는 인정주의의 한계를 가지며 주관적으로는 상대방의 문제 해결보다는 자기의 양심의 가책을 위무慰撫하려는 도피주의의 한계를 갖는 것입니다. 뿐만 아니라 동정은 동정받는 사람으로 하여금 동정하는 자의 시점에서 자신을 조감케 함으로써 탈기와 위축을 동시에 안겨줍니다. 그것은 공감과는 뚜렷이 구별되는 값싼 것임에 틀림없습니다.

그러면서 그는 돕는다는 것이 무엇일 수 있는지 이렇게 덧붙인다.

사람은 스스로를 도울 수 있을 뿐이며, 남을 돕는다는 것은 그 '스스로 도우는 일'을 도울 수 있음에 불과할지도 모릅니다. (…) 돕는다는 것은 우산을 들어주는 것이 아니라 함께 비를 맞으며 함께 걸어가는 공감과 연대의 확인이라 생각됩니다.
　　　　　　　　　　　　—신영복,《감옥으로부터의 사색》(돌베개, 2018)

그의 말처럼, 진정한 봉사는 사실상 함께 비를 맞는 연대가 되어야 한다. 타인을 돕고 자신의 시간과 자원을 나누는 것을 봉사라고 한다면, 나는 그에 대해서는 전혀 비판할 생각이 없다. 국가의 복지 체계가 아무리 발달해도 이러한 사적 도움이 없이는 공동체가 유지될 수 없기 때문이다.

내가 비판하는 봉사는 자신은 기사가 운전하는 편안한 자동차 안에 있으면서 비를 맞고 걸어가는 사람에게 창밖으로 손을 내밀어 우산을 씌워주고는 그 장면을 사진으로 남겨 자동차에 걸고 다니는 것을 말한다. 자신의 우월한 지위를 확인받고 싶은 욕망, 그리고 자신은 타자와 '서민'에게 관대하다는 것을 상징하는 몇 장의 사진과 일회성 이벤트 등으로 점철된 봉사 말이다.

그러한 봉사의 대상은 주로 장애인이었다. 장애인은 사진상으로 그 '지위'가 분명하게 드러나니, 그만큼 좋은 대상도 없기 때문이다. 자동차 안에서 손을 내미는 것조차 하지 않는 사람들보다는 훨씬 낫다고 주장하는 사람도 있겠지만, 그러려면 손을 내민 후에 사진을 찍지 말아야 한다. 도움이 필요한 사람에게 도움을 주고 모욕이라는 대가를 원한다면, 그것은 돈을 받고 상대를 도와준 것과 전혀 다를 바가 없다.

나는 기꺼이 자동차 문을 열어 비가 오지 않는 곳까지 함께 타고 가지 않겠느냐고 말하는 사람에게 한없는 존경을 표할 것이다. 또는 자신도 비를 맞을 수밖에 없는 처지이면서 이왕이면 함께 비를 맞으며 걷자고 어깨를 감싸는 사람에게는 내 모든 것을 걸어 감사하다고 말할 것이다. 우리 사회에는 실제로 이러한 사람들이 있다. 그들은 "서민을 위한다", "장애인을 위한다"라면서 타인을 동정하고 일회적인 시혜를 베풀고 떠나버렸던 사람들이 아니라, 자신의 결핍과 상처를 통해 타인의 상처에 진심으로 공감하고, 오랜 시간 지속적인 연대의 손길을 내밀었던 사람들이다. 그리고 이들이야말로 나를 특별한 존재로 만들어주었다.

사실 우리는 공감할 수 있는 주제를, 서로의 해방이 긴밀하게 결합되어 있는 주제를 아주 많이 가지고 있다. 앞 장에서 언급했듯이 장애인이라고 불리는 사람들, 그래서 비정상의 세계에 거주하는 사람들이 정해져 있는 것은 아니다. 정상의 세계에서 벌어지는 치열한 경쟁은 언제든지 누군가를 비정상의 세계로 추락시킬 수 있다. 게다가 모든 인간은 결국 노쇠하여 죽을 수밖에 없는 신체 안에 갇힌 유약한 존재다.

잘 드러나지는 않지만 우리 주변의 많은 사람들이 만성질환, 약한 체력, 낮은 시력, 강박증, 우울증, 자살 충동에 고통받는다. 그 모든 것은 비정상의 세계로 빨려 들어가지 않기 위한 저항을 촉발하고, 그 과정에서 확대된다. 그러나 그러한 저항이 오히려 정상과 비정상을 구분하며 누군가를 비정상의 세계로 몰아넣는다. 두 세계의 간극은 그렇게 심화된다.

　나는 두 가지로 분리된 자아 속에서 갈등하고 있다. 한쪽의 자아는 다른 쪽의 자아를 모욕하며 스스로를 정당화한다. 다른 쪽의 자아는 그 모욕을 견디지 못해 분노한다. 한쪽의 자아는 수용시설이라는 꽉 막힌 세계에서 그 안팎의 세계 사이에 놓인 끈적거리는 선 때문에 때때로 울부짖는다. 그러나 다른 한쪽의 자아는 수용시설의 삶에 모여 드는 사회의 시선 덕분에 스스로를 특별한 인간인 양 생각한다. 꽉 막힌 세계와 그 위에 터를 잡고 펼쳐진 넓은 세계. 두 세계로 분열된 내 자아는 그렇게 서로를 부정하면서 공존하고 투쟁한다.

　내 자의식의 분열은 우리 세계가 두 극단으로 분리되면 될수록 더 커진다. 장애인들이 수용시설에 갇혀 누군가의 구경거리가 되거나 모욕의 대상이 되거나 자유를 박탈당하고 있다면 나는 그 부당함에 분노한다. 하지만 동시에 나는 그들과 다른 나 자신에 대해 이야기하기 위해 늘 애써왔다. 그들을 부정하고 거부할수록 한편으로는 내가 그들과 다르다는 사실에 안도하고, 다른 한편으로는 나 자신이 어쩔 수 없이 그들의 삶에 속해 있다는 사실에 분노한다. 우리 사회가 '비정상의 거주민'들을 하나의 세계에 몰아넣고 그들이 일상 세계를 침범하는 것을 끔찍이 싫어하면서, 동시에 그들의 삶에 강한 연민과 (부당한 차별에 대한) 분노를 느끼는 것과 마찬가지다.

나는 그렇게 분리된 두 세계가 서로를 바라보며 연민과 거부를 동시에 주고받는 가운데 서 있다. 그래서 그 두 세계가 동정과 시혜 또는 부정이 아니라 진지한 연대로 하나가 되기를 희망한다. 비정상 세계의 거주민이면서 동시에 정상 세계에서 가까스로 살아남은 나에게 주어진 역할도 이 연대의 확산에 기여하는 것이라 생각한다. 내 대학 생활은 늘 이 역할을 생각하며 이어졌고, 지금도 그렇게 진행 중이다. 하지만 그 역할은 말처럼 쉽지 않았다.

장애인권연대사업팀에 참여하고, 장애의 사회적 모델을 제시하며 사실상 장애가 비정상의 세계에 속하지 않는다고 외쳐왔지만, 내 마음 깊숙한 곳에는 장애와 장애를 유발하는 손상된 몸에 대한 끊임없는 거부가 여전히 존재하고 있었다. 정상의 세계와 비정상의 세계를 동시에 살던 내 대학 생활은 장애인의 인권을 말하는 고매하고 진보적인 대학생과 그 이면에 있는 추하고 손상된 것을 부정하려는 또 다른 내가 혼재된 채 흘러가고 있었다. 나는 그 '진실'과 대면하기까지 꽤 오랜 시간이 필요했다. 그리고 마침내 피할 수 없는 곳에 이르렀다. 그에 대한 나의 대응은 '야한' 장애인이 되는 것이었다.

5

나는
'야한' 장애인이고
싶다

"진짜 시련이 뭔지 알지도 못하면서
겪은 척 뛰어넘은 척 쿨한 척, 한마디로
유치하고 단순한 데다 멋진 '사람이'
되고 싶다는 허영까지 있다, 이거지."

– 드라마 〈베토벤 바이러스〉 중에서

직립보행의 섹시함에 대하여

3장에서 소개한 장애의 사회적 모델은 장애란 손상과 다른 것이며 생물학적인 몸의 손상에 사회적인 차별이 더해져 비로소 장애가 된다고 설명한다. 그러므로 우리는 장애인들에게 장애를 만들어내는 사회적 차별에 주목하고, 그것을 함께 넘어서기 위해 노력하자고 제안할 수 있다. 그러한 목소리가 내 대학 생활의 가장 중요한 화두였고, 여전히 내게는 절실한 문제 중 하나다. 그렇지만 우리는 이런 주장이 정치적으로 지닌 막강한 영향력에도 불구하고 때때로 견딜 수 없는 좌절에 직면한다.

장애인권연대사업팀 활동을 하면서, 장애를 가진 내 몸을 있는 그대로 받아들이기 위해 애썼다. 대학에서 만난 친구들과의 대화, 독서, 다양한 경험을 통해 나는 자신을 '장애인'이라 당당히 칭할 수 있게 되었다. 다른 장애인 친구들에게도 장애를 바라보는 새로운 관점을 알려주고, 우리가 장애를 '극복'해야 하는 것이 아니라 그 자체를 하나의 정체성으로 받아들여야 한다는 점을 강조했다. 그렇지만 머리로 이해하는 것과 달리 나는 여전히 질병을 가진 몸의 운명에 대한 풀리지 않는 의문과 싸워야 했다.

내 장애를 사회적인 차별로 받아들일 수는 있었지만, 내 몸과 그것을 형성하고 있는 골형성부전증을 있는 그대로 수용하기가 말처럼 쉽지는 않았다. 휘어진 척추와 비대칭적인 다리를 나는 사랑할 수 있을까? TV에서는 안면 화상을 입은 장애인이 나와 오랜 싸움 끝에 자신의 얼굴을 그 자체로 받아들이게 되었다고 고백한다. 그러나 나는 도무지 그런 말들이 실감나지 않았다.

무엇보다 우리는 신체적 매력이 사회적 지위를 좌우하는 시대에 살고 있다. 과거에는 장애인이나 소위 말하는 추남, 추녀라 해도 양반 가문에서 태어났다면 일정 정도의 생활수준을 보장받을 수 있었지만, 외모 하나로 경제력이나 지위가 결정되기도 하는 오늘날에는 질병이나 장애가 있거나 매력적이지 않은 외모를 지닌 사람들은 생계를 위한 기회조차 박탈당하기 쉽다.

프랑스 소설가 미셸 우엘벡Michel Howellebecg은 소설《투쟁 영역의 확장》에서 모든 것이 자유주의적 시장에 편입된 시대에 결국 사랑과 섹스마저도 철저한 시장 원리에 따라 경쟁적으로 쟁취하는 인간의 모습을 묘사했다. 건강하고 매력적인 신체를 가진 인간은 모든 것을 얻는다. 반면 그렇지 않은 인간은 아무것도 갖지 못한다. 물론 신체의 기능과 매력이 사회적 지위를 결정할 뿐만 아니라, 반대로 사회적 지위가 신체의 기능과 매력(성형수술의 엄청난 효과를 생각해보라!)을 결정하기도 한다. 그러나 건강함의 정도나 신체적 매력은 다른 영역에 비해 확실히 선천적인 요인들에 의해 크게 좌우된다.

나는 자신이 없었다. 장애인 인권 문제에 대한 거창하고 추상적인 담론을 떠들어대는 동안에도 내 신체는 약하고 볼품없었다. 나는 직립보행에 에로틱한 매력을 느낀다. 어깨의 움직임 그리고 팔과 다리의 교차. 나는 휠체어를 1.8초당 한 번씩 미는 것이 가장 우아하다고 주장하고는 하지만 사실 그런 건 아무것도 아니다. 170센티미터가 넘는 세계에서 아래를 내려다보는 기분, 누군가의 손을 잡고 지하철과 버스를 타는 데이트, 한 손에 커피를 들고 다른 손에는 책을 들고 거니는 캠퍼스. 나는 어느 순간 걷고 싶다고 외치고 싶었다. 그러나 그때 나는 장애인권연대사업팀의 팀장이었다. 장애는 하나의 정체성이며, 손상된 몸은 곧 우리 자신의 정체성이라고 말해야만 했다. 그런 내가 "사실 난 걷고 싶어요"라고 말한다는 것은 구차하고 비굴한 고백처럼 느껴졌다.

내 의문의 또 다른 진원지는 바로 다른 장애인 친구들의
몸이었다. 나와 같으면서도 다른 그들의 몸. 정훈이도 그중
하나였다. 정훈이는 재활원 동기였다. 그에게는 근이양증이라는
질병이 있었다. 이 병은 진행성으로, 점차 근육 기능이
약해지다가 심한 경우 스무 살 전후에 사망하기도 한다. 물론
생명에는 큰 지장 없이 오랜 기간 생존하는 경우도 있다.
하지만 정훈이는 심한 경우에 해당했다.

정훈이는 아주 똑똑한 아이였다. 재활원의 중학교 1학년
교실에서 처음 그를 만났다. 그가 말을 할 때면 목소리가 온
교실을 쩌렁쩌렁하게 울렸다. 녀석은 혼자 휠체어를 밀 수 없을
정도로 신체 기능이 약화되어 있었지만, 그 우렁찬 목소리와
재치로 반 친구들을 이끌었다. 그는 언제나 리더였다. 나는
정훈이와 정반대였다. 나는 그 반에서 운동 기능이 가장 좋은
편에 속했다. 상체 기능을 거의 완전히 사용할 수 있었기에
체육 시간이 되면 다른 친구들과 달리 휠체어 농구를 하거나
테니스를 배웠다. 나는 체육 시간에 가장 활동적으로 움직이는
아이였다. 그런데 어느 날 체육 선생님이 내게 다가와 말했다.
"정훈이는 저렇게 목소리로 모든 아이들을 이끌고 있어. 그런데
너는 혼자만 움직이는구나."

정훈이는 공부도 잘했다. 우리는 반에서 1, 2등을
다투었다. 나는 녀석보다 신체 기능이 좋았기 때문에

재활원에서 여러 역할을 맡았다. 학생회장을 했고, 사물놀이와 연극을 했으며, 각종 행사의 사회를 봤다. 그러나 발달장애가 있는 친구들에게까지 적당한 역할을 부여해 모두가 학급 일에 참여할 수 있게 하는 리더는 정훈이였다. 나는 그저 화려해 보이는 것들에만 주목했다.

이후 나는 일반 고등학교로 진학했고, 대학에 왔다. 그러는 동안 정훈이의 질병은 계속 진행되었다. 고등학교 때 재활학교에 놀러가 정훈이를 보았다. 녀석은 중학교 때보다 많이 말라 있었고, 전동 휠체어를 타고 다녔다. 숨을 쉬기도 힘들어 보였고, 전처럼 쩌렁거리는 목소리도 내지 못했다. 하지만 성격은 여전히 밝았고, 나를 대하는 태도도 전과 같이 거침이 없었다.

좋은 성적에도 불구하고 정훈이는 재활학교 고등부를 졸업한 후, 대학 진학을 포기하고 집으로 돌아갔다. 사이버대학에 등록했다는 소식을 들었다. 우리는 간간히 온라인 메신저를 통해 대화를 나누었다. 나는 그때 장애인권연대사업팀 활동을 하고 있었다. 나는 녀석에게 틈나는 대로 우리가 장애와 질병을 있는 그대로 받아들여야 하며, 그것을 하나의 정체성으로 인식하려는 태도가 필요하다고 역설했다. 녀석도 내 말에 동의하는 것 같았다.

그러던 어느 날 우리는 오랜만에 대화를 나누었다. 나는 녀석에게 자립생활운동을 간략히 설명하고, 활동보조인 서비스를 받아보라고 권했다. 활동보조인 서비스는 자립생활 이념에서 파생된 정책으로, 중증 장애인을 위해 중앙정부나 지방자치단체가 임금을 주고 장애인의 자립생활을 보조하는 사람을 지원하는 제도다. 활동보조인은 장애인의 자기결정에 따라 그를 보조한다. 나는 정훈이에게 당시 시범사업으로 시작된 그 서비스를 신청해보라고 권유했다. 우리에겐 활동보조인을 지원받을 권리가 있으며, 집에만 있을 이유가 없다고 말했다. 당당하게 바깥으로 나가야 하고, 그러기 위해서는 너를 둘러싸고 있는 껍질을 깨야 한다고 말했다. 세상으로 나가 연애도 하고, 영화도 보고, 학교도 다니고, 취업도 하라고. 다른 사람들처럼 살아야 하고, 살 수 있다고 주장했다. 그리고 이렇게 덧붙였다.

"네 근육장애, 그 자체가 너야, 인마. 너 중증인 거 내가 아는데, 그래도 밖으로 나와라. 다 살길이 있다."

녀석은 한동안 별다른 반응도 없이 조용히 내 말을 듣기만 했다. 그러고는 한마디를 던졌다.

"그건 형 정도의 장애니까 그런 거야. 혼자 휠체어도 밀고 다니고, 서울대도 다니잖아."

1990년대를 휩쓸었던 만화 《슬램덩크》의 작가인 타케이코

이노우에는 2000년대 초부터 휠체어 농구를 소재로 한 만화
《리얼》을 연재하고 있다. 《리얼》은 표면적으로는 농구라는
소재를 다루고 있지만, 실은 제목처럼 '리얼'한 장애인들의 삶을
다룬다. 그의 만화를 보면서 그가 장애에 따른 사람들의 동작,
상태뿐 아니라 감정까지도 매우 사실적으로 묘사한다는 점에
놀라곤 한다.

주인공 키요하루는 한쪽 다리를 절단한 장애인이다. 그는
장애인 농구 국가대표로 선발되어 친구이자 농구팀 매니저인
이즈미(여성이고 비장애인이다)와 함께 친구 야마를 찾아간다.
야마는 내 친구 정훈이와 같은 근이양증을 앓고 있다. 야마는
키요하루에게 처음 휠체어 농구를 접하게 한 인물이기도 하다.
이때까지도 야마는 혼자 휠체어를 밀고, 어렵지만 농구를 즐길
정도의 상태였다. 하지만 수년이 흘러 키요하루가 국가대표가
되는 동안, 야마의 병은 점점 진행되어 이제 휠체어 농구를
전혀 할 수 없는 상태가 된다. 키요하루는 야마를 찾아가
농구팀에 뛰어난 선수가 들어왔으니 앞으로 잘될 것이란
이야기를 한다. 그런데 잠자코 듣고만 있던 야마가 말한다.

"나한테 무슨 말이 듣고 싶은 거냐?"

키요하루는 당황스러운 표정을 짓는다.

"니들 섹스는 했냐? 나는 섹스가 뭔지도 모르고 죽게
생겼다."

이즈미와 키요하루는 연인 사이였다.

"……."

"어떤 건지 모르겠지만 해보고 싶다. 섹스! 이런 나한테 뭘 어쩌라고! 팔을 들어 올리고 싶어도 들지를 못해. 이건 내 몸뚱이가 아니야!"

"야마!"

"서글퍼진다. 이런 나한테 국가대표 선수께서 무슨 볼일이 있어."

야마의 외침은 쿨하지 않다. 오히려 천박하기까지 하다. 키요하루와 야마는 둘 다 '장애인'으로 공인된 인간들이지만, 사실은 다른 존재다. 키요하루에게는 이즈미가 있고, 농구가 있다. 키요하루 역시 육상선수를 꿈꾸다 골육종에 걸려 다리를 절단한 비극적 인물로 그려지지만, 그는 최소한 움직일 수는 있다. 농구도 할 수 있고, 섹스도 할 수 있다. 게다가 그는 잘생겼고, 재능도 있다.

우리는 아마 키요하루에게 이렇게 조언할 수 있을 것이다.

"네 장애는 비극이 아니야. 네가 사는 공간은 휠체어가 수월하게 움직일 수 있는 곳이고, 사람들도 네 절단된 다리에 이상한 시선을 보내지 않아. 또 발달된 의료 기술 덕분에 한쪽 다리를 안전하게 보호할 수 있는 의족도 있으니 네 장애는 전혀 문제가 되지 않을 거야. 그러니 절단된 다리를 조금도

부끄러워할 필요 없어. 그건 네 몸의 상태 그 자체고, 너의
정체성이야.”

그런데 우리는 야마에게도 똑같은 말을 할 수 있을까. 물론
야마의 질병 역시 전동 휠체어 같은 보조 기구, 활동보조인,
그의 몸에 대한 사회의 관용적 태도 등에 따라 완전히 다르게
평가될 수 있을 것이다. 그러나 야마는 고통에 시달리고 있다.
자기 스스로 몸을 움직일 수 없는 부자유함에 괴로워한다.
이즈미 같은 아름다운 사람과 사랑을 갈구하고, 점점 진행되는
질병 앞에 공포를 느낀다. 그런데도 우리는 쿨하게 “네 몸을
있는 그대로, 하나의 정체성으로 받아들여”라고 말할 수
있을까? 과연 누가 그런 말을 할 수 있으며, 누가 야마의 외침을
‘찌질’하다고 평가할 수 있을까?

쿨한 인간 말고 그냥 인간이면 안 될까

나는 쿨한 인간이고자 했다. 특히 장애인은 좀 쿨해야 한다는
생각을 늘 해왔다. 담배를 피우지 않는 내가 아무런 행동도
하지 않고 길거리에서 누군가를 기다리느라 서 있으면(아니,
앉아 있으면), 무엇인가 도움을 기다린다고 생각하며 다가오는
사람들이 종종 있다. 이런 경우 ‘쿨’한 태도와 무심함이 도움이

된다.

이 쿨함과 무심함은 타인에게만이 아니라, 자신의 장애에
대해서도 중요한 태도다. 다리가 좀 휘었어도, 등이 좀
굽었어도, 목발을 짚거나 휠체어를 탔어도, 시각장애가 있어
주변을 더듬거려도 그 모든 것에 절대로 '힘겨움'을 내비쳐서는
안 된다. 나 자신을 동정하거나 불쌍하게 보는 것은 용서할
수 없다. 그 따위쯤은 '쿨하게' 넘겨야 한다. 이 얼마나 멋진
태도인가.

나는 누군가에게 들려 계단을 올라가는 것을 아주
불쾌하게 생각하지만 이 경우에도 '쿨함'은 필수다. 나를 돕는
사람들에게 불쾌함을 표시하는 건 예의가 아니지 않은가.
그러니 계단 위에서 아슬아슬하게 다른 사람들의 손에 들려
있을 때에도 쿨하게 한마디 던지는 건 필수다.

"야, 이거 완전 왕이 된 기분인데?"

그러면 화기애애한 분위기가 고된 그들에게 녹아 들어간다.
창피해하는 것보다는 나은 전략이다.

누군가가 나와 완벽에 가까운 정서적 교감을 나누고도
나를 털끝만치도 이성으로 생각하지 않는다고 해도 나는
'쿨'해야 한다. 굴욕적일 수도 있는 말을 아무렇지도 않게 표정
하나 변하지 않고 내뱉을 때 '쿨함'은 더 완벽해진다.

"역시 장애인은 안 되나?"

쿨하다. 유쾌하다. 슬픔과 분노의 끝에는 유머가 있다.
유머는 때로 우리를 쿨하게 만든다. 계단을 들려 올라가면서
굴욕적인 표정을 짓는다면 얼마나 '찌질해' 보이겠는가.
누군가가 나에게 "너 나한테 무슨 감정 생긴 거야?"라면서
절대로 일어나서는 안 될 일이 벌어진 양 물었을 때, "역시
나는 장애인이라서 안 되는 거야? 넌 왜 내 장애 이면의 것을
보지 못해?"라고 외친다면 얼마나 구질구질한가. 사람들의
시선을 불쾌해하고, 내 모습을 창피해하는 태도는 어찌나
미성숙한지! 그러니 쿨해져야 한다. 그러면 "유쾌하고 성격
좋은 장애인"이라는 칭찬이 돌아온다.

정훈이는 2006년에 죽었다. 그의 나이 스물 셋이었다. 나는
재활학교를 졸업한 후 정훈이와 많은 대화를 나누지 못했다.
그래서 정훈이가 야마와 같은 고통에 시달렸는지는 알지
못한다. 어쩌면 정훈이는 훨씬 더 의연하게 자신의 몸을 있는
그대로 받아들였는지도 모른다. 그는 나보다 신체적 제약이
큰 장애를 가지고 있었다. 마지막에는 손가락 하나 마음대로
움직일 수 없었다. 그렇다고 해도 나처럼 구질구질하게 걷고
싶다는 욕망에 시달리지 않았을 수도 있다.

정훈이가 죽은 뒤 그의 말은 계속 내 귓가를 맴돌았다.

"그건 형 정도의 장애니까 그런 거야. 혼자 휠체어도 밀고
다니고, 서울대도 다니잖아."

나는 (스스로도 제대로 못 하면서) 그에게 장애를 사회적인
차별로 규정하며 우리의 몸을 있는 그대로 받아들이자고
주장했다. 그러한 관점은 많은 장애인들로 하여금 자신의
권리를 주장하고, 거리로 나와 실질적인 변화를 일으킬 수 있게
했지만, 때때로 우리 몸의 고통과 욕망을 은폐하지는 않는가?
나는 이러한 의문에 답해야 했다.

더 이상 쿨한 인간으로만 존재할 수 없었다. 무엇보다 내
몸에 더 이상 쿨한 태도를 취할 수 없었고, 정훈이의 죽음에
답할 수 없었으며, 수많은 '정훈이'들에게 쿨해지라 말할 수도
없었다. 쿨한 인간이 되고자 했던 나는 실은 아무것도 아닌
존재가 되려 했던 것이나 마찬가지라는 사실을 알게 되었다.
나는 하나의 인간으로 오롯이 존재하고 싶었다.

2006년부터 나는 장애인권연대사업팀 활동에서 멀어졌다.
후배들이 내가 했던 역할을 넘겨받았다. 그때까지 내 대학
생활의 절반 이상은 '장애인 김원영'이 되는 것이었고, 그
중심에 장애인권연대사업팀과 동료들이 있었다. 나는 그곳에서
장애인이 되었고, 우리의 활동은 학내에 많은 실질적 변화를
이끌어냈다. 그러나 나는 여전히 아무에게도 보여주지 못하는
다리를 매달고 학교에 다니고 있었고, 스물세 살의 정훈이는
죽었으며, 주위의 수많은 '정훈이'와 '야마'들이 재활학교를
졸업한 뒤 집에서 또는 시설에서 20대를 보내고 있었다.

나는 한동안 장애 문제에 대해서 말하지 않았다. 내게 세상은 다시금 어둡게 보이는 듯했다. 졸업이 다가왔지만 이렇다 할 '스펙'도 갖추지 못했고, 제대로 된 연애도 하지 못했다. 우리의 노력이 건물에 엘리베이터를 설치하고 교과서를 점자책으로 만드는 데 기여할 수는 있지만, 내 몸의 근원적인 욕망과 고통을 완전히 제거할 수는 없다는 생각이 들었다.

누구도 도처에 누워 있는 '야마'의 삶을 세상으로 끌어낼 수는 없는 것이다. 키요하루 정도의 장애인이라면 의족을 달고 리프트가 달린 버스를 타고 '정상 세계의 거주민'으로 편입될 수 있을지 모른다. 장애인 운동은 그것을 실현할 수 있다. 그러나 야마와 정훈이에게 더 길고 건강한 생명을 보장하거나 나와 같은 장애인에게 아름다운 사랑과 활력 있는 대학 생활을 보장하지는 못한다. 그것은 결국 우리가 져야 할 운명, 신 앞에 무릎을 꿇고 구원을 기다릴 수밖에 없는 '하늘의 영역'인 것처럼 보였다.

"내 다리를 봐줘"

H를 서울 대학로에서 처음 만났다. 그녀는 대학 입학을 앞둔 스무 살이었다. 우리는 고교 시절부터 알고 지내는 사이였지만,

그녀가 내게 편지를 보내기만 했을 뿐 서로의 얼굴을 한 번도 보지 못했다. 그런 그녀와의 첫 만남이었다. 우리는 첫날 많은 대화를 나누었다. 그녀는 이제 막 고등학교를 졸업한 나이답지 않은 질문들을 쉴 새 없이 했다. 우리는 페미니즘, 장애인 인권, 연극 등에 대해 이야기했다.

그녀가 대학에 입학한 후 우리는 자주 만났다. 함께 연극을 보았고, 집회에 참석하기도 했다. 그녀는 예쁘고 매력적인 사람이었다. 나는 그녀 앞에서 온갖 고상한 척을 했다. 나는 지적이고, 매너 있으며, 장애인의 인권 문제에 지대한 관심을 가진 진보적인 인사였다. 마치 "난 너에게 속물적인 감정 따위는 없어. 오직 나이에 비해 똑똑하고 장애인 문제에 관심이 많은 너와 지적인 교류를 하고 싶을 뿐이야"라는 듯 행동했다. 실제로 그녀도 나를 그 이상으로는 생각하지 않는 것 같았다.

하지만 H가 점차 좋아졌다. 그러나 다가가지 못했다. 무엇보다 자신이 없었다. 서로에 대한 로맨틱한 환상이 핵심인 사춘기 시절과 달리, 20대의 연애란 철저히 각자의 신체적, 경제적 매력을 교환하는 시장 거래라고 나는 생각하고 있었다. 그리고 바로 그 시장에서 장애인이란, 특히 손상된 몸이란 아무런 교환가치도 갖지 못한다는 걸 잘 알고 있었다. 만약 당신이 손가락 하나가 없거나 반대로 하나가 더 있다면, 아무리 좋은 직업과 훤칠한 외모를 가졌더라도 '듀오'에서 가장 낮은

등급을 받을 것이다. 실제로 대학에 입학한 후 내가 겪은 일들은 이와 크게 다르지 않았다. 나는 '무성無性의 존재'로 세상에 인지되고 있는 듯했다.

무성성無性性, asexuality이란 장애인들을 성적 욕망을 가진 주체로 인식하지 않는 것, 또는 성 정체성을 가진 존재로 인식하지 않는 것에 대해 문제 제기를 하는 과정에서 등장한 용어다. 예컨대 장애인 화장실은 대개 남녀 공용으로 설치된다. 여기에는 효율성의 논리도 개입되었겠지만, 장애인은 여와 남이라는 성 정체성을 특별히 구분할 필요가 없다고 여기는 인식이 작용한 결과이기도 하다.

장애는 여성, 남성과 구별되는 제3의 성이다. 많은 장애 여성들이 자신의 개인사를 서술할 때 첫 생리 때의 이야기를 들려주곤 한다. 그들에 따르면 첫 생리를 한 날 가족과 주변의 반응은 "몸도 성치 않은 게 생리까지 시작했으니 이제 끝장이다", "주제에 여자라고", "왜 이렇게 빨리 시작하는 거야" 등이었다고 한다.[11] 딸아이의 첫 생리일에 꽃과 선물을 사준다는 '세련된' 부모가 늘어나는 시대에도 장애인의 성적인 성숙은 아파트에서 키우는 강아지의 성대처럼 불필요하고 귀찮은 것으로 인식된다.

이처럼 장애인이 무성적 존재로 인식되는 것은 우선 장애인이 성관계를 통해 아이를 낳고 기르는 것은 불가능하다,

설사 아이를 낳는다 해도 아이에게 장애가 유전되어 사회에
또 다른 부담을 지울 것이다, 라는 인식이 팽배하기 때문이다.
실제로 과거 한센인들을 수용했던 소록도에서 행해진 단종
수술, 나치가 행했던 장애인 학살은 이러한 인식의 극단적인
버전이다. 또 다른 이유로, 장애인은 타인의 보호에 의해
생존하는 것으로 만족해야 하는 인간이라 생각되어왔기
때문이다.

　　장애인은 보호와 시혜라는 틀 안에서만 존재를
드러내왔기에, 인간이라면 누구든 품을 수 있는 욕망, 욕심과는
거리가 먼(멀어야 하는) 사람들로 인식되었다. 장애인은 언제나
수용시설 안에서 천사처럼 웃고 있어야 했다. 뮤직비디오
등에서 묘사되는 아름다운 장애 여성의 이미지를 생각해보라.
여린 몸에 하얀 얼굴로 휠체어에 앉아 있는 그 여성들이
자위행위를 한다면 믿어지겠는가? 사람들은 그런 '순수'의
영역이 파괴되는 것을 원치 않는다.

　　이처럼 성적인 욕망을 지니고 사랑을 하고 아이를 낳아
기르는 장애인의 존재는 일반적으로 생각할 수 없는 것이며,
심지어 부정적인 것으로까지 인식되었다. 장애인은 따뜻한
관심과 배려로 충분히 행복해야 하는 존재인 것이다. 한 마리의
고양이처럼, 가끔 새침한 척하더라도 적당한 관심 속에서
목욕을 시켜주고 음식을 제공하면 내 편이 되는 혹은 되어야

하는 존재. 그런 장애인이 '주인'에게 세상 모든 것을 배제한 채 단 둘이서만 은밀하게, 서로에게 지극히 의존적인 '에로스적 관계'를 요구하리라고 꿈에나 생각을 하겠는가.

나 역시 이런 '무성적 인식'에서 그다지 자유롭지 않다는 것을 나는 알고 있었다. 언젠가 소개팅을 시켜준다는 친구의 말에 들떠 있던 나는 소개팅에 나오기로 한 상대가 모 대학의 특수교육학과 학생이며, "만남을 너무 진지하게 생각하지는 말았으면 한다"라는 말을 했다는 걸 전해 듣고는 만남을 취소한 적이 있다. 나는 그 말을 듣는 순간 어린 시절 '엄마 친구 딸'에게 들었던 "너 나한테 무슨 감정 생긴 거야?"라는 말이 머릿속을 맴돌아 그 자리에 나갈 수 없었다. 나는 점차 성적인 존재로서의 정체성을 잃어갔고, 세상도 나를 그렇게 본다고 생각하게 되었다.

나는 그녀에게 다가갈 용기가 없었다. 차라리 세상을 쿨하게 대하며, '저속한' 욕망 따위에는 관심이 없는 고매한 캐릭터가 되기로 마음먹었다.

그녀가 내 방에 왔다. 늦게까지 차를 마시며 이야기를 나누던 우리는 별 생각 없이(과연?) 내 방으로 들어왔다. 그날은 평소와 다름없던 내 방이 완전히 다른 색으로 보였다. 하지만 내가 누구인가. 그녀의 고상한 지적 파트너였다. '그렇고 그런'

남자가 절대로 아니었다. 나는 나 자신을 무성적인 존재로
만들었다. 그것은 상처받지 않기 위한 나의 전략이었다.

본래 쿨하다는 것은 더 이상 저항할 수 없는 존재들이
선택하는 마지막 도피처다. 나는 내 몸에 가해지는 사회적
차별에 대해서는 충분히 뜨거울 수 있었고, 그에 저항하는
'장애인권연대사업팀'의 팀원이었다. 그러나 내 몸과 내 몸의
욕망에 대해서는 결코 뜨거운 존재가 되지 못했다. 내가 쓸 수
있는 전략은 '쿨함'밖에 없었다.

무엇보다 나는 절대로 다리를 보여줄 수 없었다. 그녀와
1미터쯤 떨어진 곳에 엉거주춤하게 앉아 아무렇지도 않은
척했다. 하지만 내 가슴과 머리는 바쁘게 뛰기 시작했다.
우리는 점점 더 진지하고 깊은 대화를 나누었다. 그러나 나는
여전히 그녀와 멀찌감치 떨어진 곳에서 휠체어에 앉은 채
절대로 내리지 않았다. 내 몸은 '대칭과 균형'이 전혀 맞지
않는다. 저 위대한 진화심리학자들이 매일같이 하는 말이
그것 아닌가. "인간의 미美는 대칭과 균형에서 비롯된다." 나는
대칭과 균형이 맞지 않는 몸을 옷으로 대강 가리고, 높은
방석을 깔고 앉아 허리를 최대한 펴기 위해 노력한다. 옷과
휠체어가 없다면 내 몸은 다른 모습이 된다.

나는 무성적인 존재여야 했다. 그것이 나를 상처로부터,
내 몸의 진실로부터 보호해줄 것이다. 나는 진실과 마주하고

싶지 않았다. 설혹 그녀가 나를 원한다고 해도 내 모습을 본 순간 아무런 매력도 느끼지 못할 것이다. 그렇게 되면 나는 진정 '무성적인' 존재가 될 것이다. 그토록 많은 장애인들이 이야기하는 무성성의 경험, 세상이 우리를 무성적인 존재로 본다는 외침. 그러나 어쩌면 그것은 우리의 몸이 전혀 섹시하지 않다는 진리를 돌려 말하는 것에 불과하지 않을까? 뒤틀어진 몸, 침 흘리는 입, 한쪽이 길거나 짧은 혹은 아예 없는 팔다리, 굽은 허리, 화상을 입은 피부. 그 모든 것이 대체 누구에게 매력적일 수 있단 말인가.

누군가는 "저는 제 몸을 사랑해요"라고 말하지만, 그건 거짓말이거나 "아무도 내 몸을 사랑해주지 않아요"라는 말의 다른 표현이 아닐까. 뚱뚱하고 처진 가슴, 굽은 허리도 매력적일 수 있다는 미적 상대주의자들의 공허한 외침에 대해 아니라고, 사실 미의 기준은 전 인류에 보편적이라고 말하는 과학의 연구 성과들이 서점가에 즐비하게 전시되어 있지 않은가. 몸은 '하늘이 준 행운'이나 '불운'의 영역이다.

나는 온갖 생각 속으로 빠져들었다. 그리고 끝까지 젠틀하고 진보적인 존재인 척하는 자세를 유지했다. 그러나 우리는 심리적으로 아주 가까워져 있었다. 사실은 서로 사랑하고 있었는지도 모른다. 그녀가 나를 무성적인 존재로 볼 거라는 내 생각은 사실이 아닐 수도 있었다. 하지만 나는 단 한

번도 내 알몸을 누군가에게 보인 적이 없었다. 나는 대중탕에 가지 않는다. 내 허리는 휘어 있고, 다리에는 수술 자국이 가득하다. 내 다리를 본 여성은 오직 어머니뿐이다.

정훈이는 내게 말했다. "형 정도의 장애니까" 그렇게 말하는 거리고. 나 정도의 장애는 무엇일까. 내 장애는 키요하루인가, 야마인가. 키요하루라면 여기서 다리를 보여줘도 되고, 야마라면 보여줘서는 안 되는 것인가? 장애는 하나의 정체성. 자신의 몸을 있는 그대로 받아들여야 한다는 명제. 장애인이라는 말 자체를 부끄러워했던 나의 고교 시절. "나는 장애인입니다"라고 말하지 못했던 그때. 그러나 나는 지금 너무나 자연스럽게 스스로를 장애인이라고 말한다. 심지어 나를 장애인이라고 당당히 말할 수 있다는 사실을 통해 '고고함'을 유지하려는 허세까지 부리고 있다. 뿌예진 정신으로 비현실적인 공간을 유영하고 있다는 착각에 빠져들 무렵, 갑자기 한마디가 튀어나왔다.

"저…… 내 다리를 좀 봐줄래?"

운명에 순응하지 않는 몸

인간의 몸은 시대마다 다양한 가치에 의해 해석되고, 의미가 부여된다. 그러므로 우리는 다양한 몸이 평등하게 존중받으며 사랑을 하고, 직업을 갖고, 자신을 안전하게 지킬 수 있는 사회를 지향해야 한다. 하지만 이런 '모범답안'과 달리 우리는 간혹 피하고 싶은 진실과 마주할 때도 있다.

손상된 몸. 그것은 대체로 성적으로 매력적이지 않다. 꼬리가 손상된 수컷 공작새는 짝짓기 할 암컷을 만나기 어렵다. 모든 수컷과 싸워 살아남지 못하는 물개는 단 한 마리의 암컷과도 만날 수 없다. 진화생물학자들은 이러한 성 선택sexual selection의 원리가 인간 사회에도 적용된다는 사실을 꾸준히 밝혀왔다.

인간 사회에서 수컷 공작새의 꼬리에 해당하는 것은 바로 대칭적이고 균형 잡힌 몸매, 질병 없는 건강한 몸, 그리고 사회적 지위나 재산 같은 것들이다. 그러나 사람들은 보통 동물학의 연구 성과를 받아들이려 하지 않는다. 내가 가난하거나 못생겼거나 장애인이라는 사실과 내가 사회로부터 성적으로 소외당하는 사실 사이에 '과학적인' 인과관계가 있다면 얼마나 비극적인가.

나는 이런 측면에서 비관주의자다. 앞서 사람들의 인식과 사회구조에 의해 특별한 손상이 장애가 된다는 점을 '장애의 사회적 모델'로 소개했다. 사회과학적, 역사적 사실들이 이를 뒷받침한다. 그러나 이것을 모든 장애, 몸의 모든 형태가

문화와 사회적인 변수에 따라 '상대적'이라는 말로 이해해서는
안 된다. 특정한 몸에 부여되는 가치 체계는 시대나 문화에
따라 변화하지만, 어떤 몸은 시공간을 초월해 언제 어디서나
소외받고, 사회의 구석으로 밀려나고는 했다.

예를 들어 시각장애를 가진 사람들은 오늘날에 비해
조선시대에 훨씬 높은 사회적 지위를 누렸고 결혼도 할 수
있었지만, 저신장 장애나 심각한 발달장애를 비롯한 몇몇
장애를 가진 사람들은 당시에도 배우자를 만나거나 사회
무대에 나서기가 쉽지 않았다. 여성의 뚱뚱하거나 마른 몸은
사회의 미적 기준에 따라 아름답게 여겨지기도 했고 추하게
여겨지기도 했지만 깨끗한 피부, 허리와 엉덩이의 비율 등은
보편적인 미의 기준으로 일정하게 인정되었다. 이것이 바로
인류학과 생물학의 최신 연구들이 던지는 '불편한 진실'이다.

그러나 이러한 '(아마도 거의 확실한) 진실'에도 불구하고 나는
'야한' 장애인, '야한' 가난뱅이, '야한' 추남·추녀가 되자고
말하려 한다. 물론 인간의 몸에 대한 평가는 분명히 일정 부분
상대적이며, 인간의 외모에 집중적으로 부여하는 가치를 좀
더 내면적이고 다원적인 가치로 바꿔 나가려는 노력은 여전히
중요하다. 하지만 그렇게 해도 변화시킬 수 없는 어떤 영역, 즉
손상된 몸이나 질병에 걸려 곧 죽음에 이르는 운명, '하늘의
불운'으로 보이는 것들 앞에서조차 당당할 수 있다면, 우리는

그때야말로 우리 운명의 주체가 될 수 있지 않을까? 나는 "절대로 우리 힘으로 어쩔 수 없는" 것으로 보이는 것을 진실이 아니라며 부정하기보다 '그럼에도 불구하고' 우리의 힘만으로 어찌 해보려는 시도, 그 시도 자체를 찬양하기로 했다.

'하늘의 불운'에 걸려든 인간들은 모조리 착하게 살아야 했다. 장애인은 그 대표적인 존재였다. 장애는 개인의 어쩔 수 없는 비극이기 때문에, 장애인이 선택할 수 있는 길은 내세나 구원을 꿈꾸며 기도원에 들어가는 것 또는 세상과 숭고하고 아름다운 관계를 맺어 생존을 유지하는 것이었다. 추하고 손상된 외모를 가진 인간은 착하거나 그렇지 않다면 적어도 개인적인 욕망을 드러내지 않아야 했다. 그러한 욕망은 드러나는 순간 "병신 육갑한다"라는 저 오래된 언명 앞에 철퇴를 맞았다.

그러나 어느 순간, 하늘이 인간의 몸에 준 불운 가운데서도 가장 극심한 불운에 해당하는 장애인들이 눈을 치켜 올리기 시작했다. 자신의 운명에 순응하는 것 이외에는 아무런 방법도 없어 보이던 사람들이 따스한 손길을 내밀던 '주인'을 거부하기 시작한 것이다. 비정상 세계에 거주하던 몸이 두 세계를 갈라놓는 강력한 선을 침범하기 시작했다. 손상된 몸, 질병에 걸린 몸, 추한 몸. 그들은 점차 '나쁜' 몸이 되었다.

나쁜 몸은 자신에게 찍힌 낙인이나 자신이 받아온 차별이 사실은 '사회적인' 것이라고 주장했다. 그리고 세계는 변화했다. 천사이기를 거부하고 '자유'를 택한 루시퍼처럼 나쁜 몸, 특히 그 대표적 존재인 장애인이 이제 정치적인 주체가 되었다. 그러나 나쁜 몸 가운데 일부는 자신의 '나쁨'을 강조하지 않으면 자유를 잃게 될까 봐 두려웠다.

그래서 자신의 몸에 새겨진 고통과 욕망의 흔적들에 결코 눈을 돌리지 않았다. 눈을 돌리면 두 가지 진실을 마주해야 했기 때문이다. 첫째는 내 몸이 실은 아주 유약하다는 것이며, 둘째는 내 몸이 자유와 함께 사랑을 갈구한다는 것이었다. 우리는 고통과 욕망을 마주하지 않을 수 없는 상황에 이르렀다.

2002년 방영되어 지금까지도 마니아들을 거느리고 있는 드라마 〈네 멋대로 해라〉에는 인상적인 대사가 나온다. 뇌종양에 걸려 점차 운동 기능을 잃어가는 주인공 고복수는 어느 날 아침 연인 전경과 이런 대화를 나눈다.

> 복수: 난…… 경이 씨한테 죽을 때까지 남자였으면 좋겠어요. 아주 야한 남자였으면 좋겠어요.
>
> 경: …….
>
> 복수: (다시 장애인 흉내를 낸다) 남자 같아요? 야해요?
>
> 경: …… 결혼한 사람들이, 뭐…… 죽을 때까지 야하게 사나요?
>
> 복수: ……난 아직 서른 살도 안 됐어요. …… 그리고 어쩌면,

서른도 안 돼서 골로 갈 수도 있어요. 그래서 죽을 때까지, 내 몸이 야해 보였으면 좋겠어요, 경이 씨한테……. 경이 씨는, 내 구역질 나는 영혼까지 좋아해주지만…… 근데, 난 오히려…… 경이 씨가, 내 몸을 좋아했으면 좋겠어요. 죽을 때까지.

고복수의 몸은 손상되어가고 있다. 뇌종양으로 점차 팔에 마비가 오고, 아침마다 엄청난 고통이 찾아온다. 그러나 이 드라마의 작가는 고복수가 "경이 씨, 내 몸이 아니라 내 마음을 사랑해줘요"라고 말하게 하지 않는다. 오히려 고복수는 자신의 몸이 '야하게' 보였으면 좋겠다고 고백한다. 고통과 손상으로 얼룩진 몸이 '야할' 수 있을까. 아마 쉽지 않을 것이다. 그러나 고복수는 솔직하다. 그는 쿨한 척하지 않으며 고상한 척 영혼의 아름다움 따위를 말하지 않는다. 그는 촌스러울 만큼 '핫한' 존재다. 그는 자신의 마지막 남은 순간을 걸고 과감히 승부수를 던진다.

솔직히 나는 죽음에까지 이를 정도로 손상된 몸의 경험을 이해하지 못한다. 기껏해야 직립보행의 '아름다운' 자태를 흉내 내고 싶다는 욕망, 사람들 앞에서 매력적이고 섹시하게 무대의 주인공이 되고 싶다는 욕망을 말할 따름이다. 그러나 이 모든 것, 아마도 우리의 손상된 몸으로는 영원히 완벽하게 실현할 수 없을 이 욕망 앞에서 나는 당신과 나의 몸을 바라본다.

뜨겁게 살고 싶은, 사랑을 하고 매력적으로 춤추고
압도적인 에너지로 빛을 내고자 하는 그런 욕망에
무심한 척하는 태도는 우리를 그러한 욕망으로부터 진정
해방시키는가? 정말로 우리는 세상에 대해 끓어오르는
욕망을 고매하고 형이상학적인 가치 앞에 묻어두고, '영혼을
사랑해주는 사람들'의 운명적인 출현만을 기다려야 하는가?
그것이 과연 우리를 자유롭게 할까?

'나쁜' 몸이 외치는 자유

18세기의 저명한 철학자 임마누엘 칸트는 우리 세계를 자연
세계와 자유 세계로 구분했다. 자연 세계는 바람이 불면
나무가 흔들리고, 중력에 의해 사과가 바닥으로 떨어지며,
시간의 흐름 속에서 우리의 몸이 늙어가는 등 자연 법칙(자연적
인과관계)이 지배하는 세계다. 우리 몸은 자연 세계의
존재자이다. 그 증거로 우리는 5층 건물에서 점프를 하면
아래로 떨어지고, 햇볕을 받으면 피부가 검게 그을리며, 우울증
치료제를 먹으면 우울한 감정을 없애는 호르몬이 재흡수되어
그런 감정이 줄어든다.
　우리는 또한 자유 세계의 존재자이기도 하다. 자유 세계는

자연 법칙의 영향을 받지 않으며 오로지 우리가 스스로, 즉 자유의지로 어떤 일을 시작할 때에만 진입할 수 있다. 예컨대 내가 술을 마시다가 알코올의 작용으로 뇌가 흥분해서 누군가에게 폭력을 행사했다면 그것은 자연적 인과성(알코올 섭취가 뇌를 자극하고, 자극받은 뇌가 폭력이라는 결과를 낳는)의 결과다. 즉 나 자신의 판단이 아니라 알코올이 폭력의 원인이라는 뜻이다. 칸트에 따르면 이런 경우의 폭력은 자유로운 행위가 아니다. 자유로운 행위는 알코올과 같은 외부의 원인 없이 오로지 자기 의지로만 하는 것이다. 이럴 때 우리는 자유 세계의 존재자가 된다.

그런데 사실 이때의 '자유'는 조건이 훨씬 더 까다롭다. 예컨대 내가 길을 가던 중에 배가 고파 어떤 식당에 들어갔다면 내가 술에 취해서 들어갔거나 누가 강제로 나를 밀어 넣은 것은 아니지만, 자유의지에 따른 행위라고는 볼 수 없다. 칸트에 따르면 이것은 내 위가 배가 고프다는 신호를 보내고, 그에 따라 내 뇌가 몸에게 식당에 들어가라고 명령을 내린 것에 불과하다. 내가 판단하고 행동했다고 해서 모두 자유로운 행위는 아닌 것이다. 칸트에 의하면, 음식을 먹거나 편안한 침대에 눕고 싶은 마음, 섹스나 운동을 하고 싶은 욕망이 있는데도 그 욕망을 따르지 않고, 보통의 인간이라면 그 상황에서 전혀 할 수 없는 어떤 행위를 해낼 때 비로소

'자유롭다'는 말을 붙일 수 있다.

즉 자유로운 행위란 오직 그 자신만이 원인이 되는 것, 어떤 외부적인 또는 욕망과 같은 내부적인 요인조차 원인으로 하지 않는 순수한 의지에서 촉발되는 행위이다. 그러므로 칸트가 보기에 누군가가 내 팔을 강제로 끌어당기는 것이나 내가 눈앞의 음식을 보고 배가 고파 팔을 뻗는 것은 둘 다 자연적 원인에 따른 결과에 불과하다. 만약 눈앞에 음식이 있는데 내가 죽도록 배가 고프면서도 그것을 집어 옆에서 굶고 있는 다른 사람에게 주었다면, 그것은 내가 자연적 인과성을 거슬러 굶주린 사람 자체만을 목적으로 해서 한 행위, 즉 자유로운 행위이다. 칸트의 자유는 결국 자유로워지라는 명령에 따르는 것이며, 이것이 곧 도덕이다.

칸트의 자유 개념에 비추어볼 때 일반적으로 욕망에 따르는 행위는 분명 자유가 아니다. 그러나 욕망에 따르는 것이 곧 자유이며, 욕망에 따라 생존하는 것이 자연적 인과관계에 의한 행위가 아니라 그 자체로 자유인 경우가 있다. 나는 그것을 중증 장애인의 몸에서 발견한다.

중증의 질병을 가진 사람에게 죽음은 '자연스럽'다. 미국 장애인 인권 운동의 아버지로 불리는 에드 로버츠Ed Roberts는 전화기 부스만 한 인공 산소통에 들어가 하루에 여덟 시간씩 보내지 않으면 죽을 수밖에 없는 존재였다. 내 친구 정훈이는 지속적인 약물 치료와 끈질긴 의지가 없었다면 훨씬 더 일찍 생을 마감했을 것이다. 골형성부전증은 유형에 따라 태어나자마자 생을 마감하기도 한다. 나는 비교적 덜 심한 유형에 속했지만, 내가 이렇게 글을 쓰고 학교를 다닐 수 있기까지 내 가족들은 질병에 적응하기 위해 지난한 싸움을 벌였다. 만약 그런 노력이 없었다면 나는 지금과 같은 몸 상태를 유지하지 못했을 것이고, 수십 차례의 골절로 숨 쉬기조차 힘들었을지도 모른다.

우리는 사회적 존재이지만 또한 생물학적 존재이기도 하다. 따라서 동물이나 식물처럼 자연적 인과관계의 영향 아래 있다. 생명체는 본래 자신과 외부 환경 사이에 경계선을 긋고, 내부를 일정한 상태로 유지하기 위한 활동을 지속한다. 자기를 유지하기 위해서는 에너지가 필요하며 이를 위해 음식을 먹거나 햇볕을 쪼이고, 자신의 유전자를 복제하기 위해 다양한 방식으로 후손을 남기려 한다. 이것들이 가능하기 위해 생명체의 하나인 인간도 죽음을 피하려는 욕망, 아이를 낳고자 하는 욕망, 음식을 먹고 잠을 자고자 하는 욕망을 갖는다. 이러한 욕망이 자연적 존재인 인간 일반의 삶을 유지하는 원인이다. 우리는 이러한 원인의 결과로서 존재한다. 즉 '자연적 인과성'의 세계에서 살아간다.

반면 중증 장애인은 생존 자체가 자연적 인과성을

초월한다. 중증 장애인은 자연적 인과성의 영향 아래에서라면 진작 죽었을 존재이지만 죽지 않았다. 골형성부전증은 유전자 변형이 '원인'이 되어 뼈가 부러지는 '결과'에 지배받아야 하지만, 나는 지금도 온전히 존재하고 있다. 에드 로버츠의 폐는 제대로 기능하지 못해 그대로 멎어야 할 인과관계에 놓여 있었지만, 그는 멈추지 않고 숨을 쉬었고 심지어 세상을 변화시켰다. 이 모든 것은 명백히 자연적 인과성을 거스른다. 그러나 삶에 대한 욕망과 의지 그리고 이를 뒷받침하는 사회적, 의료적 노력이 자연적 인과관계에 역행하는 삶을 만들어낸다. 요컨대 욕망을 원인으로 출발한 행위가 결과적으로 자연적 질서를 뒤흔드는 결과를 만들어낸다. 그것이 중증 장애인의 몸이다.●

죽음을 앞둔 고복수의 몸이 '야할'리 없다. 고복수의 몸이 야하지 않은 것은 손상된 공작새의 꼬리가 암컷을 유혹하지 못하는 것과 같은 이유에서 어쩌면 자연스러운 것이다.

● 사실 중증장애를 가진 몸이 생존하는 것도 결국은 의학적 개입, 본인과 가족의 돌봄이라는 '자연적' 원인에 따른 결과이다. 이처럼 이곳에서 나의 주장은 엄밀하지 않으며, 개인 수준과 사회적 수준을 혼란스럽게 뒤섞고 있다. 그러나 장애인이 욕망을 품고, 하나의 생명체로서 자신의 삶을 유지하고자 하는 노력이, 사람들이 흔히들 '자연의 법칙'이라고 생각하는 그 원리에 맞서는 정치적 의미를 가진다는 점이 이 부분의 핵심 주장이다. 따라서 2019년 개정판에서도 이곳의 논의를 수정하지 않았다.

그러나 그는 과감히 자신의 욕망을 드러낸다. 욕망에 따르는 그의 행위는 오히려 자연적 질서 너머를 지향한다. 그는 자연적 인과성의 초월을 꿈꾼다. 그를 마지막까지 사랑하는 전경이라는 인물은 그 초월적인 사랑을 완성시킨다.

법철학자 로널드 드워킨Ronald Dworkin은 하늘이 준 불운과 사회가 만든 불운을 구분한다. 하늘이 준 불운에는 지진이나 태풍, 현대 의학 기술로는 도저히 고칠 수 없는 질병 등이 해당된다. 반면 사회가 만든 불운에는 사회경제적 구조나 정책으로 인한 불평등, 적절한 대비책을 마련하지 못해 피해가 더 심각해진 재해, 완치가 가능한 질병인데도 의료비가 없어 치료하지 못하는 경우 등이 포함된다. 드워킨은 '사회적 불운'에 대해서는 우리가 정의의 원칙에 따라 그 위험을 최대한 나누어가져야 한다고 주장하지만, '하늘이 준 불운'에 대해서는 어쩔 수 없는 부분이라는 걸 인정한다. 그런데 '하늘이 준 불운'과 '사회가 만든 불운'의 구분 자체가 모호한 영역이 있다. 그것이 바로 '장애인의 몸'이다.

실제로 과거 장애인은 하늘이 준 불운의 대표적인 존재였다. 걸을 수 없는 다리는 하늘이 준 비극으로서 인간이 어찌해볼 도리가 없는, 그저 그가 굶어 죽지 않도록 구휼하는 정도밖에 할 수 없는 불운이었다. 그러나 장애인 인권 운동은 이러한 '불운'을 사회적 불운으로 변화시키는 데 성공했다.

걸을 수 없는 다리의 불운은 하늘이 준 것이 아니라 걸을
수 없는 다리로는 아무 곳에도 갈 수 없도록 구조화된 환경,
그리고 그러한 다리에 편견과 차별을 가하는 사회적 시선에서
촉발된다고 주장한다. 장애인 운동은 실제 '하늘이 준 불운'의
영역에 속하던 많은 것들을 '사회적 불운'으로 이동시켰고,
그 과정은 성공적이었다. 사회적 불운으로 이동한 우리의
문제들은 이제 해결 가능한 과제가 되었다.

하지만 현재 시점에서도 결코 사회적 불운의 영역으로
이동하지 못할 것 같은, 즉 영영 '하늘이 준 불운'으로만
여겨질 듯한 몸의 상태들이 여전히 존재한다. 그것이 바로
중증의 질병을 가진 몸, 손상의 정도가 너무 심해 사회가
어떤 노력을 기울여도 결국 죽음을 대비해야 하거나 그저
생존 자체에만 의미를 두어야 하는 몸이다. 또 사회적 노력을
아무리 해도 도저히 어찌하지 못하는 욕망과 고통을 품은
몸도 이에 해당한다. 걷지 못하는 나를 위해 엘리베이터를
설치할 수는 있겠지만, 뛰고 싶은 내 욕망까지 실현할 수는
없다. 야해지고자 하는 고복수의 욕망도 실현 불가능한 것처럼
보인다.

보통 우리가 이런 실현 불가능해 보이는 일을 받아들이는,
즉 도저히 어찌할 수 없는 운명을 맞이하는 방식은 '행복은
각자의 마음속에 있다'라는 오랜 교훈을 가슴에 새기거나

신 앞에 구원을 요청하는 것뿐이다. 그 밖에 달리 어떤 길이 있겠는가.

경안 형은 한쪽 팔과 양쪽 다리를 움직일 수 없는 장애인이다. 형이 어느 날 학교 앞으로 불쑥 찾아와 소주를 마시며 내게 말했다.

"너도 우리 교회 다녀라."

그는 구원을 받을 때 비로소 우리가 완전히 자유로운 몸으로 살게 된다고 말했다. 나는 그의 마음을 이해할 수 있으며, 실제로 나도 그러한 구원이 있기를 희망할 때가 있다. 나는 진심으로 신이 있기를 바란다. 신이 없다면 우리 앞에 놓인 이 불평등한 운명을 설명할 길이 없다. 또한 나는 "행복은 마음속에 있다"라는 말이 오래된 진리임을 안다. 우리는 어떤 상황에 놓여 있어도 마음먹기에 따라 행복해질 수 있다. 나치 수용소에서도 희망을 잃지 않고 세상을 아름답게 보는 사람들이 있었다. 극도의 고통과 억압된 욕망에 시달리면서도 희망을 발견하고, 마음의 안식을 찾는 사람들. 그들은 일반적으로 불행하리라 생각하는 조건 속에서도 신앙의 힘이나 개인적인 마음 수련을 통해 행복한 삶을 유지한다. 반면 아무리 좋은 차, 좋은 직업, 엄청난 재산을 가져도 불행한 사람들이 있다.

그러나 눈에 보이는 실천 없이 신앙이나 마음 수련에만

기대는 태도는 때로 이기적일 수 있다고 생각한다. 자신의 몸을 신에게 맡긴 채 작은 기도원에서, 수용시설에서, 병원에서 개인적 위안을 얻는 사람들은 현재를 살고 미래를 살게 될 평범한 사람들에게 지금보다 더 나은 세계에 대한 구체적인 희망을 제시하지 못하기 때문이다.

우리는 앞으로 태어날 혹은 앞으로 손상된 몸을 갖게 될 모든 사람이 참여할 수 있는 자유의 공간을 고민해야 한다. 마음 수련과 기도의 힘만으로 고통받던 개인이 안식을 찾고, 세상의 객관적 조건까지 바꿀 수 있다면 좋겠지만 안타깝게도 그럴 수 있다는 충분한 증거가 아직은 없다. 우리는 비관적인 현실에 정면으로 대응해야 하며, 최악의 상황에서도 살아남는 이유를 설명해야 한다. 아우슈비츠에서 마지막까지 버틴 사람들은 비관주의자들이었다. 그들은 헛된 희망이 아니라 최악의 상황에서도 잃어버리지 않을 마지막 자유를 찾던 사람들이었기 때문에 결국 해방될 수 있었다.

칸트적인 자유는 자연적으로는 도저히 '행할 수 없는' 어떤 행위를 시작할 때, 또는 자연에 의해 일어난 결과를 나의 책임이라 간주하고 그것을 넘어서는 실천을 시도할 때 비로소 시작된다. 배고파서 밥을 먹는 행위는 자연스러운 것이다. 그러나 도저히 음식을 먹을 수 없을 만큼 극도로 심각한 손상을 입은 신체가 본인의 의지와 가족의 도움, 의료적 조치,

정책과 제도의 노력으로 음식을 먹을 수 있게 된다면 그것은 그 자체로 '자유'다. 자연의 인과법칙을 초월하는 세계를 창조하는 것이다.

나는 중증의 장애나 질병을 가진 몸, 유약하고 매력 없다고 치부되는 몸을 가진 우리의 존재 자체가 그러한 자유를 지향한다는 것에 주목하고자 한다. 그리고 그러한 자유를 위해 우리의 욕망을 과감히 표출해야 한다고 생각한다. 마음먹기에 따라 어떤 것도 비극적이지 않다는 태도, 억압된 욕망을 거룩하게 내세로 넘기겠다는 태도는 자유가 아니다. 무엇을 욕망하는 것이 자연적 질서에 속하는 이들은 그 욕망을 과감히 억누르고 가치 있는 행위를 할 때 자유로워지는 지도 모른다. 그러나 욕망하는 것 자체가 자연적 질서에 반한다고 여겨지는 사람들은 욕망을 과감히 표출하는 것이 곧 세상에서 자유의 영역을 확장시키는 것이 된다.

내 인생이라면 뜨겁게

물론 우리에게 진정으로 그러한 자유가 가능한지 되물을 수 있다. 손상된 몸은 하늘이 준 불운이거나 사회가 만들어낸 불운이다. 그 경계는 모호하다. 우리는 어디까지가 사회적으로 만들어진 장애이고, 우리의 노력으로 해소할 수 있는지 확실히 알지 못한다. 시각장애인을 위해 점자 보도블록을 깔고, 점자책을 완벽하게 보급한다면 시각장애인의 인권은 분명히 지금보다 수백 배 향상될 것이다. 그러나 우리는 피카소나 르누아르의 그림을 시각장애인이 보게 할 수는 없다.

정훈이처럼 근이양증을 가진 몸에게 완벽한 의료 지원과 복지 서비스를 제공하고 활동보조인을 파견하면 그가 누리는 삶의 질은 수십 배 향상될 것이다. 그러나 의료 기술이 혁신적으로 발달하지 않는 한 그가 20대에 사망할 확률을 낮추지는 못할 것이다. 다시 말해서 손상된 몸의 어디까지가 우리가 변화시킬 수 있는 '장애'이며, 어디까지가 손쓸 수 없는 '하늘의 불운'인지는 완전히 알 수 없다. 최악의 경우, 어쩌면 우리는 손상된 몸의 고통과 욕망을 자유롭게 하기란 아예 불가능한, 즉 우리의 노력으로는 고통과 욕망의 문제를 근본적으로 해결할 수 없는 세계에 살고 있는지도 모른다.

나는 열네 살 때 기도원에 들어가려 했다. 계속 병원에 다니면 나도 다른 사람들처럼 자라고 걸으며 그들과 다르지 않게 살 수 있으리라 생각해왔던 내게 그렇지 않다는 사실이 점차 선명해질 때 그리고 현대 의학의 한계가 점차 명확해질 때, 나는 기도를 하고 신에 대해 진지하게 생각하기 시작했다. 도대체 신이 없다면 내 인생에 대한 이런 부당한 처우를 도저히 설명할 길이 없었기 때문이다. 달빛만 들어오던 그 작은 방 안에서는 미래의 내가 서울의 한 대학에서 자동차를 끌고 다니며 친구를 만나고 사랑을 하면서 이런 글을 쓰리라고는 전혀 생각지 못했다. 그때의 나에게 내 삶은 말 그대로 하늘이 준 불운이었다.

그러나 기도원으로 가지 않고 재활학교를 택한 나는 찬오 형을 비롯한 여러 친구들과의 만남, 가족들의 헌신, 2000년대 이후 일어난 광범위한 장애인 인권 운동, 그리고 서울대 장애인권연대사업팀을 거쳐 지금 이 자리에 오게 되었다. 그 과정에서 불가능해 보이던 많은 일들이 공동의 노력으로 통제되거나 변화시킬 수 있는 사회적 불운으로 바뀌는 것을 경험했다. 아마 어떤 부분은 우리가 아무리 노력한다 해도 영영 변화시킬 수 없을지도 모른다.

사실 그런 것들은 도처에 널려 있는 것처럼 보이기도 한다. 그러나 바로 그러한 것들조차 우리가 책임질 수 있다고 말하는 것이야말로 칸트가 말하는 자유다. 다시 말해 죽음을 앞둔, 추하고 소외된, 아무것도 할 수 없는 몸의 욕망을 차단하는 것이 '자연적 질서'에 속한다 할지라도, 그러한 욕망을 우리가 책임질 수 있는 것으로 간주하고 과감히 말하는 것이야말로 진정한 자유다. 그러므로 '비정상의 거주민'에 속하는 몸을 가진 사람들은 욕망과 자유가 결코 이율배반적이지 않은 것이다.

나는 쿨한 게 아니라 '핫한' 장애인, '야한' 장애인이
되었으면 좋겠다. 내 몸이 가진 욕망과 내 몸에 부여된 운명,
그 모든 것을 쿨하게 받아칠 줄 아는 유쾌한 인간 또는 고상한
척, 성숙한 척하는 인간이 아니라 좀 구차하고 미성숙하더라도
뛰고 싶다면 뛰고 싶다고 말할 수 있는 인간, 죽음을 앞두고
있다면 남은 생을 뜨겁게 살고 싶다고 말할 수 있는 인간,
누군가에게 무시와 모욕을 당하고 무성적인 존재로 인식당할
때 드라마 〈베토벤 바이러스〉 주인공 강마에의 대사처럼 "진짜
시련이 뭔지 알지도 못하면서 겪은 척, 뛰어넘은 척, 쿨한
척"하는 대신 "내 몸을 봐라. 내 욕망을 봐라. 나의 짓밟히는
자존심을 봐라"라고 말할 수 있는 인간이 되었으면 좋겠다.

"내 다리를 좀 봐줄래?"
내가 물었을 때 H는 아무 말 없이 내 다리를 바라보았다.
내가 원하는 건 내 다리가 가진 오랜 투병의 기록, 고통의
경험, 질병의 흔적을 바라보는 게 아니었다. 만약 그런
것들이 드러난다면 내 다리는 결코 에로틱할 수 없다. 사랑은
불가능하다. 희생이나 동정은 가능할지라도. 그곳은 우리 둘
이외에는 누구의 시선도 없는, 오로지 우리만의 공간이었다.
장애인과의 에로스적 관계에 대한 사회적 통념이 침투해

들어올 틈이 없었다. 우리는 새로운 관계로 말려 들어갔다. 장애인의 몸에 씌워져 있던 동정, 시혜, 고통, 비극의 시선들이 괄호 안으로 들어갔다. 에로스는 평등한 인간의 관계에서만 출현한다. 누군가가 상대를 지배한다면, 또는 누군가가 상대를 도와야 한다면 결코 이루어질 수 없다.

내가 다리를 내보인 순간, 그동안 내가 어설프게 시도했던 지적인 동반자인 척, 쿨한 척, 숭고한 관계인 척했던 행위는 끝이 났다. 나는 더 이상 무성적 존재가 아니었다. 내 몸은 자유롭게 부유했다. 내 다리는 타인의 시선 앞에서 섹시함을 뽐냈다. 섬세한 감각들이 날을 세운 채, 그러나 결코 날카롭지 않게 내 자의식을 쓰다듬었다. 우리를 잇는 어떤 감정의 선들이 '자연적 질서'를 예리하게 걷어냈다. 상상과 몰입. 2평방미터쯤 되는 목성의 위성을 타고 지구에서 진화한 온갖 질서가 "병신 육갑한다"라고 외치는 소리를 떠올릴 한 치의 여지도 없는 시간을, 우리는 그렇게 보냈다. 나는 그녀의 다리에 키스했다.

어쩌면 그것은 우연이었을지 모른다. 그러나 설혹 우리의 운명이 획일적인 기준에 의해 '하늘의 불운'으로 규정되더라도 그 기준에 이르기 위한 창의적이고 용기 있는 시도는 명백히 존재하며, 더 나아가 그 기준 자체를 뒤흔드는 우리의 도전은 여전히 유효할 것이다. 내가 겪은 우연들은 그 시도를 증명하는 사례다.

나는 앞서 말했던 '진정한 자유를 인식하는 것'이 당장 고통스러운 삶에 직면해 있는 사람들에게는 실제적인 도움이 되지 못한다는 걸 잘 안다. 나는 현실주의자다. 사변보다는 현실적인 대안을 중요시한다. 누군가는 여전히 정훈이처럼 "너는 그 정도니까, 그리고 대학을 다니니까 그런 말을 할 수 있는 것이다"라고 말할지도 모른다. 그들 앞에서 나는 단지 이 말을 할 수 있을 뿐이다.

손상된 몸으로 자유를 실천했던 사람들이야말로 내 영웅이며, 그들이 더욱더 매력적인 존재가 것, 더욱더 야해지는 것. 더욱더 솔직하게 자신을 드러내는 '핫한' 존재가 되는 것이 더 많은 이들을 자유의 세계로 이끌 것이라고. 그렇게 우리는 "병신 육갑한다"라는 저 오래된 명제에 온몸으로 저항해가는 것이다.

6

통 속의 뇌,
주인공이 되다

그러나 선생님, 그럴 수밖에 없지 않습니까?
저희들은 사방이 막힌 우리 안에 갇힌
짐승 같습니다. 여기도 벽, 저기도 벽입니다.
갇혀 있는 게 우리 세대가 아닙니까?

– 최인훈, 《회색인》(문학과지성사, 2008)

여전히 신발 끈도 못 묶지만

"저에게는 판사 친구부터 장애인 시설에서 생활하는 친구까지 다양한 친구들이 있고, 저는 그만큼 여러 세계에 걸쳐 있습니다. 그래서 세상의 여러 모습을 공정하고 폭넓게 바라볼 수 있는 시선이 있습니다."

로스쿨(법학전문대학원) 입시를 앞두고 자기소개서에 이렇게 적었다. 나는 학부 내내 장애인권연대사업팀 활동, 과 학생회 활동 등을 했지만 세상 사람들이 알아줄 만한 소위 '스펙'은 제대로 갖추지 못했다. 사회학 공부가 재밌었고, 그래서 비교적 좋은 성적을 받아둔 것이 유일한 스펙이라면 스펙이었다.

2007년 도입된 로스쿨 제도는 '능력 있고 특별한' 사람들에게 법학 교육을 하겠다는 것으로 보였다. 객관적으로 내가 '능력 있는' 사람에 속한다고 생각지는 않았다. 로스쿨에는 각종 전문직 종사자부터 몇 개의 외국어에 능통한 사람, 청와대나 국제기구에서 인턴십을 한 사람 등 경력과 능력이 다양한 이들이 모여들었다. 나에겐 그런 것이 없었다. 다만 나는 스스로를 특별하다고 생각했다. 만약 로스쿨이 나에게 적합한 진로라면, 그곳에서 나의 특별함을 인정해줄 거라고 생각했다. 게다가 장애인에게는 전액 장학금을 지급한다는 말을 들었다. 나는 그 무렵 빠져 있던 진로에 대한 방황을 잠시 접고, 용기를 내어 원서를 접수했다.

처음에는 저소득층이나 장애인을 위한 특별전형에 지원했는데, 보기 좋게 탈락하고 말았다. 하지만 탈락자에게는 다시 한 번 일반전형에 지원할 수 있는 기회가 주어졌다. 나는 특별전형과 달리 20분 이상 심층면접을 해야 하는 일반전형에 다시 지원했다. 면접이 끝날 때쯤 면접관이었던 교수님이 마지막으로 하고 싶은 이야기가 있으면 해보라고 했다. 나는 솔직하게 말했다.

"객관적으로 제가 합격할 만한 경력이나 능력을 갖추었는지는 모르겠습니다. 하지만 저는 중학교 때도, 고등학교 때도, 대학에 입학했을 때도 항상 그 집단에 전혀 어울리지 않을 것 같은 사람이었지만, 일단 기회가 주어지면 항상 의외의 결과를 냈습니다. 저는 스스로를 뛰어난 사람이라고는 생각하지 않지만, 특별한 사람이라고는 생각합니다."

특별전형에서 탈락한 후로 별다른 기대를 하지 않았던
나는 뜻밖에 일반전형에서 합격했고, 내 삶에는 다시
예상치 못했던 기회가 열렸다. 초등학교 검정고시, 재활학교,
일반 고등학교, 대학을 거쳐 대학원까지. 내 삶은 언제나
예상치 못했던 길들로 확장되어왔다. 나는 내가 들어갈
집단에 애초부터 적합한 인물이었던 적이 단 한번도 없다.
늘 부족했고, 적당하지 않았고, 그 집단과 조응할 수 없는
정체성이었다. 그래서 시작은 언제나 좌절의 연속이었다.
그러나 결국에는 그 세계와 새로운 방식으로 화해하고 상호
적응하는 방법을 찾아내곤 했다.

　　나는 기존의 질서에서 최고가 될 수는 없었지만 그 질서가
내 몸, 내 정체성과 조응하는 과정을 통해 나 자신과 외부
환경을 변화시켰다. 장애를 극복해본 적은 없지만, 나를 둘러싼
세계가 장애에 적응해나가는 변화를 경험했다. 그렇게 세상은
변화한다. 그래서 나는 대학원 생활과 이곳에서 하는 공부가
내 삶을 또 얼마만큼 확장할지를 생각하면 설레기까지 한다.
세상은 또 얼마나, 어떻게 변화할 것인가.

　　이 시점에서 돌아보는 과거는 때로 꿈처럼 느껴진다. 내
세계는 작은 방이 전부였다. 한쪽으로 트여 있는 미닫이문을
통해 마을의 개천과 다리가 보였다. 나는 한쪽 팔꿈치를
문턱에 올려 몸을 지지한 채 밖을 내다보았다. 친구들은

그 길로 등하교를 했고, 나는 그런 일상을 지켜보았다. 그 시절 나는 '타임머신 놀이'라는 걸 했다. 길게 늘어진 커튼의 끝을 잡고, 그 안으로 들어가 반대편 끝으로 나오는 것이다. 그러면서 이 터널을 통과하는 순간 10년의 시간이 흐른다고 생각한다. 그렇게 10년이 지난 후에 다다른 곳은 그 좁은 세계를 넘어 내가 완전히 자유롭고 충분히 행복한 세계다. 나는 눈을 감고 "진짜로 10년이 지난 후에 똑같은 놀이를 하면서 지금을 기억해야지"라고 다짐해둔다. 정확히 10년은 아니지만, 몇 년 전에 실제로 커튼을 잡고 그 놀이를 한 적이 있다. 어린 시절의 다짐이 기억났기 때문이다. 그렇게 10여 년에 걸친 시간을 '터널'을 뚫고 지나와 보니, 내 삶은 정말 완전히 달라져 있었다.●

　나에겐 차가 있다. 작고 오래된 중고차이긴 하지만 내게 완벽에 가까운 물리적 자유를 허락한다. 나는 관악산 자락에서 광화문까지, 강남역까지, 멀게는 대전이나 강릉까지도 마음만 먹으면 지금이라도 당장 출발할 수 있다. 또한 나는 지적으로 자유롭다. 학부 시절에 많은 책을 사 모았다. 물론 다 읽지는 못했고, 읽었어도 여전히 그 의미를 이해하지 못하는 게 많다.

● 그리고 다시 10년이 지나 이 책을 새로운 제목으로 출간하게 되었다. '커튼'을 한 번 더 통과한 후에 나와 독자들, 우리의 세계는 또 어떻게 변해 있을까.

내 방 한구석과 베란다에 놓인 박스 안에는 수백 권의 책이 쌓여 있다. 언제든 내가 원할 때 박스를 열고 마음대로 꺼내 읽을 수 있다. 그리고 나는 아주 수준 높은 강의들을 자유롭게 듣고 있다.

'커튼을 통과하기 전' 내 수첩 전화번호부에는 우리 집과 동네 친구 몇 명의 전화번호, 노트나 책 뒷면에 적힌 제조사의 연락처, 119나 112 같은 전혀 적어둘 필요가 없는 번호들이 적혀 있었다. 그러나 지금 내겐 전화번호부를 다 채우고도 남을 만큼 많은 친구들이 있다.

'타임머신 놀이' 이외에 내가 즐기던 또 하나의 놀이는 누나가 학교에서 쓰던 사회과부도의 지도를 들여다보는 일이었다. 먼저 세계지도 부분을 펼치고, 내가 가고 싶은 지역을 선택한 다음 그것을 점점 눈앞으로 가져온다. 그러고는 더 이상 클로즈업할 수 없을 만큼 가까워지면, 그 지역을 확대해놓은 부분으로 책장을 넘긴다. 예컨대 오스트리아를 택했다면 먼저 동유럽이 나온 지도를 펼쳐 천천히 눈앞으로 가져오다가 확대된 지도가 있다면 그쪽으로 넘어가고, 없다면 코끝이 지면에 닿는 순간 눈을 감아 상상 속에서 지도를 확대한다. 마치 스카이다이빙을 하듯이 수도 비엔나의 한 지점으로 다가간다. 산과 들이 보이고, 도시의 윤곽이 드러난다. 비엔나 시내 건물들의 옥상이 점차 가까워지고, 건물들의 모습이 구체적으로 보이기 시작한다. 고딕 양식의 높은 첨탑도 보인다. 이제 그 옆의 한 지점에 착륙하기로 한다. 바닥이 가까워진다. 중세 옷을 입은 호객군의 정수리가 보인다.

　나는 그렇게 전 세계를 돌아다녔다. 커튼과 사회과부도는 나에게 시간과 공간을 초월할 수 있는 우주의 '벌레 구멍worm hole' 같은 것이었다. 그 모든 일은 우리 집, 내 방에서 이루어졌다. 그러나 지금 나는 자유롭다. 2006년에는 한 단체의 지원으로 장애인 통합교육에 관한 연수를 받기 위해 이탈리아에 다녀오기도 했다. 나는 피렌체의 시뇨리아 광장에서 카푸치노를 앞에 두고 사회과부도와 커튼을 생각하며 혼자 웃었다. 그곳에서 나는 이번엔 반대편에서 하늘을 올려다보며 이탈리아의 하늘에 코끝을 갖다 대려 애쓰는 어린 나의 얼굴을 보았다(마주 본 내 코는 정말 거대했다!).

　나는 지금도 내 자유가 실감나지 않는다. 가끔은 내가 여전히 그 작은 방에 앉아 할머니가 사다 주는 아이스크림을 기다리며 마당에서 나비를 쫓고 있는 강아지들을 바라보고 있는 건 아닐까 생각한다. 내가 피렌체에서 카푸치노를 마신 일이나 H와 밤을 보낸 일, 밴드 공연을 하며 열광적으로 노래를 부른 일, 차를 타고 강변북로를 달리며 친구와 소리를 질러대던 일, 수업을 듣고 토론을 하고 페이퍼를 써낸 일, 장애인권연대사업팀의 일원으로 피켓을 들고 학교 본부 앞에서

기자회견을 한 일……. 이 모든 것이 내가 만들어낸 환각은 아닐까? 나는 여전히 달빛이 들어오는 작은 방 안에 있는데, 우울하고 외로운 시간을 너무 많이 보낸 나머지 내 자의식이 그 모든 걸 꾸며낸 건 아닐까? 나는 여전히 그 커튼을 통과하기 전의 세계에 머물러 있는 것만 같다.

　그러나 이 모든 것이 명백한 현실이라면 나는 더 이상 '통 속의 뇌'가 아닌 존재가 된 것이다. 내가 지금 쓰고 있는 이 글은 아마도 어떤 방식으로든 세상에 아주 작은 영향이나마 끼치게 될 것이다. 나는 이 책의 주인공이다. 내 삶의 주인공이 된 것이다. 하지만 내가 몇 번이나 밝혔듯이 그것은 결코 '인간 승리'의 결과가 아니다. 여전히 신발 끈도 못 묶는 나에게 그런 단어는 적절하지 않다. 우리는 장애니 비극이니 하는 것을 승리(또는 극복)하지 않고도 통 속의 뇌에서 벗어나는 여러 가지 방법을 가지고 있다.

휠체어 위의 맥베스

대학에 입학하면 총연극회에 들어가겠다는 고교 시절의 부푼 꿈과 달리 나는 장애인권연대사업팀 활동 때문에 바쁘다는 핑계로, 더 솔직하게는 용기가 없어서 연극에 뛰어들지 못했다.

휴학 중에는 장애인 극단에 관심을 갖기도 했지만 결국엔 움츠러들었다. 그렇게 '무대 위'의 꿈이 흐릿해져가던 무렵, 졸업을 앞두고 들은 미학과의 연극 수업 시간에 작은 공연 기회를 얻었다.

우리가 고른 작품은 셰익스피어의 《맥베스》였다. 장군인 맥베스가 마녀들의 꼬임에 넘어가 왕과 동료를 죽이고 왕이 되지만 결국 파멸에 이르는 이야기다. 나는 어떤 역할을 맡아야 할지 몰라 망설였다. 공연을 잘해서 학점도 잘 받고, 교수님과 학생들에게 좋은 평가를 받으려면 동작에 제한이 많은 나는 최소한의 역할을 맡아야 한다고 생각했다. 그때는 이미 재활원에서 연극을 했던 경험은 너무나 까마득하게 느껴졌다. 내가 도대체 어떻게 연기를 했었는지 잘 기억나지 않았다.

그러나 나는 얼떨결에 맥베스가 되었다. 연출을 맡은 친구가 아무런 거리낌도 없이 내게 그 역할을 제안했다. 나는 별로 자신이 없었다. 칼을 들고 울부짖는 맥베스의 대사를 어떻게 말해야 할지, 장군이었다가 후에 왕이 되는 맥베스의 위엄을 어떻게 표현해야 할지 전혀 알 수 없었다. 그저 '이건 수업 시간에 하는 연극일 뿐이니 너무 부담 갖지 말자'는 생각뿐이었다.

처음 연습을 시작했을 때 우리는 다소 난감했다. 연습할 수 있는 시간도 많지 않았고, 무엇보다 역시 내가 문제였다.

마녀들의 속삭임에 따라 칼을 든 채 이리저리 움직이고, 마녀의 마법에 역동적으로 휘말리는 장면을 만들어내야 했는데, 내가 그렇게 움직이는 데는 한계가 있었다. 칼을 한 손에 든 채 휠체어를 밀기란 쉽지 않은 일이었다. 나는 남들처럼 무대 위를 나는 듯이 뛰어다니며 칼을 휘두르는 장면을 연기할 수 없었다.

그런데 우리의 이런 고민은 얼마 안 가서 해소되었다. 그것은 내가 칼을 든 채 휠체어를 움직이는 기술을 터득했기 때문이 아니라 연극의 본질을 자각했기 때문이다. 연극이란 현실을 그대로 재현하는 것이 아니다. 연극에는 '극적 효과'를 내기 위해 현실과 동떨어진 혹은 과장된 동작, 표현, 소품 등이 자주 등장한다. 이런 것들은 현실과는 완전히 다른 방식으로 나타나지만, 현실에서 우리가 포착하고자 했던 부분을 극대화시켜 현실을 더욱 현실같이 만들어주는 효과가 있다. 예를 들어 쇠사슬로 된 옷을 입고 출퇴근하는 가장이 연극에 등장한다면, 현실에서 아무도 그런 옷을 입지 않더라도 우리는 그의 고달픈 현실을 더욱더 농밀하게 느낄 수 있다.

그러므로 연극에서는 현실과 완벽히 일치하는 사람이나 조건을 어떤 역할이나 장면에 끼워 맞출 필요가 없다. 오히려 부적합할 것 같은 사람이나 조건이 극 속에서 현실감 있게 그 역할을 실현한다면 더 매력적인 공연이 될 수 있다. 현실에서 우리는 정해진 역할에 가장 적합한 인간으로 선택받기 위해 치열하게 경쟁한다. 변호사라는 직업을 가지려면 그 역할에 적합한 자격과 수준을 갖추기까지 엄청난 노력이 뒤따라야 하고, 언어장애가 있거나 학습 능력이 뒤처지는 사람들은 태생적으로 그 역할을 할 수 없다고 인식되어 아예 그 역할에서 배제된다. 마찬가지로 지체장애인인 나는 군인이나 축구선수가 될 수 없고, 시각장애인이 미술가가 되는 것은 거의 불가능하다고 여겨진다.

반면에 연극은 연출자와 무대 위의 배우가 발휘하는 상상력과 표현 기법에 따라 그 역할을 맡은 사람의 개인적 특성과 상관없이 더 생생하고 현실감 있는 캐릭터를 창조해낼 수 있다. 10대 소녀에게 80대 노인의 역할을 맡긴다든지, 지체장애인에게 군인의 역할을 맡긴다든지 하는 과감한 캐스팅은 전하려는 메시지를 더 강하게 드러내는 방법이 되기도 한다. 요컨대 현실에서 어떤 역할을 실현한다는 것이 정해진 틀 속으로 들어가는 과정이라면, 무대 위에서 어떤 역할을 연기한다는 것은 그것을 맡은 사람들이 서로에게 창의적으로 적응하면서 새로운 현실을 창조하는 과정이다. 즉 장애인 나는 현실에서는 절대로 장군이 될 수 없지만, 연극 속에서는 상상력과 창의적인 연출, 무대 위에서의 협력을 통해 완전히 새로운, 어떤 면에서는 장군보다 더 장군다운 장군이 되기도 하는 것이다.

연출을 맡은 친구는 마녀 일곱 명의 동작과 그에 휘둘리는 맥베스를 표현하기 위해 그리고 내 동작의 한계를 넘어서기 위해 다양한 연출을 시도했다. 예컨대 마녀의 마법에 맥베스가 완전히 제압당하는 장면을 표현할 때 맥베스인 내가 움직이는 대신 검은 천을 들고 여러 명의 마녀가 내 주변을 마구 뛰어다니도록 했다.

이 아이디어는 내 움직임의 한계에도 불구하고 무대를 역동적으로 만들어 예상을 뛰어넘는 독특한 분위기를 조성했다. 또 칼을 들고 독백을 하거나 움직이면서 대사를 하는 장면에서는 검은 옷을 입은 마녀 넷이 내 휠체어를 앞뒤로 움직이며 나를 조종하는 것처럼 표현했다. 휠체어에 앉아 있어 움직임이 어렵다는 한계를 누군가 휠체어를 밀어주는 것으로 해결하면서, 동시에 자연스럽게 맥베스가 조종당하고 있다는 느낌을 표현한 것이다. 이는 오히려 상황을 더욱 현실감 있게 묘사하는 장치가 되었다. 이러한 시도들은 그야말로 연극이 갖는 현실 표현의 다양성 그 자체였다. 창조적인 연출이 일상의 한계를 오히려 더욱 적절한 표현 양식으로 바꾼 것이다.

비록 수업 시간에 하는 작은 공연이었지만 우리는 그것을 매우 성공적으로 해냈다. 처음에는 나 때문에 다른 팀원들이 감점을 당할까 봐 걱정스러웠지만, 다양한 창조적 협력이 결국 나를 '주연'으로 만들었다. 나는 그 과정이 마치 내 삶 자체인 것처럼 느껴졌다. 일반적으로는 누구도 기회를 주지 않는 현실에서 누군가 내게 기회를 주고, 그 안에 잠재된 가능성을 연대와 창의성으로 이끌어내 새로운 삶을 창안하는 방식. 그것은 내 삶에서 기적처럼 실현된 많은 일들과 그 일을 함께 실현한 사람들의 모습을 그대로 닮아 있었다.

이런 '극적인' 일을 시도하는 사람들을 우리는 간혹 만나게 된다. 그들의 공통점은 세상이 주조해놓은 형식에 들어맞지 않는 사람을 위해 과감히 새로운 형식을 창안한다는 것이다. 그들의 과감함은 세계의 가능성을 그만큼 늘려놓는다.

꿈의 크기

장애인권연대사업팀을 그만둔 후 나는 휴학을 했다. 당시 나는 학교에서 장학금을 받아 등록금은 면제받았지만, 생활비를 포함해 불가피하게 자동차까지 유지해야 했기에 경제적으로 매우 어려운 상황에 있었다.

나는 상당수 대학생들의 수입원이자 교육 불평등 문제의 원인 중 하나인 이른바 '과외'에 참여하기가 불가능했다. 1학년 때부터 과외를 구하기 위해 여기저기 홍보 글을 올리며 고군분투했지만, 원하는 학생의 부모와 연결이 되더라도 모든 조건이 합의된 후 내가 "아, 근데 제가 다리가 좀 불편해서 휠체어를 타는데 집 구조가 제가 들어갈 수 있을지 모르겠네요"라고 말하면, 학생의 부모는 (사실인지 아닌지 알 수 없지만) 일언지하에 구조상 힘들 거라고 미안하다며 전화를 끊고는 했다. 그래서 나는 대학원생 선배들의 연구 보조, 고교생들의 논술 답안지 첨삭, 학과 사무실의 봉사 장학생, 시각장애인을 위한 교재의 텍스트 파일 만들기 등의 일을 했다.

휴학을 하고 한 학기를 보내는 동안 한 장학재단의 공고문을 읽었다. 가정 형편이 어려워 휴학한 학생들 중에서 매월 상당한 액수의 장학금을 받는 대신 저소득층 청소년들의 학습 지도를 할 사람을 모집하는 내용이었다. 나는 떨리는 마음으로 지원서를 냈다. 무엇보다 내 마음을 끈 것은 그 장학재단이 상당히 많은 학생들에게 적지 않은 장학금을 지급하면서도 그 사실을 전혀 언론에 알리지 않는다는 점이었다. 게다가 장학금 지원을 받는 대학생들에게 저소득층 학생들의 학습 지도를 하게 해서 그들이 단지 수혜자이기만 한 것이 아니라 사회에 무엇인가를 기여할 수 있게 한다는 점도 마음에 들었다. 그것은 학생들이 당당하게 장학금을 수혜할 수 있게 하는 일이면서 동시에 사교육 사각 지대에 놓인 청소년들에게는 교육의 기회를 제공하는 일이기도 했다.

운 좋게도 나는 장학금 수혜 대상자로 선정되어 다음

학기에 복학할 수 있었다. 그리고 한 복지관을 통해 중학교
1학년 학생 두 명을 가르칠 기회를 얻었다. 둘 다 가정
형편이 어려워 사교육을 전혀 받지 못하는 아이들이었다.
막상 기회가 오니 걱정이 앞섰다. 교과목을 가르치는 것
자체에 대한 부담도 있었지만 어린 학생들이 장애인에 대해
지니고 있을 편견이 두려웠기 때문이다. 이 아이들이 나에게
배우는 것을 기피하지는 않을까, 말로 표현하기 어려운 어색함
때문에 수업이 제대로 안 되는 건 아닐까 우려되었다. 많은
부모들이 '휠체어 탄 과외 선생'을 거부한 것이 단지 집의 구조
때문이기만 했을까, 하는 생각도 들었다.

그러나 그 전까지 했던 수많은 우려에 대한 내 경험이
말해주듯이, 우리가 통념적으로 하는 우려의 대부분은
쓸데없는 것임을 다시 한 번 깨달았다. 아이들은 기특하게도
복지관 학습실에서 나를 처음 만난 날 나를 조금도 이상하거나
불편하게 생각하지 않았다. 오히려 너무 편하게 여기는 것이
문제라면 문제였다. 그 나이 또래라면 '저 사람이 우리에게
뭘 가르칠 수 있으려나' 하고 의심할 만한데, 아이들은 별다른
의심 없이 나를 선생님이라며 부르며 잘 따라주었다.

나는 이번에도 내게 주어진 '맥베스'의 역할이 다양한
방식으로 가능하며, 새로운 의미를 낳을 수 있다는 것을
깨달았다. 게다가 이 기회를 통해서 저소득층 아이들이

어떠한 이유로 교육에서 소외되는지 직접 경험할 수 있었다. 많은 사람들이 저소득층 아이들은 학원에 다니지 못하거나 과외를 받지 못해서 학습 수준이 떨어지고(보통 좌파의 논리), 전문직 부모를 둔 아이들은 부모에게서 좋은 유전자를 물려받았기 때문에 자연스럽게 공부를 잘하게 된다(보통 우파의 논리)고 말한다. 물론 두 가지 모두 일정하게 교육 불평등을 재생산하는 데 영향을 미칠 것이다. 그러나 내가 경험한 바로는 저소득층 아이들은 미래에 대한 꿈의 크기 자체가 매우 작기 때문에 공부에서 멀어지는 경우가 많다.

내가 가르친 아이들은 수학 문제를 풀 때 특별한 창의성을 보이기도 했고, 둘 다 공부에 어느 정도 재능이 있었다. 하지만 두 아이의 꿈은 스튜어디스가 되거나 실업계 고등학교에 진학해 아무 곳에나 빨리 취업하는 것이었다. 물론 스튜어디스가 되는 것도 멋진 일이고, 반드시 인문계 고등학교에 진학할 이유는 없다. 그러나 이 아이들은 다른 길에 대해서는 거의 생각해보지 못했고, 주변 사람들에게 들어본 직업의 수도 매우 적었다.

나는 영어를 가르치면서는 외교관이 되거나 문학 작품을 번역하는 일도 매우 멋진 일이라 말했고, 수학을 가르치면서는 약사를 하다가 공부를 더 하면 우리나라의 보건 정책 전반을 관장하는 일을 할 수도 있다고 말해주었다. 그런데 아이들은

영어를 배워 기업에 취업하고, 약사가 되어 약국의 주인이
된다는 것 이외에 다른 일을 할 수 있다는 것은 전혀 생각지
못했다.

　나는 이 아이들과 1년 반 정도 만나면서 우리 세계가
왜 이렇게 분절되어 있는지 다시 한번 생각하게 되었다.
이 아이들도, 시설 안에 수용되어 있는 장애인들도 세계의
여러 가지 다양한 모습을 제대로 경험하지 못한다. 우리는
같은 세계를 살아가는 것 같지만 사실은 아주 다른 세계를
살아가고 있다. 심지어 우리가 꾸는 꿈조차 그토록 분절되어
있는 것이다. 나는 한동안 잊고 있었던 이 사실을 아이들을
가르치면서 다시금 깨달았다.

　그때 나는 오랜만에 즐거운 기분을 느꼈다. 그 무렵 나는
장애인권연대사업팀을 그만둔 후 사회학이라는 기초 학문을
전공하면서 앞으로 무엇을 해야 할지 몰라 방황하고 있었다.
내가 대학 내내 힘을 쏟아 부은 것들이 자본주의 사회에서
내가 차지할 위치와 아무런 상관도 없다는 현실이 나를 무겁게
짓눌렀고, 사회로부터 이런저런 지원을 받고도 내가 직접
해낼 수 있는 일이 거의 없다는 생각에 괴로웠다. 그때 마침
장학재단 덕분에 경제적인 부담도 덜고, 이질적인 두 세계를
하나로 통합하는 데 미미한 역할이나마 하게 되었던 것이다.

　그 아이들은 넓은 세계, 즉 외교관이나 의사, 번역가 등의

세계와는 전혀 무관해 보이는 세계를 살고 있고, 장애를 가진 인간들과도 완전히 다른 세계에 발을 딛고 있다. 그러나 나와 그 아이들의 만남은 그 여러 세계를 가로지른다. 우리는 신체적 차이, 서로 다른 사회적 지위, 연령과 사고의 격차 등등 모든 것을 넘나든다. 나는 단지 공부를 도와주는 차원을 넘어 분리된 여러 세계를 잇는 하나의 통로가 된 것이다.

그 장학재단은 지금도 수백 명의 가난한 대학생을 지원하고, 그들을 통해 더 가난한 청소년들에게 다가가고 있다. 이러한 시도는 일회적으로 장학금을 지원하는 것에 그치는 게 아니라 지속적인 사회적 연대의 고리를 만들어낸다. 또한 때로는 나처럼 아무런 기회도 얻지 못하던 사람들에게 사회적 실천의 기회를 부여한다. 즉 도저히 '맥베스'를 맡을 수 없을 것 같은 사람에게 "우리가 손을 잡아줄 테니 네가 주연이 되고, 또 다른 주연을 만들어내라"라고 말한다.

객석을 무대로 만드는 용기 있는 사람들

영화 〈잠수종과 나비〉의 주인공 보비는 한 잡지의 편집장으로, 능력 있고 건강한 중년 남성이었다. 어느 날 그는 옆자리에 아들을 태우고 운전을 하다가 '감금 증후군locked-in syndrome'에 걸린다. 뇌신경 이상으로 발생하는 이 질병 때문에 그는 온몸의 근육이 완전히 마비되어 한쪽 눈만 자기 의지대로 깜박일 수 있는 상태가 된다. 그야말로 '통 속의 뇌'와 같은 장애인의 상태가 된 것이다. 직장 동료들이 병원에 찾아와 그 앞에서 시시콜콜 이런저런 얘기를 떠들며 한껏 그를 동정하다가 돌아간다. 원치도 않는 모자를 씌우고, 축구를 보는 중에 TV를 마음대로 꺼버려도 그는 마음속으로 욕을 내뱉을 뿐 아무런 의사 표시도 할 수 없다. 완전히 굳은 몸으로, 그러나 의식은 또렷한 채 세상을 지켜만 봐야 하는 상태가 된 것이다.

그러나 그에게도 이 세상의 누군가는 과감히 '맥베스'의 역할을 맡긴다. 왼쪽 눈꺼풀만 깜박이는 그를 위해 특별한 의사소통이 시도된다. 눈을 깜박이는 횟수에 따라 알파벳을 지정하여 단어를 만들고, 이어서 문장을 구성해 의사표현을 할 수 있도록 한다. 이를테면 세 번 깜박일 때 G, 네 번 깜박일 때 F처럼 약속을 만드는 것이다. 당연히 한 문장을 말하는 데 아주 긴 시간이 걸리지만, 내 삶에서 그러했던 것처럼 속도전을 외치는 세계에서도 그 시간을 기다려주는 이가 언제나 한 명 정도는 있는 법이다.

보비에게도 그런 사람이 나타난다. 보비는 그의 도움으로 아주 천천히 책을 써나간다. 잡지 편집장이었던 그는 좋은 문장을 말할 줄 알았고, 힘겨운 상황에서도 상상력을 펼칠 수 있었다. 결국 보비는 책을 완성한다. 바로 이런 것, 새로운 방식의 의사소통을 시도하는 창의성과 긴 시간을 인내하며 함께 가는 사회적 연대가 세상에 충격을 가하고 변화를 일으킨다. 실화를 바탕으로 한 이 영화는 지구 반대편에 있는 나에게 이 글을 쓰는 동력을 주었다. 이처럼 한쪽 눈만 가지고도 우리는 우주에 충격을 가할 수 있다.

이와 같이 극히 소수이기는 하지만 과감하게 예상 밖의 인물에게 주연을 맡기는 사람들은 언제나 존재하며, 그들은 계속해서 새로운 삶의 가능성을 창조한다. 휠체어 위의 맥베스, 두 명의 가난한 중학생과 대학생 하나를 동시에 세상의 주체로 만드는 장학재단, 그리고 눈의 깜박임을 기다려 긴 문장을 완성하는 사람들에게는 인간 승리가 아니라 상상력과 인내심, 과단성이라는 공통점이 있다. 무엇보다 그런 연대의 손길은 막연한 동정이나 자신이 그런 존재가 아니라는 사실을 확인받고 싶은 욕망에서 출발하지 않는다는 점이 중요하다. 그들은 새로운 삶과 공동체의 가능성, 또는 특별한 무대를 통념에 구속되지 않고 자유롭게 연출하고자 하는 자유정신의 예술가들이다.

나는 언제나 세계의 주연이 되고 싶었다. 어두운 객석에서 바라보던 무대는 화려했지만 그럴수록 나의 공간은 점점 더 쓸쓸하게 느껴졌다. 내 왼편과 오른편에 앉은 친구들과 함께 우리 삶에 스포트라이트가 비춰지는 순간이 과연 오기나 할까 생각하고는 했다. 우리가 반드시 주인공이 되어야 할 필요는 없었다. 무대 위의 배경이라도 좋았다. 무대에 오르는 것만으로도 우리 스스로에게는 주연이 된 것이나 다름없을 터였다. 하지만 무대에 오르기 위해 통과해야 할 기준은 너무나 까다로웠고, 아무도 우리 몸에 대한 선입견을 배제하고 과감히 역할을 맡기지 않았다. 간혹 역할을 맡겨주는 사람이 있더라도 우리가 해낼 수 있도록 창의적인 연출과 조력까지 뒷받침해주지는 않았다. 그저 몇몇 사람들이 와서 우리에게 더 화려한 무대의 객석에 앉을 기회를 1년에 몇 번 주었을 뿐이다.

그러나 어느 순간부터 내게 과감하게 역할을 부여하는 사람들이 나타났다. 재활학교에 들어간 후로 나는 기적처럼 나타난 사람들을 통해 완전히 새로운 삶의 기회를 얻었다. 누구도 어두운 객석으로 시선을 돌리지 않을 때, 몇몇 사람들이 그 어둠 속에서 내 열망을 찾아냈다. 그리고 나에게 기회를 주었다. 이 과정에는 무대의 구조를 새롭게 만들고, 스포트라이트의 방향을 바꾸는 등의 놀라운 움직임이 뒤따랐다. 그들은 내게 무대에 등장하는 데는 여러 가지 방법이 있다는 걸 일깨웠다. 탁월한 연출자와 좋은 동료를 만나는 것 이외에 무대 자체를 개조해 객석을 아예 무대로 만들 수도 있다. 스포트라이트의 방향을 무대에서 객석으로 돌려버릴 수도 있다. 그렇게 객석은 무대가 된다. 이제 무대는 단 하나가 아니다. 우리가 빛날 수 있는 가능성의 공간이 여기저기서 출몰한다.

저 멀리 반대편 객석에서 일어난 이 놀라운 움직임은 내가 이 세계 속에서 살아갈 수 있게 하는 강력한 힘이 되었다. 객석에서는 몸을 제대로 가눌 수조차 없는 사람들이 침대에 누워 있기도 하고, 시선으로 눈물로 목소리로 또는 '눈 깜박임'으로 춤을 추기도 한다. 본래 객석이었던 곳이 무대가 되면서 점차 뜨거워진다. 그 열기가 내 자리까지 닿는다. 구석진 자리로 빛이 향한다. 이 움직임의 주인공은 천재 연출가나 스타급 배우가 아니라 중증의 질병을 가진 사람들이다.

그렇게 나는 수많은 사람들의 '합작품'이다. 장애인의 50퍼센트가 간신히 초등학교만 졸업하는 이 나라에서 나는 대학에 진학했다. 부유한 가정에서 자라지도 않았고, 비교적 중증의 질병을 가진 내가 말이다. 그러므로 내 삶은 그 자체가 하나의 '자유'다. 우리 사회를 강력하게 지배하고 있는 기존 질서를 마음껏 거스르는 존재이자, 수많은 이들이 열망한 자유가 모여 만들어낸 구체적인 증거다. 그들은 무대와 객석을 뒤바꾸고, 절대로 어울리지 않을 것 같은 사람에게 과감히 역할을 부여했다. 그리고 내가 그 역할을 훌륭하게 수행해낼 수 있도록 상상력을 보태고, 적극적인 협력의 자세를 보여주었다. 그러한 것들이 내 삶을 구성했다.

내 삶은 지난 10여 년간 말 그대로 '격변'했고, 나는 성장하지 않는 해를 보낸 적이 단 한 번도 없다. 나는 계속 변화해왔고, 앞으로 내가 어떻게 변화할지 기대하고 있다. 만약 어느 날 잠에서 깨어나 보니 내가 다시 시골 마을의 작은 방 안에 누워 있는 것만 아니라면, 나는 내 삶에서 만나는 온갖 기회들에서 벅찬 감격을 느낄 것이다.

'나는 이렇게 잘났으며, 성공한 인간이다'라고 글을 마무리해야 할까? 계속 성장한다는 것은 계속 어떤 과제와 만난다는 뜻이다. 이렇게 주어진 자유가 가벼운 것이라면, 삶은 참으로 간단한 일일 것이다.

나는 누구인가. 이른바 '88만원 세대'의 장애인이자, 뒷좌석의 창문은 수동으로 올려야 하는 1995년식 중고차를 타고 서울대 로스쿨에 다니는 골형성부전증이다. 나는 늘 이 기묘한 조합을 유지하기 위해 내가 해야 할 과제들에 대해 생각한다. 여전히 남아 있는 가난과 질병과 찌질함과 추함과 구겨진 천 원짜리 지폐에 가려진 칸트의 얼굴과 별 볼일 없는 삶의 무게에 대해 생각한다. 끝으로 내게 주어진 자유의 무게와 내 앞에 놓인 삶의 과제들에 대해 말해보려 한다.

내게 주어진 자유의 무게

꿈을 꾸었다. 어딘지 알 수 없는 공간에서 허우적댔다. 우주의 어딘가, 누구도 도움의 손길을 내밀어주지 않는 어떤 공간. 내 손이 닿지 않는 곳에 무수히 많은 기억의 조각들이 널려 있었다. 재활학교, 고향 마을, 수술대 위의 동그란 조명, 장애인들의 시위 현장, H와의 밤. 나는 그 모든 것이 현실감 없이 마구 뒤섞인 공간에서 발버둥 치고 있었다. 희망을 증명하는 사람이 되어야 한다는 초자아의 명령이 침묵한 그날 밤, 나는 그 모든 현장에 더없이 강한 동경을 느꼈고 동시에 그것들로부터 탈출하고 싶은 묘한 감정을 느꼈다. 그 모든 것이 나의 자유를 만들어냈다. 그러나 내 안에서는 그 모든 것으로부터도 자유롭고 싶다는 욕구가 솟구쳤다. 잠에서 깨어보니 대학의 기숙사였다.

외롭고 가난한 상황에서 아들의 질병을 위해 고군분투했던 내 부모가 만약 조금이라도 나를 포기할 마음을 먹었다면 나는 이곳에 없었을 것이다. 재활학교에 진학한 이후 누군가의 조력이 없었다면 나는 한 발자국도 내딛지 못했을 것이다. 그 무렵 광범위한 장애인 운동이 일어나지 않았다면 나는 결코 지금처럼 존재하지 못했을 것이다.

그 모든 것이 내 삶의 일부를 구성하고 있다는 사실

앞에 겸손해야 한다. 내 삶은 21세기까지 인류가 추구해온 혹은 한국 사회가 추구해온 자유를 향한 모든 열망의 작은 결실이다. 진작 죽었을지 모를 혹은 아무도 돌아봐주지 않는 작은 방에 버려졌을지 모를 나에게 주어진 삶의 이 거대한 기회들은 그 자체로 자유다. 그런 만큼 나는 이 자유의 육중한 무게 또한 분명하게 느낀다. 내 자유란 모든 사람의 '합작품'이다. 이것은 내가 '맥베스'가 된 것과 정확히 같은 방식으로 주어졌다.

학부 4학년이 되어 장애인권연대사업팀 활동에서 발을 뺄 무렵, 나는 매일 밤 악몽에 시달렸다. 우주 공간에서 허우적대는 꿈 아니면 척추에서부터 윗니로 강한 압력이 치고 올라와 내 이를 하나씩 하나씩 박살내는 꿈이었다. 나는 그 압력이 올라온다고 느껴지는 방향의 반대편으로 미친 듯이 몸을 회전시켰다. 이가 하나, 또 하나 차례로 뽑혀 사라져갔다. 어디선가 어머니가 나와 호스 같은 것을 들고 내 입가에 묻은 피를 씻어주었다. 하지만 그 알 수 없는 압력은 멈추지 않았다. 그러다 새벽 5시쯤 깨어나는 일을 한동안 반복했다. 깨고 나면 내가 어디에 있는지, 지금 어떤 시간대를 살고 있는지를 인식하기까지 몇 분 동안 멍한 채로 앉아 있었다. 재활원 기숙사의 방 같기도 하고, 강원도 고향 마을의 작은 방 같기도 한 공간에서. 한참이 지난 뒤에야 내가 지금 서울에 있고, 대학

4학년이 되었다는 사실이 머릿속에 떠올랐다.

내가 한창 병원 생활을 하고 있을 무렵 어머니는 항상 같은 꿈을 꾸었다. 당시에는 고속도로가 제대로 정비되지 않아 서울에서 강릉으로 가려면 대관령이라는 높은 고개를 빙글빙글 돌며 올라갔다가 다시 반대편으로 원을 그리며 내려와야 했다. 어머니는 나를 업고 그 고개를 헤매는 꿈을 꾸었다. 가도 가도 끝이 없는 길을 오르는 동안 아무도 어머니를 도와주지 않았고, 나는 항상 등에 매달려 있었다. 그것은 30대의 어머니가 살아내야 할 운명을 상징하는 꿈이었다. 실제로 나는 외출할 때면 어머니의 등에서 떨어지지 않았고, 나를 병원에 데려가기 위해 어머니는 언제나 그 고개를 넘어야 했다.

나는 그 등에서 떨어져 나와 어머니를 자유롭게 해주고 싶었다. 그녀는 고교 시절 매우 뛰어난 학생이었다. 공부도 잘했고 문학적인 재능이 있었으며 노래도 잘했다. 무엇보다 승부욕이 강해 어떤 집단에서건 리더가 되었고, 모든 일에서 악착같은 면모를 보였다. 그러나 그녀에게는 세 명의 남동생이 있었고, 집은 가난했다. 할머니와 할아버지는 그녀가 대학 진학을 포기하길 바랐다. 결국 동생들이 대신 대학에 갔다. 대학에 가지 않은 그녀는 곧바로 취업을 했고, 시골에서 막 상경한 열정적이고 잘생긴 청년이었던 아버지를 만나 강원도의 시골로 시집을 왔다. 그리고 얼마 후 장애를 가진 아이가 태어났다. 그 이후 어머니는 두 번 다시 예전의 열정과 기회를 찾지 못하고 삶을 통째로 그 아이를 위해 바쳤다.

어머니의 삶은 내게 커다란 부채로 남았다. 어떤 식으로든 그 삶을 일부라도 보상해주고 싶다. 아들을 위해 30대를 전부 바친 결과가 '장애인 등록'이라는 건 비극적인 일처럼 보였다. 나는 그 선택이 패배의 상징이 아니라는 것을 보이기 위해서라도 좀 더 대단한 인간이 되고 싶었다. 아버지 역시 자신의 30대를 내던져 돈을 벌었지만, 그 돈은 희귀질환을 앓고 있는 이들에 대한 지원이 전혀 없던 시절 모조리 내 병원비로 충당되었다. 그렇게 어렵사리 아들을 길러낸 아버지는 가난한 부모들이 대개 그렇듯 내가 판검사가 되기를 바란다. 나는 판검사가 될 마음도 능력도 없지만, 적어도 그들에게 안정적인 삶과 자부심을 선물하고 싶다(어쩌면 그것은 나 혼자만의 욕망일지도 모른다. 부모에 대한 사랑이라는 핑계로 스스로에게 끊임없이 각인시키는 그 뻔한 욕망).

나는 가족들의 삶에 진심 어린 애정과 책임감을 느끼는 동시에, 한편으로 사회적 연대의 손길이 운 좋게도 내 삶에 모여들었다는 사실 때문에 그에 대해서도 책임감을 떨칠 수 없었다. 대학 동기들이 사법 시험이나 행정고시 준비에 뛰어들 때, 장애인권연대사업팀 활동을 함께했던 또는 사회학이나 철학 같은 기초 학문을 평생 공부해보겠다던 몇몇 친구들이 있었다. 나는 그들과 함께 일반적인 기준을 따르는 삶이 아닌, 정치와 예술, 학문 분야에서 다른 가능성들을 실천해보고자 했다. 그러나 결국 사회학을 계속 공부하겠다고 마음먹지 못하고 머뭇거렸다. 어느 날 그 꿈이 너무나 비현실적인 생각처럼 느껴졌다. 도대체 내가 무슨 돈으로 유학을 갈 것이며, 대학원에서 박사 학위를 받을 때까지 또는 그 이후로도 한동안 계속될 '시간강사' 생활을 견뎌낼 수 있을까? 그것은 우리 부모에게 너무나 가혹한 짐이 되지 않을까?

그러는 동안 고시를 준비하지 않는 몇몇 친구들 가운데는 나처럼 머뭇거리지 않고 홍대에서 재즈를 배우고, 진보정당에 들어가 사람들을 조직하고, 과외를 하면서 '스펙'에 전혀 도움이 되지 않는 책들을 열정적으로 읽는 이들이 있었다.

그때 한 장애인 선배는 나에게 "장애인은 죽을 때도 돈을 쥐고 죽어야 한다"라고 조언했다. 나는 세상의 일반적인 기준을 자발적으로 거부하는 소수의 20대들 사이에서도 무력함을 느꼈다. 버스를 탈 수 없어 자가용을 끌어야만 하는 장애인에게 돈을 좇지 말고 가치 있는 일을 하라고 요구하는 건 너무 가혹하지 않은가? 홍대에서 재즈를 배우려 해도 일단 재즈 클럽에 계단이 없어야 한다. 세상이 가진 전형적인 성공의 잣대를 깨부수고 자발적인 가난과 자유로운 예술적,

정치적 도전을 하기에 나는 너무나 많은 장벽에 둘러싸여 있지 않은가? 내가 사회적인 지원을 많이 받았다는 사실 때문에 세상 사람들이 말하는 소위 세속적인 '성공'을 열망하는 것에 죄책감을 느껴야 할 필요가 있을까?

장애를 가진 한 후배는 인터넷 신문에 '나에게 된장녀를 허하라'라는 칼럼을 썼다.[12] 이른바 '된장녀'라도 되지 않으면, 자본주의적 소비문화의 아이콘으로 몸을 휘감지 않으면 존재감을 드러낼 수 없는 삶이 우리의 '현실' 아닌가? 나는 이런 질문들 사이에서 내 존재와 내가 사랑하는 사람들의 삶을 위해 어느 쪽으로도 갈피를 잡지 못했다.

시계추처럼 진동하는 내 삶의 다른 편에서는 나보다 훨씬 열악한 삶을 살아온 중증 장애인들이 거리에서 짓밟히고 있었다. 장애인권연대사업팀을 만들었던 내 친구 진영이는 언제나 나를 부끄럽게 한다. 그녀는 비장애인이고 장애를 가진 사람들과 아무런 이해관계도 없다. 그러나 장애인을 비롯한 모든 인간의 평등한 권리 실현을 위해 안정적인 진로를 포기하고 장애인 단체에서 활동하고 있다. 재활학교를 나온 내 친구는 지금도 방에서 집을 지키고 있고, 기영이 형은 사랑하는 사람과 아이를 낳았지만 여전히 어디서도 일할 기회를 얻지 못하고 있다.

나는 '장애인 혁명가'까지는 못 되지만 이러한 현실에

책임감을 느낀다. 내게 손을 내민 많은 사람들이 나에게 어떤 사회적 책임을 대가로 요구한 적은 없다. 그럼에도 내 삶은 명백히 다른 사람들의 삶에 반응해야 할 책임을 지게 된 것이 아닐까?

때로 자유는 너무나 무겁다. 점심을 먹고 스타벅스에 갈지 커피빈에 갈지를 선택하는 것은 자유가 아니다. 그런 건 아무래도 좋다. 그러나 4천 원짜리 스타벅스 커피의 원료를 하루에 2백 원을 받고 생산하는 에티오피아의 청년이 정부의 지원을 받아 대한민국 명동 한복판에 섰다면, 그 선택은 무거운 자유다.

무력한 20대 그리고 88만 원짜리 장애인

김영하는 소설 《퀴즈쇼》에서 이 시대의 20대들에 대해 다음과 같이 이야기한다.

> 우리는 단군 이래 가장 많이 공부하고, 제일 똑똑하고, 외국어에도 능통하고, 첨단 전자 제품도 레고블록 만지듯 다루는 세대야. 안 그래? 거의 모두 대학을 나왔고 토익 점수는 세계 최고 수준이고 자막 없이도 할리우드 액션 영화 정도는 볼 수 있고 타이핑도

분당 3백 타는 우습고 평균 신장도 크지. 악기 하나쯤은 다룰 줄 알고⋯⋯. 독서량도 우리 윗세대에 비하면 엄청나게 많아. 우리 부모 세대는 그중에서 단 하나만 잘해도, 아니 비슷하게 하기만 해도 평생을 먹고 살 수 있었어. 그런데 왜 지금 우리는 다 놀고 있는 거야? 왜 모두 실업자인 거야? 도대체 우리가 뭘 잘못한 거지?

—김영하,《퀴즈쇼》(문학동네, 2010)

도대체 뭘 잘못했는지는 모르겠으나 이 시대의 20대는 무력한 세대, 무라카미 하루키를 읽으며 대학생이 되었지만 고양이를 기르며 쿨하게 맥주를 마실 공간 따위는 없는 세대가 되었다. 정치적으로 단결하지 못하고, 개인적인 성공만을 좇으며 토익 점수와 학점 같은 눈앞의 과제에만 집중해도 결국 상위 5퍼센트를 제외하면 아르바이트와 비정규 노동으로 평균 임금 88만 원을 받을 수밖에 없는 세대다.

경제학자 우석훈은 이 세대를 가리켜 이른바 '88만 원 세대'라고 이름 붙였다. 서울대라는 환경은 명백히 20대 가운데서는 기득권층에 속하겠지만 이러한 세대적 위기를 완전히 피해갈 수는 없었다. '돈 되지 않는' 학과는 모두 고사 위기에 처했고, 금융 연구나 투자 동아리는 '리쿠르팅'을 해서 뽑아야 할 만큼 문전성시를 이루지만 문학이나 철학, 사회과학 동아리는 점점 사라져간다. 장애인권연대사업팀이 왕성히

활동하던 2003~2004년만 해도 동아리에 관심을 보이는 학생들이 소수지만 꾸준히 있었다. 그래서 우리는 활동을 지속할 수 있었다. 하지만 내가 그 일을 그만둘 무렵에는 소수의 발길마저 뚝 끊겼다.

서울대에서는 내가 가장 방황하던 무렵의 2년간 열 명의 학생이 자살했다. 인문학을 전공하던 한 학생은 기숙사 화장실에서 목을 맸다. 바깥에서는 "서울대생은 눈만 낮추면 취직은 다 된다"라며 비난 섞인 충고를 한다. 그 말은 어느 정도 사실이다. 하지만 눈을 낮추기에는 집안의 어마어마한 기대와 주변의 시선에서 자유롭지 못한 것이 또한 이곳의 학생들이었다. 게다가 사람들이 생각하는 것과 달리 몇몇 학과를 제외하면 일자리를 얻는 것이 말처럼 쉽지도 않다. 나는 '88만 원짜리 장애인'이 되는 것이 두려워 강박증에 시달리고는 했다(물론 장애인 전체의 평균 임금은 44만 원에 더 가깝다).

아버지의 사업이 무너지던 해에 고3이었던 누나는 뒤늦게 대학에 진학했다. 어린 시절 아픈 동생에게 부모의 관심을 빼앗긴 채 외로운 시간을 보냈던 누나는 20대에 이르러서는 이른바 88만 원 세대가 되었다. 88만 원 세대로 진입한 것에 누나의 책임은 전혀 없었다. IMF와 아버지의 사업 부도는 우리 세대와 아무런 상관도 없다. 그리고 나의 장애로 인한 우리 집의 경제적 어려움도 누나와는 아무런 상관도 없다. 그러나 가족으로부터 경제적인 지원을 받을 수 없는 비명문대생 20대 여성에게 주어진 삶이란 가혹한 것이다.

나는 장애인이었고, 어쩌면 그래서 사람들의 지원을 받을 기회가 있었는지도 모른다. 그러나 누나와 같은 건강한 20대들에게 세상은 어떤 지원도 거부한다. "너희는 젊고 건강하다. 도대체 무엇이 두려운가?"라고 외치면서 말이다. 대통령을 비롯해 정치인들도 "젊은이들이여 편한 일자리만 찾으려 하지 말고 모험을 하라"고 다그친다.

그러나 그들은 모험을 감행하지 못하는 젊은이의 뒤에는 그들의 결코 젊지 않은 부모가 있다는 사실을 간과한다. 과감히 학과 공부를 집어 던지고, 국경을 넘고, 학점이나 '스펙' 따위는 상관없이 재즈나 춤 같은 예술 분야에 뛰어들고, 창의적인 사업을 시작하는 젊은이들의 상당수는 자신의 젊음만을 책임지면 되는 이들이다. 그러나 나는, 그리고 우리 대다수는 그런 젊은이가 아니다.

국가가 산업화 시대에 모든 것을 바쳐 경제성장을 이룬 부모 세대의 노후는 책임지지 않으면서, 그 자녀들에게는 "젊은이여, 모험을 감행하라"고 권한다면 이는 무책임하고 부당하다. 우리의 가난한 부모에게는 우리밖에 없다. 우리는 부모를 사랑하기 때문에 모험을 감행할 수 없는 것이다. 과거 세대는 "우리의 부모는 더 가난했다"라고 말할지도 모른다.

그러나 지금 우리의 부모에게는 서로 의지하며 가난을 견딜 수 있었던 마을 공동체조차 없다. 우리의 모험은 그들을 처절한 외로움 속으로 몰아넣을 수도 있다. 이런 말을 모험을 두려워하는 자의 핑계라고 한다면 더 이상 나는 할 말이 없다.

우석훈은 우리 세대에게 필요한 것은 '바리케이드와 짱돌'이라고 말했다. 그것은 '정치적 집단행동'만을 의미하는 것이 아니다. 스타벅스 대신 우리 세대가 주인인 커피 전문점을 찾아가고, 생활협동조합을 만들며, 투표를 통해 우리 세대의 문제를 고민하는 정치인을 지지하는 것도 방법이다. 우리 세대에게 필요한 것은 용기 있는 연대다.

그것을 위해 학점과 토익 점수 같은 '스펙' 따기를 잠시 뒤로 미루더라도 우리는 공동체를 바라보는 폭넓은 관점과 상상력, 연대의 정신을 키워야 한다. 하지만 그 전제는 누군가가 반드시 이 시스템에서 자유로운 연대의 움직임을 '시작'해야 한다는 것이다. 그러나 우리 세대는 누군가 시작하기만을 기다릴 뿐 아무도 움직이지 못했다.

나는 장애인권연대사업팀 활동을 하며 우리의 연대가 어떻게 세상을 변화시키는지 지켜보았고, 지적이고 열정적인 친구들과 이런저런 문제들에 대해 토론하면서 우리 중 누군가가 이 시스템에서 자유로운 움직임을 시작해야 하지 않을까 고민했다. 우리는 최인훈의 《회색인》을 읽고 스스로를

'갇힌 세대'로 정의하기도 했다. 하지만 안타깝게도 그것은 어떤 측면에서 '지적 허영'을 부리며 쾌락을 느끼는 것에 불과할 뿐 무엇도 제대로 시작하는 것은 아니었다.

허영이든 진심이든 졸업이 다가오고 장애인권연대사업팀 활동도 하지 않게 되자 나는 이러한 고민마저 더 이상 하지 못하게 되었다. 그 무렵 나는 '장애의 사회적 모델'이 갖는 한계를 느꼈고, 정훈이는 죽었으며, 미래에 대한 불안으로 악몽을 꾸는 나날을 보내고 있었다. 작은 시골 마을의 가난한 집에서 태어나 장애인이 될 가능성, 그 가운데서도 많은 비용과 저항의 시간을 필요로 하는 희귀질환에 걸릴 가능성 등을 곱해보면 내 상황은 여러모로 최악인 것처럼 보였다. 나에게 한가하게 정치 문제 따위에 관심을 갖는 대학생이 될 시간이 있나? 나는 "너희는 《회색인》을 읽으며 술 마시고 토론을 해도 당장 굶지는 않을 가족이 있고, 대충 살아도 언젠가는 결혼도 하고 아이도 낳겠지!"라며 냉소를 보내고 싶기도 했다.

가족, 장애, 세대. 그것들이 주는 무게가 내 삶에 찾아온 기회들의 대가라고 생각해야 할까? 실제로 나는 대학 생활 내내 그렇게 생각했고, 그것은 나를 부자유스럽게 만들었다. 그래서 나는 아무것도 제대로 할 수 없었다. 내 억압된 욕망과 사랑하는 사람들의 삶에 오롯이 집중하지도 못했으며, 그렇다고 장애인으로서의 정치적 실천에 몰입하지도 못했다.

20대로서, 갇힌 세대로서 우리를 부당하게 억압하는 고리를 끊어내는 일을 실천하지도 못했다. 그저 여기저기 어설프게 마음을 쓰며 끊임없이 진동할 따름이었다.

"괜히 나서지 마"라는 오래된 명령 앞에서

몇 년 전 장애인 부모들의 집회에 참석한 적이 있다. 장애아를 위한 특수학급이 현저히 부족하니 교육 예산을 확충해달라고 요구하는 집회였다. 부모 한 사람 한 사람이 앞으로 나가 부당한 현실을 고발했다.

그중 누군가가 꽹과리를 들고 단상 위로 올라갔다. 그는 갑자기 눈물을 쏟으면서 자신은 아이보다 오래 살아야 한다는 생각만 하고 있으며, 이 현실을 바꾸지 않으면 우리 아이들에겐 아무런 희망도 없다고 말했다. 그는 꽹과리를 치면서 진심으로 삶 그 자체를 울었다.

장애아이를 두지 않은 부모, 혹은 장애 문제에 아무런 관심도 없는 사람이라면 그의 모습을 청승맞다 느끼며 그냥 지나쳤을지 모른다. 그러나 장애를 삶의 무게로 느끼는 사람들에게는 마음을 움직이는 발언이었고 퍼포먼스였다. 장애인으로서 학교 진학에 어려움을 겪은 나도 분노하고 공감하지 않을 수 없었다. 그런데 그 순간 멍하게 그 모습을 지켜보며 분노하는 나를 관조하는 또 다른 내가 있었다.

또 다른 나는 그가 울부짖는 삶과 깊숙이 연관된 장애인의 태도가 아니라 그 모든 것을 초월한 듯 객관적이고 이성적인 태도로 '나는 사실 저 삶과 아무 관계도 없지만 나의 윤리적 책무를 위해 오늘 이곳에 나왔을 뿐이다'라며 고고하게 앉아 있었다. 그것은 어떤 정치적 사안에 대해 감정에 휘둘리지 않고 공정하고 합리적인 판단을 하려는 자아와는 달랐다. 그 자아는 분명 윤리적인 책임감은 느끼고 있지만, 그러한 현실 자체에는 전혀 몰입하지 못하는, 오히려 그러한 현실에서 우월감을 느끼는 자아였다.

그런데 이 자아가 점차 여러 곳에서 모습을 드러냈다. 내 가장 소중한 친구가 4년제 대학을 나오고, 좋은 학점을 받고, 성실하게 생활했는데도 정규직을 얻지 못했을 때, 그래서 88만 원 세대 담론이 튀어나올 때, 나의 이 또 다른 자아는 "너는 그래도 장애나 질병도 없고, 지금 고생하고 있다고 해도 결국 결혼도 하고 아이도 낳는 평범한 생활을 하게 될 것이다"라며 '장애인인 나'의 위치에서 냉소를 보냈다. 그러면서 20대로서의 내 삶을 다른 20대들의 삶 속에 대입하지 않고 그들의 현실을 그저 관조하며 연대의 필요성에 대해 막연한 책임감만을 느낄 뿐 조금도 공감하지 못하겠다는 태도를 취했다.

나의 중첩된 사회적 위치와 정체성은 그 모든 것에 일정한 책임감은 느끼지만 어느 것에도 공감하지 않은 채 서로를 회피하고 있었다. 장애인인 나는 일반적인 20대로서의 삶에 공감하지 않으려 했고, 대학을 다니는 20대의 나는 장애인인 내 존재에 몰입하기를 거부했다. 이런 태도는 내가 그 모든 정체성이 겪는 개인적이고 사회적인 과제들을 이해할 수 있게 했지만, 어떤 정체성도 진심으로 살아낼 수는 없게 했다.

어린 시절 나는 우연히 떠안게 된 삶의 무게를 덜어내기 위해 내 삶에 몰입하지 않는 방법을 선택했다. 뼈가 부러진 순간에는 당연히 고통이 찾아오지만 그 고통을 겪는 나를 다른 자아를 통해 관조하는 가운데, 가족들을 최대한 덜 놀라게 하면서 적절히 고통을 표현하는 방법을 고민했다. 어머니와 아버지가 크게 싸우고 이혼하자며 집을 나섰을 때도 누나는 큰 소리로 울며 어린아이답게 진심으로 안타까워했지만, 나는 우는 와중에도 내 울음이 그 상황을 원만히 해결할 수 있는 방법으로 사용되는 길을 고민했다. 그래서 아버지에게 "나는 걸을 수는 없어도 우리 가족이 행복해서 다행이라고 생각했어. 그런데 이게 뭐야"라는 대사를 '전략적으로' 구사하기도 했다. 그렇게 하면 부모님은 아무리 화가 났어도 내 말에 동요할 수밖에 없었고, 결국엔 화해를 했다. 혜원 누나를 처음 만나던 그때에도, 그렇게 내 정체성과 위치를 적절히 이용하려는 냉정한 내가 튀어나와 진심으로 그 만남에 몰입하지 못했다.

그렇게 나는 지금까지도 가난한 가족의 구성원, 골형성부전증이라는 희귀질환을 앓는 몸을 가진 장애인, 가장 무력한 세대라 인식되는 2010년의 20대 그 어느 것에도 진심으로 속하지 못한 채 살고 있다. 나는 그 삼각형의 중심에서 이리저리 진동하면서 내가 혹시나 다치지는 않을까, 내 자아를 드러내고 상처받지는 않을까 두려워할 뿐이다.

박민규의 소설 《죽은 왕녀를 위한 파반느》에 등장하는 여주인공은 너무 못생겨서 아무도 쳐다보지 않고, 사랑해주지 않는 존재다. 그녀는 취업조차 하기 힘든 상황에서 어렵게 직장을 얻지만, 그곳에서 한 남자 직원에게 "웃지 마, 웃으면 더 이상해"라는 말을 듣는다. 이 말은 이후 그녀의 삶을 철저히 지배한다. 화장을 하고 싶어도 "화장하지 마, 화장하면 더 이상해"라는 말을 들을까 두려워 하지 못했던 그녀는 "말하자면…… 세상 모든 여자들과 달리 자신의 어두운 면만을 내보이며 돌고 있는 '달'이다. 스스로를 돌려 밝은 면을 내보이고 싶어도…… 돌지 마, 돌면 더 이상해…… 소리를 들을 수밖에 없는 달."

바로 이러한 명령, 장애인들의 집회 현장에서 눈물 흘리는 내 어머니 같은 사람을 바라보면서도 내부에서는 "울지 마, 울면 진짜 장애인 같아"라고 하던 명령. 사랑하는 사람 앞에서 내 사랑을 이야기하려는 순간 "고백하지 마, 고백하면 찌질한 장애인 같아"라고 말하던 명령. 20대로서 함께 무엇인가를 과감히 시도하려는 순간에도 "하지 마, 어차피 넌 장애인이니 네 삶에나 신경 써. 나서는 건 더 추해"라고 하던 그 명령. 이 사회로부터 혹은 내 내부로부터 자라난 이 오래된 명령 앞에 나는 언제나 굴복하곤 했다.

그러나 이런 나에게도, 잘난 척은 다 하면서도 결국은 내 안으로 도피하기만 했던 나에게도 누군가는 "사랑해, 사랑하는 게 더 멋있어"라고 말해주었고, "무대에 올라가, 그게 더 섹시해"라고 말했으며, "글을 써. 네 이야기를 글로 쓰면 자유로워질 거야"라고 말하며 손을 내밀어주었다. H는 "다리를 보이지 마, 그게 더 추해"라는 눈빛을 보내지 않고 오히려 (따스한 동정의 눈빛조차 아닌) 에로스의 감수성으로 나를 바라보았다. 재활원 시절, 그리고 대학 시절에 했던 조촐한 연극과 밴드 공연에서 누구도 나에게 "노래하지 마. 연기하지 마. 그게 더 추해"라고 말하지 않았다.

나는 '장애인 치고는' 멋있는, 이라는 말을 거부한다. 나는 장애인 치고는 멋있기 위해 노래를 부른 것이 아니라, 진정으로 멋지고 자유롭고 매력적이고 뜨겁기 위해 무대 위에 섰을 뿐이다. 그리고 그러한 경험이 나로 하여금 글을 쓰게 했다. 내가 글을 쓰는 이유 역시 '장애인 치고는' 좋은 글을 쓰기

위해서 혹은 '장애인 치고는' 멋진 말을 늘어놓기 위해서가
아니다. 나는 장애인이기 때문에 멋질 수 있는, 장애인이기
때문에 자유로울 수 있는, 장애인이기 때문에 매력적일 수 있는
어떤 메시지를 위해 이 글을 쓴다.

나와 당신의 몸을 위한 증언

학부를 졸업하고 강릉을 방문했다. 외롭고 쓸쓸한 어린 시절을
보냈던 그곳. 내가 태어나고 자란 고향 마을은 몇 년 전 입은
수해가 제대로 복구되지 않아 황폐해 보였다. 그리고 너무나
작았다. 한때 나에게 거대한 바깥세상이었던 그 마을은
자동차의 가속 페달을 밟으면 끝에서 끝까지 가는 데 채
1분이 걸리지 않았다. 교복을 입은 친구들이 등하교를 하던
마을 한가운데의 다리는 좁고 낡아 보였고, 그 밑을 흐르는
개천은 마치 도랑처럼 보였다. 내 몸은 그때와 많이 달라지지
않았지만, 내 머릿속 세계가 너무 거대해져버린 것인지도
모르겠다.

　나는 마을 사람들의 눈에 띄고 싶지 않았다. 부모님은
아버지의 사업이 부도난 이후 그 마을을 도망치듯 떠났고, 그
이후로 나 역시 그들과 교류한 적이 없다. 하지만 그 마을은

나의 상처, 고통, 질병과의 싸움이 고스란히 녹아 있는
공간이었다. 나는 마을의 한적한 공터에 차를 세웠다. 더운
한낮이라 그런지 밖을 돌아다니는 사람이 하나도 없었다.
공터 맞은편에는 어린 시절 친구들과 숨어들곤 했던 율곡
이이의 서원이 있었다. 조금 더웠지만 나는 차에서 내렸다.
젖은 녹색의 나무들이 서 있는데도 어쩐지 황량해 보이기만
하는 공터 위로 햇볕이 쏟아졌다. 거기서 나는 파란색 표지의
《순수이성비판》 1권을 꺼냈다.

당연히 나는 이 책을 다 이해하지 못한다. 하지만 마을
한가운데서 그것을 낭독했다. 내 목소리를 통해 퍼지는 칸트의
언어는 그 마을과 아무런 상관도 없었다. 가난하고 외로운
작은 마을, 그곳의 작은 방 안에서 숨은 듯 지내야 했던,
아무것도 배우지 못하고 누구하고도 사랑과 우정을 나누지
못했던 나의 어린 시절과 세상의 중심에서 고도로 훈련된
사람들만이 향유하는 그 텍스트가 조화롭지 못하게 얽혔다.
잠시 뒤 나는 혼자 웃었다. 뭐 하는 짓인가 싶었다. 그러나 나는
언제부터인가 이것을 꼭 해보고 싶었다.

내가 하고 싶은 것은 아무런 관계도 없고 교류도 없는
세계를 하나의 공간으로 끌어들이는 것이다. 장애인으로서
연극 무대에 서는 것은 강원도의 시골 마을에서 칸트를 읽는
것과 비슷한 느낌을 준다. 내가 로스쿨에서 공부하는 것

자체가 사실은 그러한 느낌이다. 나는 나의 특별함이 여기에 있다고 생각한다. 나는 뛰어난 능력으로 장애를 '극복'한 사람은 아니지만 여러 세계에 정체성을 걸치고 있다. 그것은 때로 나를 분열시키고 삶에 대한 내 책임감을 다른 곳으로 돌리게도 하지만, 나는 또한 그 안에서 끊임없이 합당한 방식으로 분노하고 사랑하고 치열하게 삶을 살아내기 위해 애쓰고 있다. 그 가운데서 남들이 생각지 못했던 이질적인 것들의 종합과 초월을 경험한다.

물론 아직까지 내가 그러한 종합과 초월을 만들어내는 자유의 주체인 적은 거의 없었다. 운 좋게도 나는 그러한 자유를 실천한 사람들 덕분에 분리된 세계가 하나로 합쳐지고 새로운 것들이 창조되는 경험의 한가운데에 놓일 수 있었다. 그래서 어쩌면 여기 쓴 내용을 말할 자격이 내게는 아직 없을지도 모른다. 하지만 나는 애초부터 실천의 주체로서 이 글을 쓰지는 않았다. 오히려 나는 증인으로서 썼다. 내 삶은 이 자유를 온몸으로 실천한 사람들 가운데서 완전히 변화했으며 내 자유가, 내 몸이, 내 사랑이 그것을 증언하고 있다. 그러므로 나는 이 글을 자유와 연대의 힘을 증언하기 위해 썼다. 실천의 주체가 되기에 나는 아직 경험이 일천하고 능력도 용기도 부족하다.

그러나 앞으로 내게 다시 무엇인가를 쓸 기회가 온다면

나는 증언을 넘어 변론을 하고자 한다. 그 변론이 옹호하고자 하는 것은 바로 나의 몸, 당신의 몸, 내 친구들의 몸 그리고 우리 모두의 몸이 가진 자유가 될 것이다. 우리의 유약한 몸, 장애를 가진 몸, 추한 몸, 88만 원짜리 몸. 그 몸들이 처한 완전히 다른 여러 세계가 나의 존재와 나의 사랑을 통해서 자유의 가능성을 타고 새로운 삶을 생성하는 것. 그것이 내 궁극적인 꿈이며 삶이 될 것이다.

앞으로 나는 쿨한 척하는 인간, 고고한 지성인인 척 저 위에 존재하는 내 자의식, 내 상황을 사회의 탓으로만 돌리는 나약함, 반대로 사회적인 문제를 개인의 것으로만 환원하는 몰지각함 등등 이 모든 것을 부정하고 뜨겁게 내 삶의 과제를 마주하고, 사회적인 연대를 구축하며, 자유의 가능성을 확장하는 인간이 되어 계속해서 새로운 '맥베스'가 탄생할 수 있는 다양한 무대를 창조하고 싶다.

내 이야기는 지금까지 이 어설프고 나약한 인간을 무대 위에 올려놓은 사회적 연대에 대한 증언이며, 미래의 무대를 위한 나 자신과의 약속이다. 나는 나와 당신의 몸이 비록 유약하고, 볼품없고, 별 볼일 없는 미물처럼 취급되었다고 할지라도 무대 위에서 뜨겁게 자유와 사랑을 증언하게 되는 그런 세계를 꿈꿀 것이다.

타인에 대한 비인간적인 행위는
용서받을 수 없습니다. 그러므로 나의 반응은
분노입니다. 하지만 이상하게도 나는
증오를 느끼지는 않습니다.

– 에드워드 사이드, 이스라엘 일간지와의 인터뷰 중에서

우리에겐 분노가 필요하다

이 책의 원고를 끝낼 즈음 친한 고교 동창의 한 친구를 만났다. 그는 모 대학에서 전기공학을 공부하며, 경제학을 복수 전공한다고 했다. 훤칠한 키에 잘생긴 얼굴이 한눈에 들어왔다. 나이는 나와 같았다.

고교 동창이 나를 소개하면서 이런저런 이야기를 덧붙였다. 그 말을 듣더니 그는 나를 대단한 사람이라고 치켜세우면서, 자신도 지방 출신에 아주 어려운 집에서 사교육도 받지 못하고 자랐지만 소위 '명문대'에 진학할 수 있었다고 했다. 그러고는 이렇게 말했다.

"도대체 왜 자기가 노력하지 않고 사회에다 대고 투덜거리는지 이해가 안 가요. 사람은 어떤 상황에서든 자기 하기에 달렸거든. 나나 원영 씨나 어려운 상황에서도 결국 좋은 학교에 왔고, 그럭저럭 부유한 집에서 태어난 애들한테 밀리지 않고 잘 살잖아. 사회적으로 원조를 너무 많이 해주면, 그게 가난한 애들을 더 가난하게 만드는 게 아닐까요?"

"아니죠."

"네?"

그렇다. 아니다. 확실히 그는 대단한 인간이라는 생각이 든다. 신발 끈도 잘 매고 잘생겼다. 그러나 나는 아니다.

어디서 많이 들어본 이 20대 친구의 논변은 많은 것을 오해하고 있다. 사실 우리가 특별한 사회적 연대를 통해 차별 철폐 정책이나 복지 제도를 실시하는 이유는 '지독히 어려운 상황에서도 성공한' 사람들과는 별 상관이 없다. 내가 이 책 이곳저곳에서 예로 든 스티븐 호킹과 헬렌 켈러, 오토다케 히로타다 같은 사람들은 어떤 상황에서도 자신의 장애를 넘어서는 놀라운 성취를 이루어낸다. 인도의 천재 수학자 라마누잔은 어떤가. 그는 영국의 식민지였던 가난한 인도에서 태어났으나 수학에 대한 천부적인 재능과 노력으로 케임브리지에서 공부하게 되었다. 내가 말하는 공동의 노력은 라마누잔을 위한 것이 아니다. 라마누잔만큼의 재능은 없지만 수학에 관심과 열정을 갖고 있었던, 그러나 케임브리지는커녕 초등학교도 졸업하지 못하고 역사 속에서 사라져야 했던 무수히 많은 사람들을 위한 것이다.

사실 라마누잔이나 헬렌 켈러, 오토다케가 꼭 천재적이고 특출나서 놀라운 성취를 이룬 것도 아니다. 그들에게는 대체로 열정적이고 개방적인 부모, 스승, 친구들이 있었다. 이것은 대단한 우연이며 그들의 행운이다. 우리 모두에게 이런 행운이 언제나 찾아오는 것은 아니다. 그래서 우리는 보험을 들듯이 사회적 연대를 구축할 필요가 있다.

가난한 부모, 비정규직이나 인턴으로 취업하기도 너무나 어려운 현실, 질병과 장애, 추한 외모 등등의 낙인이 찍힌 20대, 아니 이 시대의 우리 모두는 라마누잔이 아니면서도 라마누잔을 주목하라는 책을 읽고 있다. 나는 우리가 자신의 능력을 최대한으로 끌어올리기 위해 노력해야 한다는 데 동의한다. 시간 관리 비법을 익히고, 처세술과 유혹의 기술을 익히는 일도 필요할 수 있다. 자기계발서든 심리 치료서든 우리에겐 다양한 책을 읽을 자유가 있고 필요도 있다. 하지만 그 책들의 상당수가 우리에게 '라마누잔'이 되라고 말한다는 데 문제가 있다. 그 책들은 지금까지 장애인을 괴롭혀온 "왜 너희는 스티븐 호킹처럼 하지 못하는가. 장애를 극복하기 위해 노력하라!"는 주장을 반복하고 있다.

나는 장애인이 자신의 생물학적 손상을 치유하고 보완하기 위해 재활치료를 받아야 한다는 것을 부정하지 않는다. 그러나 장애인의 삶이 온몸으로 보여주듯이 재활치료보다 더 중요한 것은 장애를 규정하는 관점 자체를 전도시키는 것이다. 거기에 바로 자유가 있다. 그리고 장애인들은 관점을 전도시키는 일이 불러온 엄청난 힘을 실제로 보여주었다.

그동안 한국 사회에서 슈퍼맨 같은 재능을 지녔던 장애인들이 했던 노력보다 2000년대에 아무런 권력도 없는 중증 장애인들이 했던 노력이 훨씬 더 크고 넓은 자유를 만들어냈다. 장애인들은 2000년대 한국 사회에서 자기계발서를 읽지 않으면서도 자신의 삶을 획기적으로 바꿔나가는 거의 유일한 집단이다. 그 자유의 한 조각이 내 삶에 떨어졌고, 그 덕분에 나는 커튼과 사회과부도의 세계를 넘어섰다.

나는 우리 세대 또는 지금 이 시대를 살아가는 사람들에게 필요한 것이 '분노'라고 생각한다. 끝없는 긍정과 낙천적인 생각, 타인에 대한 사랑은 언제나 중요하고 소중한 가치다. 그러나 우리는 때로 분노해야 한다. 사람들은 보통 분노를 증오와 착각한다. 증오는 타자에 대한 감정적인 혐오이고 복수심이다. 증오는 폭력만을 낳을 뿐 증오하는 주체의 상태를 조금도 변화시키지 못한다.

그러나 분노는 이와 다르다. 분노는 부정의에 대한 합당한 저항이고, 그 저항 속에서 우리 자신의 욕망과 열정을 발견하는 과정이다. 분노하는 삶은 사랑하는 삶만큼이나 우리의 삶을 풍요롭게 하고 확장시킨다. 그래서 나는 분노란 내 안에 잠들어 있던 욕망과 잠재력을 추동시키는 힘이라고 생각한다. 그렇게

시작된 욕망은 우리의 상상력과 공동의 노력을 통해 현실이
된다. 우리는 분노하되, 증오하지 않을 수 있다.

사회적 연대는 모두의 보험이다

2007년 장애인차별금지법이 어렵사리 제정되었지만, 현 정부에
들어서 국가인권위원회가 축소되면서 장애인 차별 사례를
조사하고 시정할 국가인권위 내의 장애차별시정위원회가
구성되지 못했다. 이 글을 쓰는 지금 이 순간에도 중증
장애인들이 시설을 탈출해 마로니에 공원 앞에서 노숙을 하면서
중증 장애인에 대한 주거 대책 마련을 촉구하고 있다. 그들이
공원에 모여 있던 어느 날 이명박 대통령은 장애인 시설을
방문해 장애아동들을 바라보며 눈물을 흘렸다.
　이명박 대통령을 울린 장애아동 중 한 사람은 바로 어린
시절의 나다. 그의 눈물이 진실이 아니라고는 생각지 않는다.
그러나 그 자리에 그 눈물의 덧없음을 이미 알고 있는 영악한
아이가 있었다면 그것은 바로 나다. 그 아이에게 눈물이 아니라
진심 어린 사회적 연대의 손길이 이어진다면, 그 아이는 무대
위에서 노래를 부르고 '맥베스'를 공연하며 글을 쓰고 사랑을
하게 될 것이다. 하지만 그렇지 않다면, 그 아이는 마흔이

되어서도 누군가의 눈물로 생존을 이어가게 될 것이다.

장애인만이 아니라 전 국민이 '통 속의 뇌'가 된 듯 아무리 악을 쓰고 비판을 해도 세상이 내 뜻과 상관없이 흘러가는 이 시대에 아직 무엇을 해야 할지 잘 모르는 내가 이런 글을 쓸 자격이 있는지 모르겠다. 무엇보다 장애인들의 삶을 변화시키고 장애인을 정치적 주체로 만들어온 사람들, 지금 이 시간에도 중증 장애의 몸으로 장애인 운동 현장을 누비는 이들 앞에서 과연 내게 어떤 자격이 있을까. 하지만 앞서 밝혔듯이 나는 증언을 하고 싶었다. 그리고 이 증언이 그 많은 장애인들의 삶에 빚지고 있다는 것도 함께 이야기하고 싶었다. 이 책의 독자들에게 언젠가는 증언이 아니라 변론을 할 수 있는 삶, 조금은 더 당당하게 내 이야기를 할 수 있는 삶, 다가오는 내 30대에는 그런 삶을 살았으면 좋겠다.

이 책은 처음 계획보다 개인적인 이야기에 무게가 실렸다. 장애인 문제에 대한 사회과학적인 논의를 더 풍부하게 담고 싶었으나, 결국 나는 이 흔치 않은 기회에 장애인 당사자로서 나만이 할 수 있는 말을 하기로 마음을 고쳐먹었다. 좀 더 공부하고 고민해서 다음에는 학문적인 차원에서 장애 문제를 다룬 글을 쓰고 싶다.

내가 장애인이기 때문에 할 수 있는 말이 많은 것과 같은 이유로, 내가 장애인이기에 포착하지 못하는 부분도

있을 것이다. 내 글에서 여성이나 성소수자에 대한 몰지각한
표현이나 견해가 나타났을지도 모르겠다. 혹은 우리 사회에
장애인만큼 억압받고 있는 무수한 사람들의 삶에 내가 충분히
올바른 시선을 보내지 못했을 수도 있다. 그런 부분에 대한
비판은 진지하게 받아들일 것이다.

　마지막으로 세상 사람들이 모두 등을 돌려도 끝까지
나를 지켜줄 나의 가족과 친구 진호, 그리고 학부와 대학원의
동기들, 재활원에서 아무런 희망도 없어 보이던 무력한
사춘기 소년의 가능성을 알아봐준 박현국, 이경희, 권은정
선생님에게도 감사하다는 말을 전한다. 그리고 이 책에서 미처
언급할 수 없었지만 편견과 시혜를 넘어 나와 "함께 비를 맞은"
많은 사람들에게도. 당신들 모두가 내 앞에서 눈물을 흘리는
대신 연대의 손길을 내밀고 부당한 억압에 분노해주었기
때문에, 나는 이 글을 썼다.

그리고 10년 후

학교를 졸업하고 시험에 합격해 변호사 자격을 얻자, 나의
친구들, 장애인단체들, 나의 가난한 친척들이 여러 문제로 내게
도움을 청했다. 장애인 차별에 관한 상담은 물론 부당해고,
임대인의 보증금 반환 거부, 퇴직금 미지급 사건을 물어왔다.
심지어 대학 시절 이용했던 장애학생용 셔틀버스 기사님께도
연락이 왔다(목욕탕에서 가족 중 한 분이 사고를 당했다고 했다).

이는 나의 네트워크 한쪽에 속한 가족, 친구, 지인들에게는
편하게 전화를 걸어 간단한 법률문제도 의논할 만한 사람이
없다는 방증이었다. 나는 이들의 연락을 받으면 법률서적을
뒤져가며 기쁜 마음으로 의견을 나눴고 필요한 서면을
작성해주기도 했다. 물론 대가를 받지 않았다. 그것이 혜원
누나, 선정 누나와 찬오 형에서 시작된 내 삶의 이야기를
지속하는 길이라고 믿었기 때문이다.

2013년 국가인권위원회에서 일을 시작했고 이 책 6장에서 언급한 '무대'를 (상징으로서가 아니라) 실제로 만들어보기 위해 공연팀(극단)도 창단했다. 국가인권위원회에서는 좋은 동료들을 알게 되었고 정신병원에 수용된 환자들을 다수 만나면서 신체장애 문제를 중심으로 했던 내 사고의 한계를 다른 장애로 확장할 계기도 가질 수 있었다.

공연팀은 나의 재활학교 동창들, 서울대 총연극회 학생들을 중심으로 꾸렸다. 내가 늘 꿈꾸어왔던 공간, "두 세계"가 하나로 통합되는 모습이 이 공간에서 구현되는 듯 보였다. 이 공연팀의 전신前身은 2011년 기획했던 공연 〈매직타임〉을 계기로 모인 사람들이었다. 공연 날 우리들은 양평에 살고 있는 행재(이 책에서 '행준'이라는 이름으로 소개된 친구의 진짜 이름이다)에게 차량을 보내, 서울대학교 두레문예관 공연장으로 초대했다. 그때 행재와 나의 대학 친구들이 잠시나마 함께 어울렸다. 2010년 이 책이 발간되었을 때 내가 약속한 삶의 방향으로 나아간다는 만족감을 느꼈다. 2013년 본격 창단한 공연팀에서 우리는 다른 몸과 배경, 정체성을 지닌 채 요가를 하고, 춤을 추고, 연기 연습을 하고, 장애예술이란 무엇인지 공부했다. 2014년 1월에는 공연을 무대에 올렸다.

하지만 그 모든 일들이 오래 지속되지는 않았다. 극단은 2년을 가지 못하고 와해되었다. 어머니와 연인이 자주 아팠다.

국가인권위원회에서 4년 정도 일하는 동안 나는 대부분을 장애인 차별 사건과 정신보건시설에서의 인권침해 사건을 조사하거나 관련된 정책을 연구하며 보냈다. 일터에서는 정신병원을 방문해 환자들을 만나고, 퇴근하면 망해버린 공연팀의 뒷수습을 하고, 보호자로서 병문안을 가는 삶을 얼마간 지속했다.

　내 수입은 많지 않았는데 시간은 부족했고, 신체기능은 더 쇠퇴했다. 돈을 주지 않고 시간을 쓰기 바라는 도움 요청은 여전히 쇄도했다. 내 주변은 아프고, 약하고, 빈곤한 사람들로 가득했다. 종종 TV에 나와 잘난 척이라도 하는 장애인들에게는 그에게 집을 물려주는 가족, 그의 휠체어를 번쩍 들어 차에 실어주는 배우자나 자녀가 있는 듯 보였다. 그는 신체적, 경제적, 사회적으로 자원을 가진 사람들의 지지 속에 있었다. 반면 나는 처한 상황의 원인이 어디에 있건, 내가 해결하지 않으면 달라지는 것이 없었다. 뼈가 부러지면 달려오던 부모님이 있던 어린 시절, 부모님의 경제적인 파산 이후에도 기적처럼 나타나 나를 후원해주고, 더 나은 환경으로 나를 지지해주던 혜원 누나, 선정 누나, 찬오 형과 같은 사람은 이제 없었다.

　나는 어떤 사람들에게 나의 이야기가 자유의 가능성, '증거'가 되기를 바라며 10년 전 이 책을 썼다. 여전히 그럴

수 있을까? 솔직히 고백하면 자신할 수 없다. 생각보다 나는
무능력했고 단단하지 않다. 그러나 이제는 내가 혜원 누나,
선정 누나, 찬오 형이 되어야 할 때임을 잘 알고 있다. 효과적인
증언은 더 이상 내 역할이 아니다. 변론이 나의 일일 것이다.
조금 더 자유롭고 즐겁게, 누군가의 권리, 아름다움, 존엄성,
삶의 가치를 옹호하는 방법을 생각한다.

10년 만에 내는 개정판에 덧붙이는 글에서 별다른
'성공기(무대 만들기)'를 소개하지 못해 독자들에게 미안한
마음이 든다. 우리 모두 알고 있듯 삶은 늘 생각보다 간단하지
않다. 뒤틀리고, 아프고, 기능의 제한을 가진 인간의 자유는
더 어렵기 마련이다. 그러나 현실을 누구보다 잘 이해하는
상태에서 우리가 품는 욕망, 연대, 모든 사람의 자유와 매력이
드러나는 작은 무대를 창조한다는 꿈을 철회하지 않는 것이야
말로, 독자들과 나누고 싶은 마음이다. 따라서 이 책에서
호기롭게 주장한 말들이 지니는 무게를 알게 되었음에도, 아직
이 책의 주장을 철회하지 않는다.

1. 장애를 가진 사람들을 지칭하는 용어에 관하여

장애를 가진 사람들을 지칭하는 말로 흔히 쓰이는 단어는
'장애인'이다. 장애인은 법률 용어이기도 한 만큼 어느 정도
공식적인 성격을 띤다고 볼 수 있다. 하지만 어떤 사람들은
그 말이 부정적인 뉘앙스를 담고 있는데다가 비장애인들과의
사이에 거리감을 만든다는 이유로 '이능인異能人, 다른 능력을
가진 사람' 혹은 '장애우'라는 표현을 사용하자고 한다.

　이런 말을 쓰는 사람들은 대개 장애인 문제를 깊이
고민하는 이들이지만, 사실 현재로서 가장 적절한 용어는
'장애인'이다. '이능인'이라는 말을 쓰는 사람들은 장애를 가진
사람들이 단지 일반인들과 조금 '다를' 뿐 능력에는 아무런
차이가 없다고 말한다. 그러면서 "장애는 개성이다"라는 말을

즐겨 쓰기도 한다. 그러나 장애인들이 중립적인 의미에서 '다른 능력'을 가졌다고만 말할 수는 없다. 이 책의 본문에서 언급한 것처럼 장애는 손상과 구분되는 것으로, 한 사회가 손상 입은 몸을 어떻게 수용하는가에 따라 '장애'가 되기도 하고, 그렇지 않기도 하다. 장애 그 자체는 명백히 불편하고 꺼려지는 것이다. 그래서 장애인들은 일반적인 사회 시스템에서 문화생활, 사랑, 교육, 생존 자체에 이르기까지 모든 영역에서 많은 어려움에 직면해 있다.

그러므로 '장애인'은 그 자체로 장애인의 현실을 드러내는 용어다. 굳이 '이능인'이라는 말을 써서 장애인의 삶이 단지 '다를 뿐' 사실상 아무런 어려움도 없다는 식으로 표현하는 것은 타당하지 않다. 어려움에 처해 있는 장애인의 삶, 그것은 현실이다. 우리에게 필요한 건 그 어려움을 가리는 것이 아니라, 그 근원이 어디에 있는가에 대한 성찰이다.

'장애우'라는 말 역시 문제가 있다. 장애우의 '우友'는 친구를 의미하는 것으로 장애를 가진 사람들이 우리 이웃에 함께 살고 있음을 나타내기 위한 것이다. 그러나 그 말을 장애를 가진 내가 사용할 수 있을까? 장애우라는 말은 철저히 3인칭 대명사다. 즉 장애를 가진 사람들이 스스로를 가리키는 데 사용할 수 없다. 내가 자기소개를 하면서 "제 이름은 김원영이고, 저는 장애우입니다"라는 표현을 쓴다면 이는 매우 모순적일 뿐만 아니라 코믹하기까지 할 것이다. 언제어디서나 누군가의 '친구'로만 호명되고 자기 스스로를 지칭할 수 없을 때, 장애인은 여전히 누군가의 시혜적인 태도에 의존해 규정되는 '타자'로 남을 것이다. 게다가 나이에 따라 친구가 될 수도 있고 선배가 될 수도 있는 우리나라 문화를 생각해볼 때, 여든 살 먹은 노인을 소개할 때도 '장애우'란 말을 쓸 수 있을지 의문이다.

한편 장애인과 반대되는 용어로 '정상인'이라는 말을 사용하는 경우가 종종 있다. 이는 적절한 표현이 아니다. 정상의 반대말은 '비정상'이기에 정상인이라는 말을 사용하는 순간 장애인을 '비정상 세계의 거주민'으로 규정하는 셈이 된다. 우리말 정상正常은 단지 수나 현상이 많고 적음의 의미뿐 아니라, 그것이 규범적으로 옳다는 의미도 포함한다. 정상적인 것은 바람직하고, 우월하고, 타당하다고 여겨진다. 장애인들이 현실적인 어려움을 겪고 있고, 우리 사회에서 소수자에 속한다 할지라도, '비정상'의 사람들이라고 말할 수는 없을 것이다.

장애인이라는 말과 같은 맥락에서 장애가 없는 사람을 지칭할 때는 비장애인이라는 용어를 사용하면 된다. 물론 이 경우 '비장애인'은 장애인 중심적인 용어가 아닌가 하고 반문할 수 있지만, 장애인이라는 말을 사용해 정체성을 구분할 필요가 있을 경우에 그에 대응되는 용어로 비장애인이라는 말을 쓰는 것이므로 문제될 것이 없다. 평소에 한국인이 아닌 모든 사람들이 자신의 국적을 밝혀야할 때 "저는 비한국인입니다"라고 말한다면 이는 한국적을 중심으로 전 세계인의 국적 상황을 규정하는 한국인 중심의 표현일 것이다. 그러나 국적이 없는 난민을 포함해 여러 나라의 사람들 가운데 한국인을 분류할 필요가 있을 때, 비한국인과 한국인이라는 표현을 사용한다면 이것을 한국인 중심적 용어라고 볼 수 있을까?

장애는 어려움과 불편한 경험이라는 점을 부인할 수 없더라도, 그 장애가 단지 생물학적 손상이 아니라 사회적 억압과 차별의 결과라는 생각을 수용한다면(이 책을 읽은 독자들이 그래 주기를 바란다), 장애라는 단어를 부정적 함의를 지니는 쪽으로, 특히 사람과 관련지어 사용할 때에는 주의를 기울이는 편이 좋다. 어떤 이들은 장애인 집회 현장에서 격려사를 한다면서 "장애인 여러분들이 아니라, 저 국회와 청와대에 앉은 썩어빠진 정치인들이 진짜 장애인입니다!"라고 말한다. 이런 표현은 장애 또는 장애인이라는 말 자체를 여전히 부정적 속성으로만 규정하고 있다. 여성의 삶을 존중한다면서 "여성들이 무슨 잘못이 있습니까. 여성에게 폭력을 저지르는 저 남자 권력자 놈들이야말로 여자 같은 자들입니다!"라고 누군가 말한다면 황당하지 않을까?

사회적 소수자들에게 특별히 상처를 주거나 차별적 효과를 내는 언어표현을 사용하지 않는 태도, 이른바 정치적 올바름political correctness은 한국 사회에서 논쟁의 대상이다(이 책의 개정판이 나오는 2019년 현재 특히 그렇다). 정치적 올바름을 강조하는 문화가 지나쳐 표현의 자유를 과잉되게 제한하거나, 실질적인 차별의 구조나 사람들의 의도에는 관심을 두지 않은 채 타인을 비난하는 용도로만 정치적 올바름이 이용된다는 주장도 귀 기울일 부분이 있다.

그러나 우리가 일상적으로 사용하는 언어가 우리 의식에 영향을 미친다면, 장애를 부정적으로 묘사하는 말들이 장애가 있는 사람들에 대한 사회적 평가를 저해할 수 있다는 우려는 충분히 타당하다. 무엇보다, 어떤 사회집단이 스스로에 관해 언급되는 표현들을 토론하고 어떤 용어가 더 바람직하다는 합의에 이른다면, 그 합의를 존중하는 것은 곧 그 집단에 속한 사람들에 대한 존중일 것이다.

그런 점에서 사회문제나 타인의 처지에 관심이 많다고 (스스로) 주장하는 사람들이 이미 십여 년째 논의되고 있는 장애에 대한 적절한 표현들에 둔감함을 드러낼 때, 그에 대한 신뢰가 떨어지는 것은 어쩔 수 없다. 정치적으로 올바른 용어가 모든 문제의 해결책은 아니다. 그러나 우리가 서로를 존중하고 있음을 드러내는 시작일 수 있다.

나는 이 부분에서 일상에서 장애를 연상하는 특정한
용어들, 이를테면 병신, 결정장애인 등의 표현이 올바른지
그렇지 않은지에 대해 구체적인 의견을 쓰지는 않았다. 각각의
표현들이 적절한지 아닌지는 누가, 어떤 상황에서 말하는지 그
맥락이 중요하며, 각 용어마다 얼마간 논쟁의 여지는 남아 있기
때문이다. 일반적인 금지어 목록을 만들기를 원치는 않는다.
다만 이렇게 말하고 싶다.

장애에 관해 고민하고 용어를 토론한 사람들이 공공기관,
언론사 등에 제안한 목록들이 없지 않으며, 거기서는 병신,
결정장애인, 벙어리장갑 등의 표현이 부적절하다고 평가하고
있다. 특별한 의견이 없다면 이를 존중해주는 분들이 많기를
바란다. 하지만 어떤 의견이나 입장에 기초해서, 이를테면
창작활동을 하는 작가로서, 특정한 근거를 가지고 이 말을
사용할 수도 있다. 분명한 이유가 있고 이 이유가 설명
가능하다고 믿을 때에 한해 이런 표현을 사용하자고 제안하고
싶다. 그저 습관을 제약받는다는 이유로 '병신'이라는 말을
고수해야할 필요는 없을 것이다.

2. 장애를 더 이해하기 위한 안내서

장애를 깊이 이해하고자 할 때 사람들마다 그 동기는 제각각일 것이다. 자신에게 장애가 있어서, 가족이나 연인, 친한 친구가 장애인이라서, 혹은 직업적으로 장애인을 자주 만나서일 수도 있다. 그저 타자에 대한 얼마간의 호기심, 관심의 결과일 수도 있다.

어느 쪽이든 나는 장애를 이해하는 일이 (약간 낭만적으로 말한다면) 외국어를 공부하는 일과 유사하다고 말하고 싶다. 하나의 외국어를 통해 우리는 그전까지 알지 못하던 세계에 눈을 뜬다. 그 세계는 생각보다 풍요롭고, 예상보다 더 문제적이고, 뜬금없이 아름다울지도 모른다. 특별한 관심이 없는 한 자신이 장애를 가진 당사자라 하더라도 장애에 대한 이해는 여전히 '외국어'를 익히는 일과 닮았다. 장애를 설명하고 이해하는 언어가 '다수자'의 것이기 때문이다.

그런 의미에서 아래 소개하는 책들은 장애라는 인간의 경험과 조건을 '다수자'의 시각이 아니라, 장애인의 경험과 그에 대한 지적탐구에 기반하여 발전해온 고유한 언어로 설명한다. 대개의 독자들은 아직 접해보지 못한 언어일 것이다. 어떤 동기에서 출발하든, 아래에 소개한 책들을 통해 우리가 자신과 사회를 더 다채롭고 풍부하게 이해하는데 큰 도움을 얻으리라고 확신한다. 물론 이러한 이해는 개인적인 인식의 확장에 그치지 않는다. 다수의 사회구성원이 장애를 깊이 이해할 때, 이 시대를 살아가는 장애인들은 어떤 정도와 유형의 장애를 가졌든 상관없이, 집 밖으로 용기 있게 나오고, 자신의 장애를 바라보는 긍정적인 관점을 지속하며 자신과 사회를 더 매력적으로 곳으로 만들 것이다.

《나는 '나쁜' 장애인이고 싶다》 (김창엽 외, 삼인, 2002)
우리는 한 번쯤 "천사 같은 눈망울을 가진 장애아이"이라는 표현을 들어봤을 것이다. 나는 종종 들었다. "너는 정말 장애인 같지 않아. 몸이 불편해도 너처럼 긍정적인 사람이면 장애인이 아니지. 오히려 장애인은 머리에 장애가 있는 사람들일걸."

　장애를 가진 사람에게 '장애인 같지 않다'고 말해주는 사람이 악의적인 마음을 가지고 있는 것은 물론 아니다. 하지만 이런 친절은 2019년 현재 그저 새로운 편견만 드러내는 진부한 태도로 바뀌었다. 왜일까? 지금 소개하는 책이 이러한 변화와 관련이 있다.

　1995년 연세대학교를 비롯한 몇몇 대학에 장애학생들이 본격적으로 입학했다. 그 이전까지는 실력을 갖추었어도 장애를 가졌다는 이유로 의도적으로 불합격시켰던 대학들이, 이제 장애학생을 소수나마 적극적으로 선발하기 시작한

것이다. 김형수는 목발을 짚는 뇌병변 장애인으로 날카로운
감수성을 지닌 청년이었다. 그는 1995년 연세대학교
국문학과에 입학했고, 동기들과 함께 '게르니카'라는
장애인권동아리를 만들었다.

게르니카에서 활동하며 연세대학교의 장애인편의시설,
장애학생 지원정책을 마련하기 위해 동료들과 싸우면서
자신만의 언어를 발전시킨 김형수는, "나는 '나쁜' 장애인이고
싶다"라는 글을 쓴다. 이 글에서 김형수는 왜 장애인은 늘
천사 같고 착한 사람이 되어야 인정받을 수 있는지 묻는다.
장애인들도 온갖 조롱과 멸시 속에서 때로 화를 내고, '재수
없게' 굴어서는 안 될 이유가 무엇인가? 우리 사회는 장애인이
소위 명문대학에 입학하면 기사를 내보내지만, 왜 수많은
장애인들이 장애인 거주시설에 수용되어 있고 노동시장에서
철저히 소외되는 현실에는 주목하지 않는가. 김형수는
장애인들이 '나쁜' 장애인이 될 수 있어야 하며, 되어야 한다고
외친다.

앞의 3장에서도 서술했지만, 이 책과 관련한 내 경험을
다시 이야기해보자. 나는 2003년 대학에 입학했고 지금도
종종 나오는 '미담 기사'에 등장했다. "팔다리가 되어준 친구들
덕분에" 원영이는 대학에 합격했다고 기자는 전했다. 나는 당시
약간의 영웅담에 취해 있었다. 장애를 가지고, 어려운 가정형편

속에서 제법 훌륭한 성적을 성취한 나는 꽤 괜찮은 인간이
아닐까? 나는 장애를 잘 극복했으며, 세상은 내게 우호적이지
않은가?

대학에 입학해 수강신청을 했을 때, 나는 서울대 인문대
강의실에서 열리는 어떤 교양수업도 신청할 수 없음을
깨달았다. 근처 술집에서, 첫 신입생 동기들과 술을 마시기
힘들다는 사실을 깨달았다. 책상과 의자는 일체형으로 붙어
있어, 강의실에 내가 사용할 책상조차 없었다. 휠체어를 탄
장애학생을 뽑았지만 책상조차 없었던 것이다.

《나는 '나쁜' 장애인이고 싶다》는 같은 제목으로 김형수가
쓴 글을 포함하여, 장애를 둘러싼 의료적, 사회적, 철학적
고민들을 여러 학자와 활동가들이 풀어낸 글들을 모은 책이다.
2003년 대학생이던 나는 이 책을 친구들과 함께 읽었다.
그리고 내가 다소 '싸가지 없이' 보일지언정, 당장 학교를 상대로
붙어 있는 책상과 의자를 분리시켜 달라 요구할 수 있는
존재임을 깨달았다.

어떤 경우에도 세상에 민폐를 끼치면 안 된다고 배워온
사람이라면, 특히 장애를 가진 사람은 '성격이 좋아야' 이
세상에서 살아남을 수 있다는 생활윤리를 체득한 사람이라면,
이 책으로 자신을 다시 발명해야 한다. 당신의 일상이
선량함으로 채워진다면 좋겠지만 굳이 남보다 더 착하고

배려심 넘쳐야 한다는 의무까지 가질 필요는 없다. 진정 자유로운 인간은 때로 '나쁠' 수도 있는 인간이다. 2019년 여전히 커다란 통찰과 용기를 주는 이 책을 집어 들고, 우리 자신과 나의 연인, 가족, 친구의 몸, 장애에 대한 사유를 시작하자. 이 책에는 김형수의 글 외에도 장애의 사회적 모델, 장애여성의 경험 등을 (한국 사회에서는) 선구적으로 연구한 좋은 글들이 여러 편 실려 있다.

《당신은 장애를 아는가》 (김도현, 메이데이, 2007)
김형수가 '나쁜' 장애인이 되고 싶다고 외칠 수 있었던 배경은 무엇일까? 이는 물론 김형수 개인의 특수성이라기보다는, 그 전부터 장애를 가진 많은 사람들이 창안한 새로운 세계관 때문이다. 장애를 부끄럽거나 비극적인 개인적 상태로 보지 않는 것. 장애를 가진 존재도 그 자체로 충분히 존중받아야 한다는 자부심의 축적. 이는 이론적으로는 장애를 '사회적'으로 바라보는 태도와도 관련이 있었다.

　　장애를 사회적인 것으로 바라보기 위한 최적의 입문서는 《당신은 장애를 아는가》이다. 저자 김도현은 노들장애인야간학교의 교사이고 소수자들의 삶을 다루는 언론 〈비마이너〉의 발행인이다. 우리 시대 가장 소중한 활동가이자 이론가라고 말할 수 있다. 그는 이론가의 눈과 활동가의 몸,

감각으로 여러 편의 글을 썼는데, 《당신은 장애를 아는가》는
우리에게 장애를 바라보는 사회적 관점을 알기 쉽게 전달한다.
어떻게 김형수가 '나쁜 장애인이고 싶다'고 당당하게 선언할
수 있었는지 그 배경을 알고 싶다면 이 책을 읽는 것이 도움이
된다.

장애를 사회적으로 이해한다는 것이 어떤 의미인지
3장에서 언급했지만 여기에 한 번 더 쓰고 싶다. 장애를
이해하는 일은 장애의 원인이 된 질병이나 사고를 이해하는
일이 아니다. 이는 왜 우리 자신의, 연인의, 친구, 가족, 동료
시민의 특정한 몸 상태가 그토록 보잘것없고 쓸모없는
짐짝처럼 취급되는지, 그렇게 만드는 어떤 강력한 힘이
무엇인지를 탐구하는 일이다. 그런 점에서 당신이 장애를
이해하게 된다는 말은 바로 우리가 살아가는 사회를 이해하게
된다는 말과 동일하다.

장애에 대한 사회적 이해에서는 장애disability를
손상impairment과 구별한다. 손상이란 당신과 내가 가졌거나
가질 수 있는 생물학적인 몸의 상태다. 다리가 없는 것, 눈이
빛을 감지하지 못하는 것, 근육의 힘이 약한 것, 청력을
활용하지 못하는 것이 손상이다. 하지만 장애는, 그 손상에
어떤 사회적 힘이 가해짐으로써 차별과 억압이 창출된 상태를
말한다. 김도현의 이 책은 바로 위와 같이 장애를 '사회적인

것'으로 이해하는 데 대한 입문서로서 가장 훌륭하다.

한편, 미국의 사회학자 로널드 버거가 쓴 장애학 입문서 《장애란 무엇인가?》(학지사, 2016)도 장애를 사회문화적 산물로 이해하는 관점이 무엇인지 살펴보는데 도움이 된다. 교과서가 필요하다면 참고할 만하다.

《마서즈 비니어드 섬 사람들은 수화로 말한다》(노라 앨렌 그로스, 한길사, 2003)
《목소리를 보았네》(올리버 색스, 알마, 2012)
청각장애는 장애란 생물학적 특성 그 자체가 아니라, 이를 둘러싼 사회문화적 산물이라는 점을 가장 명확히 드러내는 강력한 예다. 그리고 그와 같은 예를 상세히 보여주는 책이 바로 《마서즈 비니어드 섬 사람들은 수화로 말한다》이다.

이 책에서 인류학자인 노라 앨렌 그로스는, 영국령의 작은 섬 '마서즈 비니어드'에 대한 민족지학적 연구를 통해 장애의 본질을 탐구한다. 이 섬은 주민 가운데 청각장애인의 비율이 다른 사회보다 월등히 높았는데(이는 인구이동이 폐쇄적인 집단 내에서 청각장애 유전자가 확산되었기 때문이다), 그 때문에 섬의 대부분 사람들은 수어(수화언어)를 자연스럽게 제2의 언어로 사용할 수 있었다. 마서즈 비니어드 섬에서 젊은 시절을 보내고 영국으로 건너온 한 노인은 "아니요······ 우리 섬에 장애인은

없었어요"라고 진술한다. 이들에게 듣지 못한다는 사실은
'장애'라고 인식조차 되지 않았던 것이다.

　　마서즈 비니어드 섬의 이야기가 다소 '낭만적'인
특이사례라고 생각되는 사람은, 신경과 의사이자 과학자
올리버 색스의 《목소리를 보았네》를 꼭 읽어보기를 추천한다.
이 책은 수어에 관한 일반적인 편견을 완전히 일소한다. 색스는
이 책에서 수어란 청각장애인들이 부득이하게 사용하는
단순하고 보조적인 기호체계가 아니며, 그 자체로 복잡하고
높은 상징체계를 갖춘 독립된 언어임을 논증한다. 진지하고
치밀한 과학자가 장애에 관심을 가졌을 때 인간의 이해가
얼마나 확장될 수 있는지 알려주는 놀라운 책이다.

《거부당한 몸》 (수잔 웬델, 그린비, 2013)
장애에 관한 사회적 관점은 인간과 사회에 대한 이해에
깊은 통찰을 제공하지만, 모든 이론이 그렇듯 비판과 논쟁도
존재한다. 특히 다음과 같은 질문이 떠오른다. 모든 사람들이
수어를 사용할 줄 아는 사회에서 청각장애인은 장애인이 아닐
수 있다. 지구가 대체로 평평하며, 모든 곳에 엘리베이터가
있다면 휠체어를 이용하는 나는 장애인이 아닐 수 있다. 하지만
나의 장애가 만성적인 통증을 수반하는 것이라면 어떨까?
조금만 움직여도 극한의 피로감을 주는 상태라면 어떨까?

그래도 우리는 사회와 문화적 차별을 제거함으로써 장애로부터 자유로워질 수 있는가? (이 책의 5장에서 다룬 내 친구 '정훈이'의 장애를 생각해보라)

여성주의 철학자이자 만성적인 바이러스성 척수염을 지니고 있어 통증과 피로감을 달고 사는 수잔 웬델은 《거부당한 몸》을 통해 위와 같은 질문을 던진다. 그는 장애에 대한 사회적 관점이 주는 여러 함의들을 긍정하면서도, 단지 사회적 차별로 환원할 수 없는, 질병에 따르는 몸의 경험에도 주목해야 한다고 말한다. 결국 모든 사람이 나이가 들고, 어딘가 아프고, 취약해진다. 장애를 가진 몸의 경험들은 이와 같이 모든 인간이 겪을 보편적 경험에 섬세한 통찰을 제공한다.

《거부당한 몸》과 함께 2018년 한국의 장애여성들과 연구자, 활동가들이 쓴 《어쩌면 이상한 몸》(장애여성공감, 오월의봄, 2018)을 읽는다면 엄청난 인식의 확장을 경험하게 될 것이라 믿는다. 장애를 가진 몸과 일상, 나이듦에 대한 경험은 장애를 넘어 신체를 가진 우리 모두의 삶과 연결되어 있다. 페미니즘이 장애이론에 제공한 풍부한 성찰이란 무엇인지 알 수 있다.

《부모와 다른 아이들》 (앤드류 솔로몬, 2015, 열린책들)
《부모와 다른 아이들》은 두 권으로 구성된, 총 1천5백 쪽에 달하는 방대한 책이다. 장애의 이해를 둘러싼 복잡한 고민들을

집대성하고 이를 정신장애, 트렌스젠더, 게이, 신동(천재)으로
까지 확장하는 논의들을 이 책에서 모두 만날 수 있다. 특히
이 책의 1권은 청각장애에서 시작하여, 왜소증(저신장장애),
다운증후군, 정신분열증(조현병), 중증장애로 이어지는 장애에
대한 풍부한 논의를 담고 있다. 솔로몬은 장애의 사회적 관점을
둘러싼 논쟁, 부모의 입장, 사회의 시각, 장애인 당사자의
경험을 공정하고 신중하게 검토한다.

솔로몬이 이 책을 통해 탐구하는 궁극적인 질문은
'정체성'이다. 청각장애, 저신장장애, 다운증후군, 심지어
조현병도 개인을 이루는 정체성이 될 수 있을까? 장애가 없는
부모가 자녀의 장애를 있는 그대로 수용하는 일이 가능할까?
우리 모두는 누구와도 같지 않지만 또한 누군가와 중요한
부분에서 동일하다. 정체성을 깨닫는 일은 곧 우리 자신이
되는 것이며, 타인의 일부가 되는 것이다. 솔로몬은 방대한
연구 자료와 자신의 경험에 기초하여 이 과정을 아름답게
펼쳐놓는다.

《실격당한 자들을 위한 변론》(김원영, 사계절, 2018)
(민망하지만) 내 책도 소개한다. 장애를 가진 삶도 존엄하다면
왜 그럴 수 있을까. 장애를 가진 몸은 매력적일 수 있을까?
일상부터 법제도에 이르기까지, 장애인들이 어떻게 스스로의

존엄을 입증해왔고, 또 존엄한 존재로 우뚝 섰는지를 보이고자
했다. 또한, 내가 이 책 5장에서 던진 질문에 답하려 노력했다.
즉 '아무리 법적 권리를 쟁취하고 장애를 정체성으로
받아들여도, 우리는 여전히 (미적으로는) 추한 몸을 가진 존재가
아닐까?'라는 물음이다. 《희망 대신 욕망》이 증언이라면,
이 책은 변론을 담고 있다. 부디 나의 생각이 더 진전되고
성숙해졌기를 바랄 뿐이다.

그 밖에

최근 장애에 관한 좋은 책들이 많이 출간되었다. 내가 쓴 글은
지체장애, 남성, 그리고 대학교육을 받은 사람의 글이라는
점에서 명백히 일부의 경험만을 드러내는 한계를 지닐 것이다.
그런 점에서 발달장애가 있는 동생을 18년 만에 시설에서
집으로 데려와 함께 생활한 이야기를 담은 장혜영의 《어른이
되면》(우드스탁, 2018), 전문 직업인으로 살다 발달장애아이를
낳고 기르며 겪은 일과 변화를 기록한 류승연의 《사양합니다,
동네 바보형이라는 말》(푸른숲, 2018)을 추천한다. 두 책은
발달장애인과 그 가족이 겪는 어려움, 사회의 부당한 시스템에
대한 고발이 담겨 있기도 하지만, 무엇보다 등장하는
주인공들의 매력이 잘 드러난다는 공통점이 있다.
　　한편 오랜 기간 머물렀던 장애인거주시설을 떠나 자립하게

된 사람들의 이야기를 담은 인터뷰집《나, 함께 산다》(서중원, 오월의봄, 2018), 유사한 구성의《나를 위한다고 말하지 마》(이지홍 외, 삶창, 2013)에서는 이 책 4장에서 언급했던 '정상 세계와 비정상 세계'의 분리선을 넘어온 사람들의 소중한 이야기를 들을 수 있다.

화상경험자들의 회복과 투쟁의 이야기를 송효정 등이 인터뷰한《나를 보라, 있는 그대로》(송효정 외, 온다프레스, 2018)도 꼭 추천하고 싶다. 화상이라는, 상대적으로 덜 알려진 장애 경험에 대한 이야기라는 면에서도 소중하지만, 등장하는 사람들과 그들의 이야기, 이들을 묘사한 글 모두 눈부시게 아름답다.

참고문헌

1 정근식, 〈장애의 새로운 인식을 위하여〉, 《나는 '나쁜' 장애인이고 싶다》, 삼인, 2002.

2 노라 엘렌 그로스, 《마서즈 비니어드 섬 사람들은 수화로 말한다》, 박승희 옮김, 한길사, 2003.

3 정창권, 《세상에 버릴 사람은 아무도 없다》, 문학동네, 2005.

4 마이클 올리버, 《장애화의 정치》, 윤삼호 옮김, 대구DPI, 2006.

5 서울대학교 장애인권연대사업팀, 〈4.20 장애인의 날을 재규정하며〉, 2005.

6 김도현, 《차별에 저항하라》, 박종철출판사, 2007.

7 배덕민, 〈나의 자립 생활기〉, 《탈시설워크숍자료집》, 2009.

8 노경수, 〈나는 모든 중증 장애인들이 자신의 삶의 주인이 되어 소박하지만 보편적인 삶을 살 수 있기를 바란다〉, 《지역 간담회를 통한 시설 장애인 자립생활 모색 결과 자료집》(고병권, 〈탈시설 함께-함을 사유하기 위하여〉, 《탈시설워크숍자료집》에서 재인용).

9 김포 '사랑의 집' 시설 수용자 살해·성폭력 진상규명대책위 진상조사위원회, 〈김포 '사랑의 집' 시설 수용자 살해 및 인권침해 진상조사 결과 보고서〉, 2006.

10 아비샤이 마갈릿, 《품위 있는 사회》, 신성림 옮김, 동녘, 2008.

11 장애여성공감 장애여성성폭력상담소, 《장애 여성을 위한 성교육 자료집》, 2003.

12 문영민, '나에게 된장녀를 허하라', 〈에이블뉴스〉, 2009년 7월 29일자 칼럼.

희망 대신 욕망

첫 판 1쇄 펴낸날 2010년 4월 5일
개정판 5쇄 펴낸날 2023년 6월 12일

지은이 김원영
발행인 김혜경
편집인 김수진
책임편집 조한나
편집기획 김교석 유승연 김유진 곽세라 전하연
디자인 한승연 성윤정
경영지원국 안정숙
마케팅 문창운 백윤진 박희원
회계 임옥희 양여진 김주연

펴낸곳 (주)도서출판 푸른숲
출판등록 2003년 12월 17일 제2003-000032호
주소 서울특별시 마포구 토정로 35-1 2층, 우편번호 04083
전화 02)6392-7871, 2(마케팅부), 02)6392-7873(편집부)
팩스 02)6392-7875
홈페이지 www.prunsoop.co.kr
페이스북 www.facebook.com/prunsoop   인스타그램 @prunsoop

ⓒ김원영, 2019
ISBN 979-11-5675-781-8 (03330)